지은이 베른트 외

이 책은 독일 통일, 특히 1989년 베를린장벽이 기적적으로 무너지는 것을 현장에서 지켜본 80여 명의 증언을 묶은 책이다. 크리스티안 퓌러 성 니콜라이교회 목사, 한스 디트리히 겐셔 전 서독 외무장관, 요하힘 가우크 전 독일 대통령 등 유명인들 뿐 아니라 우리에게는 낯선 많은 무명의 사람들이 그날의 기억들을 생생하게 증언하고 있다. 따라서 이들 모두가 저자들이다.

책이 나오기까지 베른트 외팅하우스(Bernd Oettinghaus · 사진) 목사와 하랄드 브레트슈나이더(Harald Bretschneider) 목사, 프랑크 리히터(Frank Richter) 목사 등이 주된 역할을 했다. 그들은 책의 편집자 역할을 했고 여러 귀한 글들을 썼다. 특히 베른트 외팅하우스 목사는 한국어 번역본이 나오는데 크게 기여했다. 독일 프랑크푸르트에 거주하는 그는 4명의 자녀와 5명의 손주를 둔 신학자이자 목회자다. 그의 어머니는 동독에서 살다 1957년에 자녀들과 함께 서독으로 이주했다. 대부분 친척들이 동독에 거주했기에 외팅하우스 목사는 친지 방문을 위해 어린 시절부터 자주 국경을 넘으며 엄혹한 동서독 분단의 현실을 경험했다. 크리스천이 된 이후 그는 독일 통일의 전 과정에서 기도의 힘이 작동됐음을 깨달았다. 외팅하우스 목사는 현재 '독일기도운동네트워크' 대표로서 독일 전역을 다니며 하나님의 손길이야말로 미래 독일의 희망이라는 사실을 알리고 있다.

옮긴이 **김 성 원**

통일 운동가이자 언론인. 대학 졸업 후 선교단체에서 10년을 보냈다. 학생 때부터 기자가 되기를 소망했으며 잠시 영국에서 공부한 이후 '국민일보' 기자로 언론계에 입문했다. 평생 소명이라 생각하던 통일 운동을 위해 2011년 통일문제 전문 인터넷 언론사인 '유코리아뉴스'를 창간했다. 지금은 평화통일연대 사무국장으로 있으면서 '유코리아뉴스' 편집장을 맡고 있다.

독일 통일, 자유와 화합의 기적

독일 통일, 자유와 화합의 기적

지은이 베른트 외팅하우스 등 | 옮긴이 김성원

기록문화연구소 · 국민북스

두 랄프 이야기

• 드레스덴 프라우엔교회 앞 광장의 랄프

나는 2017년 8월 11일 아내와 함께 독일 드레스덴을 방문했었다. 알 수 없는 힘이 우리를 드레스덴으로 이끌었다. 트럼프 미국 대통령과 김정은 북한 국방위원장의 소위 '막말 폭탄'으로 인해 한반도에 전쟁분위기가 최고조로 달한 때였다. 드레스덴의 프라우엔교회(자유교회) 앞 광장은 수많은 관광객으로 붐볐다. 그때 우리 시선을 확 사로잡는 한 장면이 있었다. 광장 한 모퉁이에서 누군가 'No War in Korea'(한국에 전쟁이 없기를)라고 적힌 종이를 들고 서 있는 것이 아닌가. 사람들은 무심히 그 앞을 지나갔지만 한국인인 우리는 그럴 수 없었다. 다가가 이야기를 나눴다.

그는 랄프라는 이름의 독일 언론인으로 프라우엔교회에 출석하는 크리스천이었다. 그는 2차 세계대전 당시 연합군의 폭격으로 90% 이상이 파괴되었던 드레스덴의 참상을 이야기하면서 결코 한반도에서 전쟁이 일어나서는 안 된다고 강조했다. 일촉즉발의 한반도 위기 상황을 접하며 도저히 가만히 있을 수 없어 광장으로 나왔다고 했다. 낯선 누군가가 크리스천의 양심으로 한반도를 위해 광장에 선 모습은 참으로 감동적이었다.

자신과는 전혀 상관이 없을 수 있는 한반도 사람들을 위해 "No War in Korea"를 외쳤던 독일인 랄프의 마음을 한국인들에게 전하고 싶었다. 광장의 랄프를 보며 "이 세상에 좋은 전쟁도, 나쁜 평화도 없다"고 말했던 벤자민 프랭클린의 말을 다시 한번 되새기게 되었다.

• 한국에서 만난 드레스덴에서 온 또 다른 랄프

'드레스덴의 랄프'를 만난 지 한 달 만에 한국의 한 모임에서 또 다른 랄프를 만났다. 독일 드레스덴의 기독교 단체 대표인 랄프는 위기의 한반도를 위해 기도해야한다는 강한 영적 부담감과 한 가지 미션을 안고 2017년 9월에 한국에 왔다. 그는 동독 드레스덴 출신으로 독일 통일의 전 과정을 지켜봤다면서 한국의 통일이 독일의 경우와 같이 전혀 예기치 않은 가운데 닥칠 것이라고 했다. 그러면서 동독의 교회와 크리스천들이 서독 사람들보다 더욱 통일을 갈구하며 기도를 많이 했다고 설명했다. 지금 한반도에서도 북한의 '숨겨진 복음의 사람들'(Hidden Seed)이 어느 누구보다도 간절히 한반도 통일을 위해 기도하고 있을 것이라고 했다. 그러면서 "결코, 결코 그들을 잊어선 안 된다"고 강조했다.

• 에바의 눈물

독일인 에바는 드레스덴에서 한 시간 떨어진 뒤베른에서 인도네시아인 남편과 함께 카페를 운영하고 있다. 그녀는 수년 전부터 남편과 함께 한반도의 통일, 특히 북한인들의 자유를 위해 기도하고 있다. 에바는 친구인 랄프의 통역을 위해 한국에 왔다. 그녀는 한국인들은 한반도 통일을 준비해야 하며 특히 통일 이후에 대해 깊은 고민을 해야 한다고 했다. 통독 이후 동독인들과 서독인들은 깊은 갈등과 반목의 과정을 거쳐야 했는데 그것이 상대적으로 열악한 환경에서 살았던 동독인들에게 큰 상처를 줬다고 말했다. 남북한은 통일 이후 북한 주민들이 경험할 상처까지도 미리 염두에 둔 준비를 해야 한다는 이야기였다. 에바는 이야기 도중 갑자기 눈시

임진각에서의 랄프와 에바

울을 붉혔다. 이내 그녀의 눈에서 눈물이 쏟아졌다. "남한에서 한국인들을 만나보니 통일에 대해 많은 이야기를 하고 있지만, 정작 진정으로 통일을 원한다는 느낌을 받지 못했습니다. 그것이 저를 몹시 슬프게 하네요…" 그녀는 눈물을 흘리며 말을 이어나갔다. "한국인들은 마음 깊숙이 통일을 진정으로 염원하고 있는가요? 통일을 위해 정말 희생할 준비가 되어 있냐고요?"

• 자유와 통일의 기적

누구나 랄프와 에바의 이야기를 들으면 깊은 감동을 받았을 것이다. 나와 아내도 마찬가지였다. 우리는 랄프와 에바를 임진각으로 인도해 자유의 다리 건너편을 보여줬다. 랄프는 북녘 땅을 바라보며 '주기도문'으로 기도했다. 뜻이 하늘에서 이뤄진 것처럼 이 땅, 특별히 분단된 한반도에 이뤄지기를 간절히 소망했다.

헤이리의 한 레스토랑에서 식사를 하는데 랄프가 책 한 권을 우리에게 보여줬다. 1989년 11월 9일 베를린장벽이 무너지기까지 38일간의 기록을 일자별로 담은 '자유와 통일의 기적'이라는 제목의 책이었다. 랄프는 "요하힘 가우크 전 독일 대통령, 한스 디트리히 겐셔 전 외무장관 등 독일 통일을 지켜본 80여 명의 생생한 증언이 들어 있는 책"이라고 설명했다. 증언자 가운데에는 동독 라이프치히에서 평화기도회를 인도했던 성 니콜라이교회의 크리스티안 퓌러 목사도 들어 있었다. 나는 언론인 시절 통독 이후 라이프치히에서 생전의 퓌러 목사를 인터뷰해 기사화 한 적이 있었기에 더욱 반가웠다.

랄프와 에바는 "우리는 이 책이 한국에서 출간되기를 간절히 바라고 있다"면서 출판이나 언론 관계자들을 만나러 왔다고 했다. 그들이

한국에 온 또 다른 미션이었다. 내가 출판과
언론 관계자의 한 사람이라고 하자 랄프와 에
바는 너무나 놀라워했다. 하나님이 인도하신
만남이었다.

　이렇게 '자유와 통일의 기적'이 우리에게
찾아왔다. 이 책은 베를린장벽 붕괴 25주년을
맞아 독일 현지에서 출간된 것으로 아주 귀한
내용이 들어 있었다. 당시의 역사적 기록이기
에 5년이 지난 지금은 물론 앞으로도 그 내용은 변할 수 없다. 우리는
쉽게 독일의 통일을 이야기하지만 정작 그 시기에 정확히 어떤 일들
이 일어났는지에 대해서는 잘 알지 못한다. 이 책은 '독일 통일의 디
테일'과 특히 통독 과정에서 동독인들이 어떤 마음을 가졌는지에 대
해서 구체적으로 알려주고 있다. 주로 동독인들이 시각에서 바라본
통독 이야기란 점에서 새롭고 의미가 깊다.

　베를린장벽이 무너지기까지 38일간의 여정을 일자별로 따라가 보
면 한 가지 뚜렷한 결론을 도출할 수 있다. 바로 '독일 통일은 하나님
의 선물'이라는 것이었다. 이것은 낭만적인 영적 문구가 아니다. 엄연
한 역사적 사실(史實)이다! 80여 명이 증인들이 말하려 했던 것이 바
로 이 사실이었다. 그들에게 통일은 전적으로 주어진 것이었다. 누구
도 베를린장벽이 그렇게 무너지리라고 상상도 하지 못했다. 하나님
이 하셨다! 독일 통일은 역사의 주관자이신 하나님이 디자인하시고
진행하신 일이었다. 수많은 독일인들이 하나님이 입안하신 계획을
성실히 수행했다. 동서독 정치인들도, 고르바초프도, 생명을 걸고 거
리에 나선 무명의 사람들도 모두 통독이라는 '하나님의 위대한 계획'
의 수행자들이었다. 랄프와 에바, 그리고 책의 저자들이 한국인들에

게 알려주고 싶은 것은 바로 "독일처럼 한국의 통일도 하나님의 선물로 어느 날, 갑자기 주어질 것"이라는 사실이었다.

통일 당시 독일의 환경과 요즘 한반도의 환경은 매우 다르다. 독일의 통일 방식이 한반도에 적합하지도, 적용되지도 않을 수 있다. 그러나 독일과 한반도 간에 한 가지 동일한 사실이 있다. 바로 '통일은 하나님이 선물로 주실 것'이라는 사실이다. 이것이 한반도를 덮고 있는 온갖 부정적 환경에도 불구하고 우리가 희망을 갖는 근거다. 분명, 한반도에도 '하나님의 개입'이 있을 것이다. 그것은 이미 독일 통일 과정에서 증명되었다. 이 책에 등장하는 80여 명의 증언자들이 고백하듯이.

이후 우리는 독일에서 책의 주요 저자 가운데 한 명인 베른트 외팅하우스 목사를 만났다. 그와 소통하며 책 작업을 진행할 수 있었다. 꽤 지난한 과정을 거쳐야 했지만 우리는 베를린장벽 붕괴 30주년인 2019년 11월 9일 이전에 한국어 번역 책을 내게 됐다. '독일 통일은 하나님의 선물이었다'야말로 이 책을 한 단어로 설명하는 문장이다. 한반도 통일도 하나님의 선물로 어느 날, 갑자기 주어질 것이다. 기적과 같이 피 한 방울 흘리지 않고 이뤄진 독일 통일처럼 말이다.

많은 사람들이 이 책이 한국에서 출간, 아니 '출산'되기를 위해 함께 하며 기도해줬다. 일일이 호명하고 싶은 그들에게 이 면을 빌어 깊은 감사를 표한다. 드레스덴의 광장에서 'No War in Korea'를 외쳤던 랄프와 또 다른 랄프, 에바, 베른트 그리고 지금도 한반도를 위해 기도하는 수많은 독일인들에게 감사를 전한다.

이태형_기록문화연구소장(전 국민일보 기독교연구소장)

한반도 통일의 디딤돌이 될 책

나는 1989년 9월에 독일로 유학을 떠났다. 독일 중부의 루어 지역 보훔(Bochum)대학교에서 독일어 과정부터 시작했다. 두 달 정도 지났을 무렵 하루는 라디오를 듣는데 '무슨 난리'가 일어난 게 분명했다. 유학 초기 얕은 독어 실력으로 애를 써가며 집중해서 듣다보니 이런, 베를린장벽이 무너진 것이었다! 전 독일이 기쁨으로 전율했다. 유럽이 흥분했다. 세계가 떠들썩했다. 동서 냉전이 종식되는 가장 상징적인 사건이 벌어졌다.

지금도 기억이 생생하다. 보훔 중앙역 길 하나 건넌 마우리티우스 21번지 3층에서 벅찬 가슴을 끌어안고 뉴스를 들었다. 이런저런 함성이 들리는 밖에 나가보니 온통 감격과 흥분의 물결이었다. 왜 그러지 않았겠는가. 베를린 장벽이 무너지기 일주일 전까지도, 심지어는 독일 정치인들도 이 사실을 예측하지 못했다고 한다. 일 년 뒤 동서독은 법률적으로 통합됐다. 독일 통일은 그렇게 어리둥절하게 찾아왔다.

언제 될지 모르지만, 우리나라의 통일은 독일보다는 더 어리둥절하지 않게 되려나. 독일과 우리나라의 상황은 여러 가지 점에서 다르다. 독일의 통일과 우리가 해내야 할 통일이라는 과제를 단면적으로 비교하는 것은 적절하지 못하다. 가장 큰 차이점은 동서독 간에는 전쟁이 없었지만 남북 간에는 처절한 살육이 동반된 전쟁이 있었다는 점이다. 그럼에도 불구하고 독일의 통일은 우리에게 매우 귀한 도움이며 학습 내용이 된다. 독일에서 유학하며 보훔 인근 도르트문트의 도르트문트 한인선교교회에서 담임목회를 했다. 한인교회 자체적으로 건물이 없어 아이힐링호펜 독일 교회 건물을 빌려 썼다. 이 교회는 동독 쯔비카우의 한 교회와 자매결연을 맺고 있었다. 우리가 아는 대로 동서독은 통일 이전부터 여러 가지 방법으로 교류를 했다. 교회를 통한 교류는 그 중심 통로 중 하나였다. 서독의 교회들은 동독의 교회와 아주 적극적으로 교류하면서 여러모로 도움을 주었다. 어느 해에는 세 교회 곧 아이힐링호펜 교회, 쯔비카우의 교회, 내가 목회하는 한인교회가 함께 이스라엘로 성지순례를 가기도 했다.

이런 교제를 하면서 동서독 교회 성도들과 주민들 사이에 흐르는 감성의 변화를 체험했다. 통일이 되기 전에는 도움을 주고받으면서 서로 아주 애틋했는데 막상 통일이 되고서 관계가 나빠지는 것이었다. 문제는 현실적인 상황이었다. 서독 지역 주민들은 세금 인상 때문에, 동독 지역 주민들은 공산주의 계획 경제에서 시장경제로 전환하는 과정에서 심한 고통을 겪었다. 현장에서 그런 모습을 보며 나는 통일이 결코 감성적인 문제가 아니라는 것을 보았다. 통일은 눈이 시린 현실이며 어떻게 보면 감내해야 할 어려움이 산적한 현실이다. 통일 그 자체보다 더 중요한 것은 통일의 과정을 제대로 걸어가는 것이다. 이해와 화해, 평화의 길을 얼마나 잘 훈련하며 가느냐에 따라 경제적·정신적 통일 비용을 절약할 수 있다.

귀한 책 '독일 통일, 자유와 화합의 기적'이 한국어로 번역 출간되었다. 내가 독일에 도착한지 한 달 정도 후인 1989년 10월 3일부터 장벽이 붕괴된 11월 9일까지 한 달여의 생생한 기록이다. 주로 옛 동독의 그리스도인들이 기록한 이 기적 같은, 아니 기적적인 이야기를 통해서 우리는 하나님의 섭리를 깨닫는다. 참 귀한 기록이 우리말로 번역되었다. 한반도 통일을 위한 귀한 디딤돌의 하나로 기쁘게 추천한다.

지형은_성락성결교회 담임목사·남북나눔 이사장

자유를 위해

바트 샨다우(독일 작센 주의 온천도시-역자 주)의 작은 국경에서 성인 15명과 어린이 11명 앞에 장애물이 쳐졌다. 독일민주공화국(동독)은 라디오 발표대로 돌연 동독과 체코 사이의 국경지대를 막아버렸다. 이번 조치로 동독은 모든 지역의 주민들이 출국비자 없이는 국경을 빠져나갈 수 없는 감옥이 되어버렸다.

많은 가족들이 드레스덴에 있는 '세 왕(Three Kings)교회'로 가서 망명을 신청했다. 거기서 정부 당국이 출국을 허가할 때까지 기다리려는 것이었다. 국가 교회의 수장은 당장 그날 저녁 시의회에 로비를 했다. 그 사이 수백 명의 젊은이들과 가족들은 드레스덴 기차역 플랫폼에서 대기하고 있었다. 그들은 프라하의 대사관 난민들을 실어 오는 전세 열차에 뛰어오르고 싶어 했다. 며칠 사이에 극적 반전이 일어났다. '동독을 통과해 간다'는 조건하에 기차 출국이 허가되었던 것이다.

'동독 살이'에 대한 모진 인내와 실망은 최근 몇 주 동안 '일단 떠나자'는 엄청난 동력을 분출시켰다. 사회주의 형제 국가 중 친독 성향의 폴란드와 체코 대사관으로 피난하거나, 오스트리아와 헝가리 사이의 국경을 넘는 것은 서독에서의 새로운 삶을 위한 시작이었다. 확산되는 탈동독 운동에도 불구하고 정치 그룹은 '우리는 그들을 위해 한 방울의 눈물도 흘리지 않는다'는 슬로건을 내세웠다.

체코행 텅 빈 기차가 드레스덴에 도착했을 때 800여 명의 사람들이 몰려들었다. 경찰은 곤봉으로 그들을 물러서게 했다. 이것은 드레스덴 중앙역사와 광장에서 치안부대와 시위대가 벌인 몇 시간 동안의 폭력 충돌 중 첫 시작이었다. 새벽 1시가 되었지만 경찰국장 크리스토프 지머도 이를 저지하지 못했다. 바트 샨다우역 같은 경우에는 수천 명의 추방된 사람들이 열차가 들어올 선로에 모여 앉아 연좌농성을 시작했다. 전기가 나갔고 어떤 이는 심하게 다쳤다. 그때까지 2000여 명의 시민들의(4분의 1이 어린이였다) 체코 국경으로 탈출하는 길이 막혔다. 직장이나 친척을 방문하려던 사람들도 마찬가지였다.

》》 각성
통일은 하나님의 선물이다

"내가 환난 중에서 여호와께 아뢰며 나의 하나님께 부르짖었더니 그가 그의 성전에서 내 소리를 들으심이여 그의 앞에서 나의 부르짖음이 그의 귀에 들렸도다 이에 땅이 진동하고 산들의 터도 요동하였으니 그의 진노로 말미암음이로다 … 그가 높은 곳에서 손을 펴사 나를 붙잡아 주심이여 많은 물에서 나를 건져내셨도다 나를 강한 원수와 미워하는 자에게서 건지셨음이여 그들은 나보다 힘이 세기 때문이로다 … 나를 넓은 곳으로 인도하시고 나를 기뻐하시므로 나를 구원하셨도다"(시 18:6~7, 16~17, 19)

체코로 가는 국경 문이 닫힌 1989년 10월 3일부터 장벽이 기적적으로 무너진 1989년 11월 9일까지가 시편 18편에서 언급된 바로 '그날들'이었다. 10월 3일, 나는 환난 가운데 여호와께 아뢰며 나의 하나님께 부르짖었다.

동독은 오랫동안 극도의 비정상적인 상태였다. 그리고 지금 우리는 완전히 폐쇄된 사회 속에서 살고 있었다. 체코 프라하나 헝가리의 대사관으로 탈출하려고 계획했던 많은 사람들이 바트 샨다우 국경에 있는 기차에서 끌어내려졌다. 내리지 않고 남아 있던 사람들은 곤봉으로 맞고 강제로 쫓겨났다. 그들은 기차에 갇힌 채 드레스덴으로 돌려보내졌다. 심지어 경찰견들이 그들에게 달려들었다. 많은 사람들이 울부짖었다. 서독으로 가려던 꿈이 사라졌기 때문이다. 그들은 두려웠고 말할 수 없을 만큼 분노했다. 많은 사람들이 드레스덴교회에 망명을 신청했다. 몇몇 사람들은 국경을 넘어가려 했다. 다른 이들은 폭동으로 분노를 풀려 했다. 경찰차가 불에 타기도 했다. 사람들은 외쳤다. "우리는 나가고 싶다!" 경찰과 군대는 최루탄과 물대포로 시위대를 진정시키려 했다. 물이 사람들의 목까지 찼다.

점점 더 많은 시민들이 드레스덴 중앙역으로 모였다. 그들은 망명하려는 사람들의 폭동도, 권력 있는 자들의 폭력적인 대응도 인정하지 않았다. 시위대가 공권력에 의해 해산되는 상황에서 프라하발 특별기차를 타고 망명하려는 사람들을 어느 누구도 이해할 수 없었다. 시위에 참여하지 않은 1303명의 구경꾼들이 그 자리에 있었다. 그중 615명이 체포돼 투옥되었다.

가시철조망으로 봉쇄된 체코 국경을 따라 두려움과 공포가 번져갔다. 군 소속 국경수비대와 기동부대는 국경을 완전히 폐쇄, 단 한 사람도 빠져나가지 못하도록 했다. 하늘엔 군대 헬리콥터들이 돌고 있었다. 죽음의 그림자가 탈출을 시도하려는 사람들에게 드리워져 있었다.

그들의 울부짖음이 하나님의 귀에 들렸다. 그분이 감동했고 마침

프라하 독일 대사관 정원에 있는 천막 피난소 앞의 동독 피난민들

내 손길을 내미셨다. 종교적 망명을 요구한 출국 신청자들이 일부 교회의 도움을 받아 출국허가를 받았던 것이다. 그뿐만이 아니었다. 적어도 동독에서만큼은 지축이 흔들리고 있었다. '칼을 쳐서 보습으로'와 '비폭력'이라는 평화롭고 성경적인 메시지는 사람들에게 모든 종류의 억압에 대항하는 용기를 갖게 해줬다. 하지만 동독은 아직 변화를 받아들일 준비가 되어 있지 않았다. 이는 결과적으로 촛불과 기도의 혁명을 촉발시켰다.

"저가 위에서 보내사"

우리의 처지를 알고 계시는 그분은 목까지 차오른 물에서 우리를 건져주셨다. 그분은 우리를 자유의 광야로 인도하셨다. '역사적인 사건들의 기묘한 조합'을 통해 변화의 기회가 찾아왔다. 그 누구도 이것을 계획하거나 조직할 순 없었다. 그저 '선물'이며 '하나님의 선하심의 표현'이라고밖에 할 수 없었다. 장벽은 사라졌다! 셀 수 없이 많은 동독의 자동차들이 덜컹거리는 소리를 내며 활짝 열린 국경을 통과했다. 일면식도 없는 사람들이 마치 서로 아는 사람들인 것처럼 서로 포옹을 했다. 우리는 한 민족이었던 것이다.

"나의 힘이 되신 여호와여 내가 주를 사랑하나이다." 시편 18편은 우리로 하여금 이 말씀을 기억하고 삶을 통해 선포하도록 초대하고 있다. 그분은 불평과 원망으로부터 우리를 해방시키신다. 그리고 건설적인 결과를 가져올 비판의 장으로 우리를 안내하신다. 광야의 시간 속에서도 말이다. 우리는 고백할 수 있다. 기적과 같은 독일의 통일은 전적으로 하나님의 선물이었다! "우리에게 자유와 통일의 기적을 베푸셔서 감사합니다!"

하랄드 브레트슈나이더, 1989년 지역 청년 목사, 하이란트 교회협 명예회원

하나님, 그토록 원했던 자유를 누리고 사는 모든 이들과 프라하 주재 대사관에서 경험했던 것처럼 독재와 고통, 박해, 가난 속에서도 서로를 도우며 하나 됨을 이뤘던 사람들로 인해 감사드립니다. 하나님, 오늘 우리가 자유를 누리며 살 수 있게 해 주심을 감사드립니다. 또한 종교적 망명을 허용하는 전통 속에서 주님의 이름으로 같은 처지의 난민들을 도울 수 있는 기회를 주신 것을 감사드립니다.

국가 간의 장벽을 무너뜨릴 수 있도록 저희를 도우시옵소서. 문화와 세대, 세계관과 출신 지역의 차이에 따른 두려움 가운데 새로운 장벽을 치려는 것에서부터 우리를 지켜주소서. 당신이 우리에

게 모든 장벽을 뛰어넘을 용기를 주셨는데도 불구하고 여전히 처벌과 제재를 통해 서로를 분리하는 저희들의 악함을 용서해주십시오. 또한 도시 내 빈민들을 사회와 분리하는 이 시대의 그릇된 움직임에 암묵적으로 찬성하는 것을 용서하소서.

>> 고백

유럽의 격변

1989년 10월 3일은 독일뿐 아니라 유럽 전역에서도 역사적인 날로 기록될 수 있다. 그날이 독일과 유럽의 향후 발전에 끼친 영향력은 지대하다. 우리는 유럽의 격변을 현장에서 경험하고 있었다. 유럽 사람들의 모든 관심이 프라하의 대사관에 있는 동독 난민들에게 집중됐다. 유럽 사람들은 어느 시기보다도 희망과 갈망, 소망과 넘치는 의욕으로 서로 긴밀한 유대감을 가졌다.

폴란드와 체코, 헝가리, 불가리아, 루마니아의 사람들도 프라하에서 일어난 일들이 모두의 관심사라는 것을 인식하고 있었다. 심지어 동독의 정치 권력자들도 이를 감지하고 있었다. 그래서 그들은 체코에 거주하는 동독 시민들의 출국을 봉쇄했고 동독과 체코 사이의 국경을 폐쇄하려고 필사적인 노력을 기했다. 그런 가운데 대사관의 난민들을 실은 프라하발 기차들에 대한 소식은 동독인들을 분노하게 만들었다. 분노의 정도가 얼마나 심했는지는 그저 상상에 맡기겠다. 동독의 정치인과 관료들은 1989년 10월 9일 라이프치히에서의 시위에서 외쳐진 "우리는 한 민족이다!", "비폭력!"이라는 구호가 무슨 뜻인지 깨닫지 못했다.

1989년 10월 3일의 내 일정표에는 '프라하·바르샤바를 주제로 한 외무부 주최 토론회의 참석'이 적혀 있었다. 프라하·바르샤바를 주제로 한 내무부 토론회. 사민당(SPD) 당수인 한스-요헨 포겔과의 토론회도 예정되어 있었다. 장벽은 아직 무너지지 않았지만 조금씩 균열이 보이기 시작했다. 이런 가운데 정치 관료들과 중앙위원회는 뭔가를 일으키기로 결정한 것처럼 보였다. 이제야 자신들의 손으로 새로운 운명을 만들려 한 것이다. 세계의 시선이 독일로 향했다. 지금의 움직임이 독일인들의 자유 혁명으로 연결될 것인가? 아직은 1989년 10월 라이프치히발 시그널이 나오기 전이었다.

나는 모스크바를 생각했다. 러시아의 고르바초프 서기장과 셰바르드나제 외무상은 지금 동독에서 일어나고 있는 일들을 어떻게 받아들이고 있을까? 1년 전인 1988년 9월, 나는 뉴욕에서 셰바르드나제에게 이렇게 말했다. "내년 여름 동독에서 극적인 일이 일어날 것이며 그 일은 모스크바와 본(Bonn)의 책임을 요구하게 될 것입니다." 셰바르드나제는 내가 무엇을 말하고 있는지 잘 알고 있었다.

한스 디트리히 겐셔, 1974~1992년 서독 및 통일 독일 외무부장관

〉〉 배경

국경 폐쇄

며칠 동안 오레 산에서는 불안함이 감지되고 있었다. 외국 번호판

을 단 차들은 시 경계에서 멈춰야 했다. 그중엔 종종 되돌아가는 경우도 있었다. 보초들은 슈바르첸베르크 가까이 있는 경계선 쪽의 고속도로에 배치되어 있었다. 많은 사람들이 되돌아가야 했다. 오베르비젠탈 근방에 프라하 가는 길로 연결된 국경이 있었지만 1989년 10월 3일에 폐쇄되었다. 이날 체코로 가는 국경이 폐쇄되면서 탈출의 최후 수단이 사라져 버렸다. 사람들이 자유롭게 국경을 넘는 것은 이제 중단되었다. 자유롭게 여행할 수 있는 마지막 장소가 사라져버린 것이다.

동독에 남아 있던 사람들은 모두 사회주의통일당(SED)이 감시하는 죄수와 같은 처지가 되었다. 당국은 그 누구에게도 출국허가서를 내주지 않았다. 동독 신문들은 이를 '동독과 동독의 재산을 보호하기 위한 조치'라고 보도했다. 그 같은 행위를 '승리'로 포장해 전했다.

그러나 그것은 승리가 아니었다. 동독이 무언가 소중한 것을 영원히 잃은 순간이었다. 내 머릿속엔 많은 생각들이 떠올랐다. 처남은 봄에, 친구들은 여름에 동독을 떠났다. 이웃들도 다 떠나고 없었다. 나와 아내만 남았다. 나는 분노에 사로잡혔다.

10월 4일, 나는 뭔가에 이끌려 회사 차인 트라반을 몰고 아우에와 슈바르첸베르크를 통과해 국경으로 향했다. 경찰들이 차를 세울 때마다 나는 회사 명함을 내밀었다. 거기엔 내가 국가교회 소속 목사라는 것이 적혀 있었다. 비록 백 퍼센트 사실은 아니었지만, 내가 할 수 있는 최선은 내가 서부 오레 산맥 지역에서 상담 사역을 하고 있다는 사실을 설명하는 것이었다. 나에게 어떤 일이 벌어질지 정말 궁금했다. 보초들은 국경 길과 평행하게 늘어선 숲에 서 있었다. 그들은 군인들이었다. 군인들은 촘촘히 서서 불법으로 통과하는 사람들을 붙잡았다. 거기엔 엄청난 규모의 철조망들이 쳐져 있었다. 점점 더 으스스해졌다.

잠시 후, 모든 곳이 막혔다. 어디에나 군인들이 있었다. 어릴 적 기억이 떠올랐다. 내가 열한 살이던 1968년 여름, 소련의 탱크들이 쵸파우에 가까운 프라하로 밀려들어왔다. 밤이면 저공비행을 하는 비행기와 헬리콥터가 마을 위를 날아다녔다. 얼마 지나지 않아 체코슬로바키아에는 주검들이 널브러졌다. 프라하의 반역은 무참하게 제압되었고 야당은 끔찍한 박해를 받았다. 그리고 지금 1989년 베를린 장벽의 붕괴를 목전에 두고 있다, 과연 어떤 일이 벌어질 것인가? 여기를 떠나지 못하는 우리는 과연 어떻게 될 것인가? 전능하신 하나님, 우리를 굽어보소서. 그리고 도와주소서!

에그몬트 프릴, 1989년 작센 연합 청년대표

혼돈의 기차역

경찰들은 하루 종일 체코로 가는 기차에서 승객들을 끄집어 내렸다. 드레스덴에서는 열차 선로에의 접근조차 삼엄하게 통제됐다. 심지어 가톨릭 주교 요아힘 라이넬트도 이 사실을 눈으로 직접 보려고 기차역으로 왔다. 하지만 그는 이내 깨달았다. 시민들은 신문에서 말하고 있는 것만큼 무질서하게 보이지 않았다. 그들 대부분은 젊은이들로 폭넓은 정보와 자신감으로 스스로 결정을 내릴 수 있었다.

드레스덴에서는 국경 통과가 거부된 사람들이 교회로 밀려들어 왔다. 52명이 한 교회에 머물렀다. 그들은 여행허가서만 받으면 당장 떠날 참이었다. 담요와 차가 제공되었다. 드레스덴의 지역 의회는 그들에게 출신 지역으로 돌아가면 거기서 출국허가서를 제공하겠다고 제안했다. 그러나 그들은 돌아가지 않고 교회에 계속 머물렀다. 동독 정권에 대한 신뢰가 산산이 조각나버렸기 때문이었다.

기차역 상황은 갈수록 혼란스러웠다. 술 취한 젊은이들은 병을 던졌으며 서로 싸웠다. 돌멩이들이 날아와 유리창이 박살났다. 경찰차가 불탔다. 물대포가 가동됐다. 시위대는 2만여 명으로 불어났다. 경찰은 닥치는 대로 사람들을 체포해 끌고 갔다. 한번 구류되면 보통 24시간 이상 갇혀야 했다. 비밀경찰로부터 많은 심문과 괴롭힘, 구타를 당했다. 폭력적인 상황이 더해가자 에리히 미엘케(당시 국가안보부 장관)과 한스 모드로(마지막 동독 총리)는 그날 밤 불법으로 2000여 명의 군인을 동원, 시민들에 맞서도록 했다.

그날 자정, 프라하에서 드레스덴 중앙역까지 대사관 난민들을 운송하는 열차가 드레스덴 역 바깥쪽 선로에서 열차 칸을 걸어 잠근 채 최대 시속 20마일보다 훨씬 빠른 속도로 내달렸다. 하지만 군중들은 전혀 알아차리지 못했다. 열차에 올라타려는 사람들이 기다리고 있는 상황에서 열차 차장은 너무나 위험한 행동을 하고 있었던 것이다.

당시 현장에 있었던 엔지니어 부르노는 상황을 이렇게 요약했다.

"그런 상황에서 다친 사람이 거의 없었다는 것이 진짜 기적이었어요. 몇 명이 다쳤다는 보도도 나왔지만 상황은 잘 종료되었지요. 제가 만약 돌진 명령을 받은 차장이었다면 그렇게까지 군중 속으로 돌진하지는 않았을 것 같아요. 아무튼 모든 게 잘 끝났어요. 알다시피 사람은 누구나 다시 믿음을 회복할 수 있습니다. 특히 오늘 같은 날에는요."

〉〉 각성
오직 하나님만 의지하다

"눈물을 흘리며 씨를 뿌리는 자는 기쁨으로 거두리로다"
(시편 126:5)

양심을 지니고 산 사람들에게 분단된 동독에서의 40년은 눈물이 마르지 않았던 세월이었다. '소련의 별'이 아닌 '베들레헴의 별'을 따르는 사람들은 일과 교육, 직장과 사회에서 엄청난 불이익을 감수해야 했다. 거의 모든 사람들이 비인간적으로 자유를 제약 받았다.

1989년 10월, 이제 때가 왔다. 사람들은 더 이상 자신들이 벽과 철조망 뒤에 갇히는 것을 용납하지 않았다. 그나마 교회 안에 약간 남아 있던 자유, 그리고 자유를 향한 소망이 기도와 하나님의 말씀을 통해 다시 꽃눈을 틔우기 시작했다. 이웃 나라인 폴란드는 교황 요한 바오로 2세의 도움으로 이미 해방을 향해 앞서 나가고 있었다. 시편 126편 1절처럼 우리 또한 포로가 놓임 받는 그런 선물을 받아야 하지 않겠는가.

1989년 10월 4일 드레스덴역에서 만나 대화를 나눴던 젊은이들은 그저 제약에서 벗어나기만을 바랐다. 필니츠 거리에서 만난 시위대들도 '자유'와 '비폭력'을 외쳤다. 10월 9일 교회에서 만난 사람들을 통해 나는 이들이 강력한 연합과 결단을 지닌 한 팀으로서 서로를 북돋아 주고 있다는 것을 경험했다. 우리 모두는 '새로운 시작'을 바라고 있었다. 점차 아직까지 누구도 상상할 수 없었던 정치적 결정들이 내려졌다. 이것이 기독교인인 내가 '이 모든 일 속엔 하나님의 손길이 있다'는 것을 확신하게 된 이유다. 하나님과 자유를 위해 용기 있게 싸웠던 모든 이들에게 감사를 돌린다.

"내 하나님을 의지하고 담을 뛰어 넘나이다."(시 18:29)
"여호와께서 우리 편에 계시지 아니하셨더라면 우리가 어떻게 하였으랴 사람들이 우리를 치러 일어날 때에 여호와께서 우리 편에 계시지 아니하셨더라면… 우리를 내주어 그들의 이에 씹히지 아니하게 하신 여호와를 찬송할지로다 우리의 영혼이 사냥꾼의 올무에서 벗어난 새 같이 되었나니 올무가 끊어지므로 우리가 벗어났도다 우리의 도움은 천지를 지으신 여호와의 이름에 있도다"(시

편 124:1~2, 6~8)

요하힘 라이네트, 드레스덴-마이센 교구 은퇴주교

아버지의 친절하심과 도우심, 인자하심을 볼 수 있도록 날마다 우리 눈을 열어주십시오. 하나님, 독일의 통일은 우리 스스로 얻은 것도 아니기에 우리에게는 그에 대한 어떠한 권리도 없습니다. 아버지께서 우리에게 위탁하신 모든 것을 나눌 수 있도록 용기를 주십시오. 그분들이 그때 멈추지 않고 했던 기도처럼 우리도 이 나라의 변화와 평화에 대한 우리의 믿음을 나눌 수 있도록 용기를 주십시오.

>> 고백
동독은 '거대한 감옥'이 되었다

1989년 10월 2~3일 밤, 체코로 가는 국경이 폐쇄되면서 우리는 완전히 갇혀버렸다. 엄청난 규모의 국가 교도소에 말이다. 드레스덴에서 프라하 대사관으로 가기를 바라던 동독 각지에서 온 사람들이 바트 샨다우 기차역에서 국경을 지키는 군인들과 충돌했다. 그들은 망연자실한 채 드레스덴역에서 하차해야 했다. 한 가지 희망은 남아 있었다. 서독 외무장관 한스 디트리히 겐셔의 허락을 얻은 프라하발 대사관 난민들을 실은 기차는 드레스덴과 플라우엔을 거쳐 호프로 갈 수 있었다. 이런 조치를 통해 동독의 지도자들은 자신들의 힘을 과시하고 싶어 했다.

동독 경찰들이 드레스덴 중앙묘지에서 출국을 시도하는 사람들을 막고 있다

　10월 3일 밤, 프라하 탈출이 가로막혔던 사람들이 이 기차에 올라타려고 했다. 그들은 하루 종일 기차역과 주변에서 기다렸다. 어떤 이들은 기차 옆길에서 자갈을 집어 들었다. 기차가 지날 때 던지기 위한 것이다. 그들은 스트레렌에서 드레스덴까지 헤매고 다니던 중 교회에서 잠자리를 찾았다. 그리고 다음 날 4일에 기차역으로 다시 왔다.

　지머 경감과 교회 사역자들은 출발을 보장함으로써 사태를 진정시키려 했다. 여성 목회자인 엥겔만으로부터 기차역 사정을 전해 듣고 나는 10월 4일 드레스덴으로 운전해 가기로 마음먹었다. 내 눈으로 무슨 일이 일어나는지 보고 싶었다. 가능하다면 중재를 통해 폭력을 예방하고 싶었다.

　아내와 나는 저녁 9시에 출발했다. 트라반 자동차를 주차한 후 프라거 거리를 지나 중앙역으로 갔다. 기차역 앞에 다다랐을 때 불타는 차에서 나오는 붉은 불길이 보였다. 경찰에 의해 북쪽은 막혔으나 동쪽 입구는 그때까지만 해도 출입이 가능했다. 큰 입구로 들어섰을 때 가까운 플랫폼과 그것과 연결된 다른 플랫폼으로 가는 진입로가 거대한 쓰레기통들로 막혀 있는 것을 보았다. 모든 남쪽 입구는 경찰과 군인들이 가로막고 있었다. 그들은 방패 뒤에서 떨고 있었다. 그들과의 대화 시도는 실패했다. 상처 입은 시민들은 인근 적십자 건물로 이송되었다.

몇 명이 다쳤는지, 상처는 어느 정도인지 우리는 아무런 정보도 받지 못했다. 바바리안 거리에서 우리는 장벽을 따라 줄지어 있는 무한 궤도 차량을 보았다. 밤 11시 반, 거기엔 경찰과 경찰견만 보였다. 차로 돌아가던 중 우리는 지인인 드레스덴 환경국장 클라우스 가버를 만나 좋은 교제의 시간을 가졌다. 우리는 지난 몇 시간 동안 겪은 이야기를 나눴다. 하지만 대화를 시작한 지 10분 정도밖에 안 되었을 때, 갑자기 물대포가 우리 세 사람을 향해 조준되고 있는 게 보였다. 어쩔 수 없이 서둘러 프라거 거리를 지나 차로 돌아왔다.

한스 가이슬러 박사, 1990~2002년 작센 주 장관

>> 배경
프라하에서 온 난민들과 체코의 벨벳 혁명

1989년 8월 21일에도 체코 공산주의 체제의 경찰은 바르샤바조약이란 이름으로 1968년 프라하의 봄을 잔혹하게 제압한 것을 추모하

는 모든 시위를 시작부터 강력하게 막았다. 그러나 동독인들이 프라하 주재 동독 대사관으로 도피하는 것을 막지는 않았다. 8월 26일, 헤르만 후버 대사는 위풍당당한 롭코비치 궁전이라 불리는 대사관 사무실로 밀려드는 3500명이 넘는 전대미문의 난민들의 물결을 받아들이기 시작했다.

거기서 그들은 9월 30일 오후 6시 58분 한스 디트리히 겐셔 외무장관이 발코니에서 "저는 여러분의 여행이 오늘부로 허가되었다는 것을 알리러…"라고 말할 때까지 견디었다. 10월 1일, 5490명의 사람들이 여섯 대의 특별열차편으로 동독 국경을 넘어 서독으로 향했다. 3일이 지나자 대사관은 다시 난민들로 가득 찼다. 하지만 에리히 호네커 서기장은 체코슬로바키아로 가는 무비자 국경을 폐쇄해 버렸다.

체코 정권은 동독 정권과 마찬가지로 퇴행하고 있었다. 극작가인 바츨라프 하벨은 인권단체인 '헌장 77'을 만들었다는 이유로 1989년 여름에 풀려날 때까지 4년 동안 감옥에 갇혀 있었다. 1989년 11월, 대규모 시위가 무참히 짓밟혔다. 그러나 헌장 77의 연사인 바츨라프 말리 신부는 수백만의 사람들 앞에서 비폭력과 화해를 촉구했다. 이것이 '벨벳혁명'으로 가는 길을 닦았다.

베른트 외팅하우스, 신학자

희망이 우리를 견디게 했다

"나는 그러므로 이 작전 기간에 동독 수도 베를린으로의 여행을 계획하는 모든 요주의 인물에 대해 수단과 방법을 총동원해 강압적으로 저지할 것을 강력하게 요구한다. 체코로의 여행을 허가 받지 못한 사람들은 통제를 받을 것이다. 적대적인 반대 행위들은 모든 수단을 동원해 단호하게 저지당할 것이다. 이외에도 더한 물리적 수단들이 동원될 수 있다."

에리히 미엘케 국가안보부장관은 위와 같은 사항을 전화로 각 부대들에게 지시했다. 그의 주된 관심사는 다가오는 동독 건립 40주년 기념행사가 순조롭게 진행되는 것이었다. 이를 위해 그 어떤 일도 그는 할 요량이었다.

플라우엔에서 토마스 퀴틀러 감독은 법원의 엄청난 위협에도 불구하고 성 마가교회에서 열릴 평화기도회를 굳건히 고수하고 있었다. 그는 이를 통해 '뉴포럼'(동독 격변기를 이끌었던 대표적 시민단체-역자주)이 창립될 수 있는 여지를 만들고, 시민들이 분노와 실망을 표출할 수 있도록 공간을 제공하고 싶었던 것이다. 문을 잠근 채로 프라하를 출발해 플라우엔을 지나가는 기차를 바라보며 사람들은 거센 항의를 했다. 교회 한 곳에 수용하기엔 너무 많은 인원이었다. 무장 경찰들이 교회 주변을 에워쌌다.

동시에 드레스덴 기차역 앞에서는 연막탄과 화염병을 동반한 폭력 사태가 발생했다. 녹초가 된 대기 경찰들 중 많은 이들은 징집된 사람들이었는데 어쩔 수 없이 시위대를 체포해야만 했다. 이 일로 시위대와 관련이 없는 구경꾼들이 심문을 당했고 48시간이나 구류되기도 했다. 경찰들은 조직적으로 이들을 자지 못하게 하고 바깥에 세워두거나 장시간 무릎 꿇리기, 손은 목에 다리는 벌린 상태로 벽에 비스듬히 기대고 서 있기, 손을 목에 얹은 채 앉아 있기 등을 시켰는데 한번 시작하면 몇 시간씩이나 계속됐다. 어떤 경우에는 친구와 친척들이 실종된 사람이 어디에 억류되어 있는지조차 모르기도 했다.

>> 각성

그날은 …

"이스라엘은 이제 말하기를 여호와께서 우리 편에 계시지 아니하셨더라면 우리가 어떻게 하였으랴 사람들이 우리를 치러 일어날 때에 여호와께서 우리 편에 계시지 아니하셨더라면 그때에 그들의 노여움이 우리에게 맹렬하여 우리를 산채로 삼켰을 것이며…"(시편 124:1~3)

우리는 순교자가 아니었다. 다른 사회주의 국가에서는 동독에서보다 개인의 자유에 대한 핍박이 심했다. 하지만 동독 체제에 동화되지 못한 사람에게는 힘든 일이었다.

누가 우리를 헤쳐 나가도록 도왔을까? 우리는 자유를 바랐음에도 떠나지 않았다. 어떻게 그럴 수 있었을까? 무엇이 우리를 이곳에 머물며 다른 사람들도 우리와 똑같이 행동하도록 권고하라고 동기를 부여했을까? 베를린 장벽을 넘다가 생긴 모든 결과와 같은 두려움 때문이었을까?

성경 구절들은 우리에게 위로와 소망을 준다. 다윗은 시편 124편에서 자신의 처지를 이렇게 묘사한다. "사람들이 우리를 공격했다. 그들의 분노가 우리를 향해 타올랐다. 우리를 잡으려는 덫을 놓았다. 적들은 우리를 산 채로 삼켜버리려 했다."

나 역시 동독에서 비슷한 경험을 했다. 지역 청년을 감독하는 사람의 입장에서 그리고 개인적인 삶을 통해서 나는 고난을 겪어야 했던 많은 젊은이들을 봤다. 고통의 순간들, 도움을 향한 갈망의 나날들이었다.

아들 스테판이 거리에서 체포돼 차에 태워져 사전 구금의 상태로 켐니츠로 끌려간 날이 바로 그날이다. 그날은 아들이 정부를 비방하는 정치적인 발언을 했다는 이유로 감옥형에 처해진 것을 알게 된 날이기도 했다. 그날은 19세 딸 수잔느가 헝가리 국경에서 탈출을 시도했다는 혐의로 체포된 것을 들은 날이다. 나중에 딸은 1년 3개월의 감옥형에 처해졌다. 그날은 우리가 수잔느를 보러 호헤넥의 여자교도소를 방문했을 때, 수잔느가 독방에 감금되어 있다는 사실을 알았던 날이다. 그날은 또 ….

다윗은 어떻게, 이스라엘은 어떻게, 우리는 어떻게 이런 날들, 이런 상황들을 견뎌냈을까? 자유를 향한 우리의 모든 갈망에도 불구하고 무엇이 우리를 이곳에 머물도록 힘을 줬을까? 만약 주께서 우리를 위하시고, 우리와 함께하신다는 것, 심지어 음침한 골짜기에서도 함께하신다는 것을 알지 못했다면 우리는 의심한 나머지 절망하고 말았을 것이다. 이런 식으로 성경 말씀은 우리에게 힘을 주었고 우리의 도움이 되었다. 시편 124편은 "우리의 도움은 천지를 지으신 여호와의 이름에 있도다"라고 마지막 문장을 맺고 있다.

그분이 감옥 문을 여셨다. 그분이 벽을 허무셨다. 그분이 족쇄를 깨뜨리셨다. 그분이 우리의 눈물을 닦아 주셨다. 그분이 자유를 주셨다.

하지만 우리는 아직 목표점에 도달하지 못했다. 우리의 도움은 여호와 하나님께 있다는 시편 124편의 약속은 지금도 여전히 유효하다. 모든 것이 새롭게 되고 우리의 모든 바람들이 채워질 그 날이 올 때까지.

에버하르트 하이세, 은퇴 집사

감정이 폭발하는 상황에서도 아무도 무기를 쓰지 않도록 보호해주신 주님께 감사드립니다. 드레스덴과 베를린, 라이프치히에서도 던져진 돌에 맞아 죽은 사람은 한 명도 없었습니다. 헌법이 작동되게 하셔서 감사드립니다. 불의와 강압, 속박으로부터 변화하길 원하는 갈망이 시위 및 다른 민주적 주체를 통해 평화적으로 일어나게 하심도 감사드립니다.

급진파가 시위대를 마주했을 때나 5월 1일 베를린 사건 같은 위태로운 갈등이 민주적으로 진정되어서 폭력이 어느 상황에서도 우세하지 않기를 기도드립니다. 우리에겐 모든 급진주의와 싸울 초자연적인 지혜가 필요합니다.

플라우엔에서의 역사적인 날들

플라우엔이 들끓고 있었다. 여행 허가를 받은 이들을 태운 프라하발 기차는 머물러야 할 사람과 떠나고 싶어 하는 사람들을 화나게 만들었다.

1989년 10월 5일, 토마스 퀴틀러 감독은 모든 성직자들을 소집했다. 오후 6시 성 마가교회에서 '뉴포럼' 창립을 알릴 도심 토론은 그 신호탄이었다. 새로운 저항단체의 목소리가 절실히 필요함에도 정부가 저지를지 모르는 폭력을 예방하기 위해 우리는 교회에서 평화를 위한 집회를 하기로 결정했다.

플라우엔에서의 이러한 움직임은 난민을 실은 기차가 플라우엔을 통과하는 동안 배치해 놓은 경찰에 대한 두려움에서 나온 게 아니었다. 그것은 기초의원 선거 조작을 공개적으로 선포하려던 스테판 콜비츠와 연관된 한 청년 그룹의 용기 있는 행동으로 인한 것이었다. 그 젊은이들은 이런 상황에서 스테판을 위협 속에 내버려 두고 싶어 하지 않았다. 우리의 머릿속에는 '중국식 해법'이라고 해서 중국에서 일어난 민주화 세력들을 유혈로 타도했던 것(천안문사태를 말한다-역자 주)에 환호하던 정부 지도자들의 태도가 떠올랐다. 비슷한 상황을 막기 위해 우리는 행동하기로 했다.

오후 5시 30분쯤 더 많은 사람들이 교회로 몰려들었다. 그래서 우리는 두 번째 평화 집회를 즉흥적으로 인도했다. 성공적이었다. 온 교회 주위를 경찰이 둘러쌌다. 거기엔 실탄을 소지한 기동부대도 있었다. 동료인 디트리히 그라이너 목사와 쿠나스 박사, 그리고 나는 교회

10월 7일, 플라우엔 집회 참가자들을 막기 위해 방수차가 투입됐다

밖에 있었다. 우리는 경찰과 기동부대의 얼굴을 정면으로 바라보고 있었다. 어떤 이는 이 순간을 평생 기억하고 있다. 잠시 후 모든 거리는 경찰차로 점령되고 말았다. 그들에게 모든 사회주의의 적은 제거 대상이었다.

이날에 대해 그라이너 목사는 자신의 기록에서 "이 지점까지 후퇴한 경찰도 분명 불안한 상황이었다. 브러이니그 목사와 쿠나스 박사는 그들에게 다가가 퇴각하라고 요구했다"라고 적었다.

주님의 도움으로 그 사건은 평화롭게 끝났다. 이 사건이 무혈로 마무리되지 않았더라면 플라우엔 중심가에서 일어난 10월 7일의 대규모 시위는 일어나지 않았을 것이다. 무혈로 끝난 시위를 보고 더 많은 사람들이 편안한 마음으로 10월 7일 대규모 시위에 참여하게 되었던 것이다.

디트마르 브러이니그, 은퇴목사(플라우엔)

동독 난민들과 복음주의 교회

1989년 11월 5일 복음주의교회 총회 연설

존경하는 총회장님. 저는 우리가 보여준 가능성 때문에 감사드립니다. 지금 우리가 바트 크로칭엔에 모여 있는 이 순간에도 동독으로부터의 망명 신청자가 줄어들지 않고 있습니다. 엄청난 노력과 혼신의 힘을 다해 숙소와 식사를 마련하고, 의료 진료 및 상담을 해주는 많은 자원봉사자들과 직원들을 기억합니다.

우리는 이 시각에도 경찰과 국경 순찰대, 군대 그리고 자신의 일을 묵묵히 감당하고 있는 수많은 사람들에게 진심으로 감사를 드립니다. 특히 사회복지 단체들은 가난하고 병든 사람들, 그리고 무엇보다 어린아이를 둔 가정들을 돌보고 있습니다. 적십자사와 함께 주로 국경에서 일을 하는 많은 사회복지팀들도 정말로 헌신적으로 일했습니다.

이 시점에 제가 말하고 싶은 것은 최근 난민들이 지낼 임시시설이 꽉 차서 이제 더 이상 입소를 할 수 없다는 것입니다. 교회는 이런 재난 상황에서 그들에게 더 많은 숙소를 제공해야 합니다. 저는 지금 수양 센터와 헬스 센터 그리고 레크리에이션 센터를 가지고 있는 루터교회와 자유교회, 사회복지단체, 여타 사회시설 관계자들에게 진심으로 호소합니다. 여러분의 집과 방을 적어도 당분간, 앞으로 몇 주 동안만이라도 사용할 수 있도록 될 수 있으면 빨리 정돈해 주십시오. 그리고 겨울을 나기 위해 11월 말에 문을 닫는 시설들을 사용하는 것도 대안으로 생각하고 있습니다.

아직 공식적으로 제대로 감사의 표시를 하지 못했지만 우리 교회와 사회복지단체는 이미 엄청난 일을 해오고 있습니다. 나는 가슴으로부터 교회 총회에 감사를 드립니다.

우리는 어디에서든지 말씀이 선한 행실로 이어지게 해야 합니다. 우리는 지금 당장 더 많은 사람들을 도울 더 많은 시설이 필요합니다. 우리가 이 엄청난 사랑을 실천하게 될 때 우리가 지금까지 깨달은 것보다 남들을 도울 수 있는 가능성이 더 많이 있다는 것을 알게 될 것입니다.

성 마르틴은 얼어 죽어가는 사람들에게 자신의 외투를 주었습니다. 오늘날 우리 복음주의교회 안에서도 자신의 것을 나누고자 하는 수많은 성 마르틴들이 필요합니다. 감사합니다.

칼 하인츠 노이캄, 은퇴목사

진실은 드러나야 한다

　　"우리는 우리의 역할을 방기하고 있습니다." 드레스덴 드라마앙상블 공연 관람 후에도 떠나지 않고 남아 있는 비밀경찰을 포함한 청중들에게 배우 요아힘 츠쇼케는 말문을 열었다. "국민과 소통하지 않는 정부는 신뢰할 수 없습니다. 진실은 드러나야 합니다 … 우리는 조국이 파괴되도록 내버려 두지 않을 것입니다!"

　　이것이 드레스덴 극배우이자 공연가의 호소이다. 그는 시민들의 자유를 요구하며 비폭력을 강조했다. 그가 말하고 있는 그 순간에도 드레스덴 극장에서 겨우 몇 발자국 떨어져 있지 않은 프라거 거리에서는 정기적인 저녁 시위의 광경을 바라보던 선량한 구경꾼들이 차가운 도로 위에 강제로 붙잡혀 있어야 했다. 거의 모든 보행자들 그리고 수백 명의 시위대는 24시간 동안이나 억류되어 있었다.

　　라이프치히 민중신문에서는 동독의 모든 회사에 상주하던 군대 실무팀이 '체제를 전복하려는 행위에 관용은 없다'는 제목으로 다음과 같이 시위대를 위협하는 기사가 실렸다. "우리는 반혁명 행위를 단번에 제거하기 위해 우리의 손으로 만든 것을 지킬 준비가 되어 있고 또한 지킬 것이다. 필요할 경우 우리 손의 무기로!" 실무진의 바람이 담긴 이 기사로 인해 베를린과 다른 곳에서도 시위대를 폭력 진압하는 것이 정당화되었다.

　　이런 가운데 베를린에서는 10만여 명의 자유독일청년당(FDJ) 소속 청년들이 에리히 호네커와 귀빈들 앞에서 손에 횃불을 든 채 행진을 했다. 국가 의회 지도자들은 공화국 궁전에서 동독사회주의통일당(SED) 창당 40주년을 경축하고 있었다. 미하일 고르바초프를 비롯한 4000여 명의 귀빈들 앞에서 호네커는 동독의 미래 과제를 풀어내기 위해 소련 정치 개혁 운동인 페레스트로이카를 넘어서는 독립적인 해결책이 필요하다고 강조했다. 그는 동독에 대한 모든 비난이 국제적인 무정부주의자들의 중상모략적인 운동에서 나온 것이라고 보았다. 호네커는 "이 중상모략 운동의 목표는 사람들의 판단을 혼란스럽게 해서 집권 세력은 물론 사회주의 자체에 회의를 품도록 하는 것"이라고 주장했다.

>> 각성

비폭력의 길

"네 칼을 도로 칼집에 꽂으라. 칼을 가지는 자는 다 칼로 망하느니라"(마 26:52)

많은 경우에 규모와는 상관없이 폭력은 심각한 해악을 발생시킨다. 이 사회에서 폭력은 거의 법과 같다. 때론 통치자들은 물론 그 통치에 저항하는 사람들도 폭력이라는 무소불위의 권력을 사용한다. 그러나 예수님께서는 어떤 사태의 해결책으로 물리적 힘을 사용하는 것을 경고하신다. 그분은 당신이 붙잡히실 때 칼을 사용해 막으려 했던 베드로를 꾸짖으셨다.

오늘날 비폭력은 연약함으로 간주된다. 사람들은 비폭력은 연약한 세력이 쓰는 방법으로 그것을 통해 어떤 목적을 달성하기 어렵다고 생각한다. 동독에서 비폭력 평화운동을 펼친 사람들은 고난과 반발, 체포, 징벌을 겪어야 했다. 모든 종류의 폭력에 굴복하지 않고 저항한 사람들은 큰 대가를 치르기 마련이다. 특히 비폭력적인 태도로 저항을 지속하면 그에 대한 더 큰 대가를 지불해야 한다. 이 폭력의 세상에서 비폭력의 길은 그야말로 좁디좁은 길이다.

그러나 그 길이야말로 화평케 하는 자가 궁극적으로 걸어야 할 길이다. 예수님께서는 산상수훈에서 "화평하게 하는 자는 복이 있나니 그들이 하나님의 아들이라 일컬음을 받을 것임이요"라면서 모든 사람들이 그 길을 택하도록 격려하신다. (마 5:9) 예수님은 쉬운 길이나 성공에 대해서는 전혀 언급하지 않으신다. 대신 그분은 의를 위하여 핍박과 고난을 받는 자들과 함께 하시겠다고 약속하신다. (마 28:20) 두려움과 고통의 현장에서 거짓 위로가 아닌 하나님의 도우심을 약속하신다. 라이프치히 니콜라이교회의 '청년교회'(young church)는 기도로 모일 때마다 하나님이 함께 하시는 경험을 했다. 그들은 예배와 찬양 가운데 예수님의 임재를 확신했다.

동독의 변화 속에서 각 사람은 자신의 행동을 결정해야만 했다. 많은 사람들이 예수님이 제시한 길을 따랐다. 시위를 하는 도중 집었던 돌을 바닥에 내려놓고 비폭력의 길을 걸었다. 처음에는 너무나 연약하게 보였지만 결국 비폭력이 승리했다.

예수님께서는 오늘날에도 우리와 함께 하시며 우리에게 사회에 만연한 폭력에 맞설 힘을 주실 것이다. 꽉 쥐었던 주먹을 피고 '칼을 쳐서 보습으로' 바꾸는 일은 시대를 초월해 충분히 가치 있는 작업이다.

베른트 외팅하우스, 신학자

하나님, 독일 통일 과정에서 스스로의 결정으로 비폭력적인 시위를 벌였던 평화의 사람들로 인해 감사합니다. 1989년 가을, 시위 초기에 구타와 체포 등 많은 폭력적인 사건들이 있을 때에 우리를 보호해 주심을, 특별히 그 시위의 현장에서 총이 사용되지 않도록 막아 주심을 감사드립니다.

오늘도 사회에 만연된 폭력 때문에 우리 스스로 움츠러들지 않도록 지켜주소서. 어떤 경우에도 우리가 폭력을 쓰지 않게 해 주시고 폭력에 적극적으로 저항하도록 용기를 주십시오. 물리력을 사용하는 것이 타당하게 보이는 경우에도 그 힘을 쓰지 않게 보호해 주시기 바랍니다. 우리가 끝까지 비폭력의 길을 걷게 해 주시며 폭력의 피해자들을 위로하며 도울 수 있게 우리의 마음의 용량을 넓혀 주시옵소서.

>> 고백

'칼을 쳐서 보습으로'가 동독을 흔들다

구약성경의 미가서 4장 3절은 다음과 같이 기록되어 있다. "그가 많은 민족들 사이의 일을 심판하시며 먼 곳 강한 이방 사람을 판결하시리니 무리가 그 칼을 쳐서 보습을 만들고 창을 쳐서 낫을 만들 것이며 이 나라와 저 나라가 다시는 칼을 들고 서로 치지 아니하며 다시는 전쟁을 연습하지 아니하고"

미가는 기원전 700년경에 살았던 선지자다. 유대 왕 히스기야 때, 앗수르 왕 산헤립이 수도를 포위하며 힘없는 히스기야를 조롱했다.

43

그러나 히스기야는 미가의 제안에 따라 무기를 늘리거나 새로운 군사동맹을 맺지 않았다. 히스기야는 "비폭력이 힘이 있다"는 선지자의 약속을 믿었다. 그는 선지자를 통한 하나님의 약속을 신뢰했던 것이다. 그의 믿음은 보상으로 돌아왔다. 유대보다 절대적으로 군사적 우위에 있음에도 불구하고 뜻밖에 산헤립은 군대를 철수시켰다. 앗수르 본국에 왕조에 대항한 반란이 일어나고 군에는 전염병이 창궐함으로써 산헤립이 어쩔 수 없이 돌아서게 된 것이다. 이것은 말할 나위도 없이 하나님이 하신 일이었다. (열왕기하 19장)

러시아 조각가 예브게니 부체티치는 1958년 브뤼셀 세계전시회 출품을 위해 조각상을 만들었다. 그것은 칼을 보습으로 만드는 근육질의 사람을 형상화 한 작품이었다. 현재 원 조각상은 모스크바에 있고 복사본은 소련 정치가 흐루시초프가 1959년, 뉴욕에 있는 UN 본부에 희사했다.

나는 성경 말씀과 부체티치의 작품을 기초로 책갈피 초안을 만들었다. 드레스덴 그래픽 디자이너인 잉게보르크 가이슬러가 최종 디자인을 맡았다. 그 디자인을 플리스 천에 담았다. 이는 섬유의 표면 처리로 분류되어 정부의 인쇄 허락을 받지 않아도 됐다. 10만 장을 인쇄했다. 인쇄된 책갈피는 청년교회들에 배포되었다. 교회 소속 청소년들은 교과서에 그 인쇄물들을 사용했다. 책갈피를 보는 사람들은 거기 새겨진 미가서의 말씀을 읽게 되어 있다. 그로 인해 청년들은 선생님들과 격렬한 토론을 벌이기도 했다.

'칼을 쳐서 보습으로'라는 구절은 평화를 갈망하는 젊은이들의 바람과 딱 맞아떨어졌다. 많은 이들이 책갈피에서 심벌만 잘라내 겉옷에 기워 입었다. 사람들 사이에 그 성경 구절이 퍼져나갔다. 점차 동독 어디서나 볼 수 있는 문구가 되었다.

젊은이들이 평화를 상징하는 대표적 말씀인 '칼을 쳐서 보습으로'를 대화 가운데 인용하는 것 자체가 당시 동독 현실에서는 놀라운 일이었다. 이에 대한 정부의 반대와 견제는 극심했다. 경찰은 계속 나를 감시했다. 그러나 미가 선지자의 외침은 동독 전역으로 확산됐다. 한 경찰의 말은 나로 하여금 두고두고 미소 짓게 한다. 그는 이렇게 말했다. "언젠가는 미가라는 놈을 내 손으로 꼭 잡고 말 거야!"

하랄드 브레트슈나이더, 1989년 지역 청년 담당 목사, 하이란트교회협 명예회원

동독 정부, 말씀을 두려워하다

동독 정부는 책갈피를 크게 문제 삼았다. 교사와 경찰들에게 '칼을 쳐서 보습으로'라는 문구가 들어간 패치를 입고 있거나 책갈피를 가지고 있는 사람들을 잡아내라고 명령했다. 정부는 '칼을 쳐서 보습으로'라는 캐치프레이즈가 사회주의 국방 정책을 비판하고 있다고 생각했다. 그 패치를 입거나 책갈피를 지닌 사람들은 등교가 거부되었고, 정부 명령에 주저하는 교사들은 해고됐다. 끝까지 포기하지 않은 학생들은 졸업이 허락되지 않았다.

이는 어느 누구도 이해할 수 없는 정책이었다. 그것은 단지 수많은 성경 구절 가운데 한 구절일 뿐이고 러시아 조각상과 관련된 것일 뿐이었다. 사람들은 정부의 정책에 저항했다. 정부의 강경 정책이 반대 움직임을 격발시켰다 이는 결국 1989년의 비폭력 시위와 무혈 평

45

화혁명의 정신적이고 영적인 분위기를 조성하는 계기가 되었다.

1982년 3월 17일, 에리히 미엘케는 '평화주의의 상징과 말이 담긴 배지나 패치, 스티커나 기타 품목, 상징이나 교재를 공개적으로 보이거나 전파하는 것을 방지하는' 법령을 모든 경찰과 학교 직원들에게 내렸다.

그런 조치로 인해 동독에서 '칼을 쳐서 보습으로'라는 문구가 들어간 패치의 사용이 어느 정도 줄어들었다. 그러자 서독에서는 이를 인쇄한 물품들이 더 많이 나오게 되었다. 이를 통해서 보듯 동독과 서독은 평화라는 이름하에 정신적·영적으로 연대하고 있었던 것이다.

하랄드 브레트슈나이더, 1989년 지역 청년 담당 목사, 하이란트교회협 명예회원

하나님의 때를 알다

　　동유럽 전체주의 국가 지도자들이 아침 햇살을 받으며 베를린 칼 마르크스 대로변 연단 위 VIP석에 서 있었다. 보이체흐 야루젤스키(폴란드), 니콜라에 차우셰스쿠(루마니아) 그리고 미하일 고르바초프(구소련). 그들은 동독 건립 40주년을 축하하는 열병식을 지켜보고 있었다.

　　알렉산더 광장에서는 매달 7일마다 지난 5월 7일 지방선거의 투표 부정에 항의하는 시위가 열렸다. 열병식이 거행된 그날에도 시위가 펼쳐졌다. 시위대는 정당과 시의 지도자들이 공식적으로 40주년을 축하하고 있는 장소인 공화국 궁전 쪽으로 걸어갔다. 3000여 명이 "고르비, 도와주세요! 고르비, 도와주세요!"라고 외쳤다. 고르바초프는 그날 호네커에게 개인적으로 다음과 같이 얘기했던 것을 기록에 남겼다. "인생은 용기 있는 결단을 필요로 하죠. 하지만 너무 늦는 자에겐 심판이 기다립니다."

　　그러나 호네커는 위대한 소련 형제의 글라스노스트(개방) 정책을 거부하고 정부의 공권력을 의지했다. "자유, 자유!" 시위대는 구호를 외치면서 10월 2일부터 정치범을 위한 철야기도회가 열리고 있는 겟세마네교회 쪽으로 걸어갔다.

　　시위대가 국영방송사 본부를 지나갈 무렵, 경찰은 고무로 된 경찰봉으로 그들을 멈춰 세우고 시위 주동자 체포를 시도했다. 하지만 점점 더 많은 사람들이 참여했다. 그날 밤 겟세마네교회는 봉쇄되었다.

국가인민군과 비밀경찰, 인민경찰에 의해 '반혁명 모임'은 잔인하게 해산되고 말았다. 수많은 사람들이 부상을 당했고, 1000명이 넘는 사람들이 체포되었다. 베를린과 드레스덴, 예나, 마그데부르크, 일메나우, 아른슈타트, 켐니츠와 포츠담에서 붙잡힌 사람들의 모습은 화려한 경축식과는 슬픈 대조를 이뤘다.

하지만 플라우엔에서는 달랐다. 3만여 명의 주민 중 2만여 명이 거리로 쏟아져 나왔다. 엄청난 수의 군중들이었다. 시위는 평화롭게 진행됐다. 경찰은 소방차를 배치, 물대포를 쏘려고 했다. 화가 난 몇몇 시위자들은 돌과 병을 던졌다. 그러나 토마스 퀴틀러 감독의 조언을 받은 플라우엔의 시장은 '비폭력'을 강조하고 먼저 토론할 것을 제안함으로써 위기상황에 잘 대처했다. 반면 베를린에서는 에리히 미엘케가 "인도주의를 끝장내자"는 구호를 발표, 험악한 분위기가 연출됐다.

생각지도 못했던 선물은 성직자인 마르쿠스 메켈과 마르틴 구차이트 목사 주도로 사회민주당이 정부 승인을 받지 못한 가운데 창립된 것이었다. 그러나 6개월 후에 당의 첫 번째 사무총장인 이브라힘 뵈메가 비밀경찰 요원이었던 것이 탄로 나 큰 소동을 겪어야 했다.

>> 각성
하나님의 인도하심을 기억하라

"네 하나님 여호와께서 이 사십 년 동안에 네게 광야 길을 걷게 하신 것을 기억하라"(신 8:2)

장벽이 무너진 지 10여 년 후, 나는 라디오 복음방송에서 '균형'이라는 프로그램을 맡아 일하기 시작했다. 65세 이상 된 여성, 남성들과 대화중에 종종 구동독 분들이 거리낌 없이 말하곤 했다. 그분들 중에는 주교와 목사, 복음전도자, 청년 리더, 남자 집사, 여자 집사, 그리고 국영기업 직원 그리고 이따금 지도급 위치에 있던 분들이 있었다. 그분들은 자신의 자녀들이 예수에 대한 믿음을 고백함으로써 고난을 당했다고 반복해서 말했다. 공부를 잘했음에도 불구하고 이 젊은이들은 대학 공부는 물론 졸업조차 허락되지 않았다. 그럼에도 이런 식으로 모욕을 당한 사람들 중 대부분이 주님의 특별한 인도하심을 경험했다는 걸 듣는 것은 감동적이었다. 하나님은 당신의 자녀들을 곤경 속에 버려두지 않으신다.

하나님의 인도하심을 받은 이 사람들은 '사태 전환'(통일) 25주년이 다가오는 올해(이 책의 독일어 원서가 나온 건 2015년이다-역자 주) 동독에서의 자신들의 삶을 회고할 것이다. 하나님의 사람들이 경험했듯 그들도 비슷한 길을 걷게 될 것이다. 광야에서 헤맨 지 40년이 되던 해에 모세는 이스라엘 백성들에게 "네 하나님 여호와께서 이 사십 년 동안에 네게 광야 길을 걷게 하신 것을 기억하라"(신 8:2)고 요청한다. '40년의 광야 생활'이 그들을 확실히 겸손하도록 만들었다. 모세는 하나님의 눈은 당신의 백성들에게 고정되어 있었음을 상기시켰다.

1989년 10월 7일, 동독은 건립 40주년을 경축했다. 많은 사람들이 하룻밤 사이에 이 나라가 끝장날 것이라고는 전혀 상상하지 못했다. 그러나 역사의 주관자이신 하나님께서는 감히 상상할 수 없는 것을 가능케 하셨다. 이곳에서도 새로운 일이 시작되는 데 '40년'이 걸렸다는 사실이 놀랍지 않은가?

동독에서는 억압과 불이익을 당하는 많은 이들이 하나님께 매달

렸고 여러 모양으로 하나님의 도우심을 경험했다. 이 기간 동안 서독의 기독교인들은 아무런 핍박 없이 살았다. 서독 사람들은 거저 받은 자유를 진실로 귀하게 여겼을까? 경제적 풍요로움을 당연한 것으로 여기지 않았을까?

이제 우리는 동서독 사이의 국경을 아무런 제약 없이 여행할 수 있다. 도로변의 표지판만이 분단 시절을 상기시켜 준다. 나는 그 표지판을 볼 때마다 하나님께 감사를 드린다. 그 표지판은 이렇게 말하는 듯했다. "하나님께서 너를 인도하신 것을 기억하라."

역사의 주관자이신 하나님께서는 자신이 힘 있는 자들을 그들의 왕좌에서 내려오게 하시고 압제받는 자들에게 선을 베푸는 분이라는 것을 보여주셨다. 동독의 역사를 되돌아 볼 때마다 우리는 "이전 날들, 오래전의 날들을 기억하라"는 말씀을 상기하게 된다.

그때나 지금이나 더 감사하지 않는 것이 부끄럽다. 나에겐 언제나 시편 103편 2절의 "내 영혼아 여호와를 송축하며 그의 모든 은택을 잊지 말지어다"라는 경고가 필요하다. 우리는 언제 어디서나 하나님의 인도하심을 확실히 신뢰하고 있다는 것을 소리 높여 말해야 한다.

호르스트 마르콰르트, 1960~1993년 라디오 복음방송(ERF) 본부장

하나님, 감사합니다. 주님께서는 피 흘리거나 복수의 행동 없이 독일과 유럽에서 평화로운 정권 교체를 이루셨습니다. 우리 국가에 행해진 모든 불의에도 불구하고 이렇게 해주신 것은 당신의 은혜로 인한 기적입니다. 늙어버린 우리들은 분단 후 40년이 되자 거기에 익숙해져서 체제를 바꾸기 위한 기도를 거의 드리지 않았습니다. 그럼에도 우리에게 평화롭고 비폭력적인 변혁이 진행되

도록 새로운 기회를 주신 것을 감사드립니다.

우리는 정의와 진리를 위해 싸우고 이 평화가 우리의 마음에 새겨질 수 있도록 고군분투하고 있습니다. 이제 주께서 예전과 똑같이 우리를 도우셔서 모든 우리의 이웃들과 평화롭게 살게 하소서. 어떻게 하면 우리가 가진 부를 나누고 잘 분배해서 모든 나라가 경제적으로나 정치적으로 발전하는 기회를 가질 수 있는지 우리에게 가르쳐 주소서.

주께서는 우리 기독교인들을 부르셔서 우리로 하여금 '산 위의 동네'가 되어 이 나라가 나아갈 방향을 찾을 수 있도록 하셨습니다. 연약함에도 불구하고 이 책임을 지고 있는 우리를 축복하여 주소서.

토마스 퀴틀러

40년이면 충분하다

플라우엔에서는 1989년 가을, 10월 5일과 7일 양일에 걸쳐서 기적이 일어났다. 10월 5일에는 성직자들이 촉박하게 평화기도모임을 계획했다. 도시 안에 감도는 긴장감 때문이었다. 시장인 마르틴 박사가 실정법을 거론하며 위협했지만 우리를 막지는 못했다. 5일 밤 정말 많은 기독교인과 비기독교인들이 모였다. 기도회는 두 번에 걸쳐서 진행됐다. 집중된 분위기 속에서 우리는 노래를 부르고 정치적으로 책임 있는 이들의 이름을 거명하며 기도했다. "그들이 실상을 인지하게 하시고, 권력을 남용하거나 폭력을 사용하지 않도록 보호하소서."

이틀 후인 10월 7일, 동독 건립 40주년 기념일에 우리는 그 기도가 응답되는 것을 경험했다. 놀랍게도 최소 10만 명은 되어 보이는 사람들이 플라우엔 도심에 모였다. 경찰은 난폭하게 그들을 해산시키려 했다. 이 때문에 시위 행렬은 법원 청사 앞에까지 이어졌다. 청사 출입구는 경찰 병력에 의해 막혀 있었다. 위험한 대치 상황이었다. 이틀 전에 가졌던 평화기도회의 힘으로 용기를 내 나는 청사 앞으로 걸어갔다. 그리고 경찰 간부에게 내가 시장을 개인적으로 아는 사이이며 시장에게 할 말이 있다고 말했다. 놀랍게도 내 요구는 받아들여졌다. 동료들은 긴장한 모습으로 로비에서 기다렸다. 이틀 전 내게 겁을 주려고 했던 시장은 이제 화가 난 얼굴에 불안한 모습이었다. 바깥에는 자유를 요구하는 비폭력적인 사람들이 서 있었다. 결국 마르틴 박사는 누그러졌다. 전제조건 없이 열린 토론회를 개최하겠다는 데 동의한 것이다. 이 요구안을 어떤 형식으로 만들 것인지는 나한테 맡겨졌다. 마르틴교회의 종소리가 근처에서 울리고 사람들은 고개를 치켜든 채 집으로 돌아갔다.

나에게는 분명해졌다. 40년이면 충분하다! 동독 건립 40주년을 기념하는 1989년에 새 일이 이뤄지리라. 이것은 우리 몇 사람들의 슬로건이 되었다. 지난 40년은 분명 광야의 세월만은 아니었다. 서독이 꽃피는 정원만이 아니었듯이 말이다. 그 40년은 기근과 함께 회개의 이유도 있었던 시간의 도상(途上)이었다. 기억해야 할 것은 사막이 있는 곳엔 오아시스도 있다는 사실이다.

역사를 바꾸는 과정에서 우리는 '맹목적 우연'에만 의지했던 것은 아니다. 우리는 하나님의 인도하심을 의지했다. 우리 조국은 두 번째 기회, 그리고 평화로운 이웃에 둘러싸인 삶을 선물로 받았다. 역사가들이 평가하듯 플라우엔은 이 평화혁명에서 한 발자국 앞서 있었다.

토마스 퀴틀러, 은퇴감독(플라우엔)

>> 배경
금지된 교구의 사역자

젊은이 교구 담당 목사로서 나의 첫 몇 년 동안의 사역지는 호프 국경의 금지 구역이었다. 거기서 나는 내가 맡은 2개의 교구에 더해 2개 교회를 더 돌봐주고 있었다. 전임 젊은 목사는 정부에 의해 쫓겨났다. 주민 모임에서 그는 자신이 사는 집 뒤에 쳐진 철조망을 보면서 마치 수용소에 사는 것처럼 느껴진다고 말했다. 젊은 목사 부부의 분노는 이해할 만한 것이었다. 왜냐하면 조산사가 분만을 돕기 위해 이곳에 들어오는 허가서를 제때에 받지 못한 바람에 아이를 잃은 지 얼마 안 되었던 것이다.

겨울 사역은 특히 힘들었다. 낡은 모페드(모터 달린 자전거-역자 주)를 타고 모든 곳을 다녀야 했기 때문이다. 세 곳의 교회 중 한 곳의 예배는 아파트에서 드려졌다. 그곳은 우리에게 언제나 아늑했다. 그 교회에는 소수의 용감한 여성 신자들이 예배를 드리기 위해 모였다. 먼저 당했던 다른 사람들의 경우처럼 이들은 예배로 인해 자신들도 강제 이주 당할 수 있다는 사실을 잘 알고 있었다. 그분들의 관계는 따뜻했고 마치 초대교회의 숨결마저 느껴졌다. 그들은 예배를 드리기 위해 작센주의 월

스니츠 군청 소재지까지 운전해 가서 교회 목사인 내 이름으로 발급되는 특별허가서를 받아와야만 했다. 나 역시도 설교 주제와 예배 참석 인원을 제출해야 했다. 만일 내가 이 의무등록 조항을 지키지 않았다면 내 전체 사역에 엄청난 지장이 초래됐을 것이다.

이 금지 구역에는 헌신적인 믿음의 여인들이 살고 있었다. 그들로 인해 그곳에는 항상 기독교인들이 존재할 수 있었다. 그러니 그 여인들이야말로 고마운 분들이다. 이 기간에 나는 매일 감독자인 메르켈 씨에게 보고를 해야 했다. 내가 탈출하지 않고 아직 남아 있다는 증거로….

1989년 늦가을, 나는 큰 기쁨으로 증오의 장벽을 허무는 일을 도왔다. 그 장벽 속엔 지뢰와 총이 묻혀 있었다. 세월의 흔적으로 녹슬어버린 스크루드라이버 때문에 내 손가락은 피범벅이 되었다. 그러나 형용할 수 없는 기쁨으로 나는 스크루드라이버를 계속 돌렸다.

디트마르 브러이니그, 은퇴목사(플라우엔)

폭력에 맞서 토론을 벌이다

어제의 시위에 대해 에리히 호네커는 "불량배 같은 폭도들이 모여 과도한 폭력을 행사함으로 시민들을 엄청난 불안에 떨게 했다. 앞으로 더한 폭동이 있을 거라는 것은 자명하다. 폭동은 시초부터 금지되어야 한다"는 말로 각 지부에 동독 건립 40주년 경축식 결과를 전했다. 그는 정치 이데올로기 선동을 선언하면서 '모든 공공의 영역에서 공격적인 정치 이데올로기 작업'을 펼칠 것을 요구했다. 호네커는 국가 기관은 물론 정당과 조합, 협회, 그리고 자유독일청년당(FDJ) 임원들이 자기 지역에서 폭동을 막는 데 참여하고 공격적으로 나서야 한다고 독려했다.

지난밤 이후 폭력에 대한 염려가 사방으로 퍼져나갔다. 이날 아침 '뉴포럼'은 많은 지역에서 "폭력은 정치적인 갈등을 해결하는 방법이 결코 아니다"라고 적힌 인쇄물을 배포했다. 비폭력에 대한 호소는 모든 주일예배에서도 이어졌다. 베를린의 겟세마네교회에서는 시민의 권리 주창자들이 어제 사건에 대한 정보를 나누고 체포된 사람의 행방을 찾기 위한 모임을 조직했다.

그러나 드레스덴에서는 600여 명이 오후 시위를 하다가 다시 폭력을 사용하기 시작한 경찰에 의해 저지당했다. 그들은 시위대의 3분의 1을 포위한 채 난폭하게 끌고 어디론가 사라졌다. 동시에 크리스토프 지머 감독과 드레스덴 교구 주교인 요하네스 헴펠은 폭력이 더 확대되는 것을 막기 위해 볼프강 베르크호퍼 시장에게 토론을 요청했다.

10월 8일, 드레스덴의 경찰 저지선 앞에서 '그룹 20'이 결성됐다

그날 밤, 드레스덴에서는 모든 이들이 폭력으로부터 돌아서는 기적이 일어났다.

프라거 대로에서는 에워싸여 있는 시위대의 중앙에서 군목 프랑크 리히터와 안드레아스 로이쉬너가 경찰에게 말을 걸기 시작했다. 경찰 간부는 토론에 열려 있었고 놀랍게도 그 다음날 시장과의 약속을 중재해 주었다. 그 결과로 시위대는 자발적으로 20명의 대표단을 구성해 다음 날 정치인들과 만나 토론할 의제를 정리했다. 이후 경찰은 사람들이 평화롭게 집에 돌아가도록 허락했다. 다음 날 저녁 8시, 주교 헴펠과 지머 감독이 약속한 대로 그 도시의 모든 교회에서는 시장과 대표단이 나눈 대화 결과가 보고됐다.

그러나 베를린은 완전히 달랐다. 겟세마네교회를 둘러싼 경찰은 무차별적으로 사람들을 두들겨 팼다. 기도회에 참석한 3000여 명의 사람들이 경찰의 봉쇄로 교회에 갇히고 말았다. 그러자 그들은 자발적으로 손에 촛불을 들고 연좌농성을 시작했다. 가로등불이 꺼지자 경찰들은 경찰견을 풀고 처음으로 물대포를 쏘는 등 끔찍한 폭력을 동원해 시위대를 철수시켰다.

"네 칼을 도로 칼집에 꽂으라"

"이에 예수께서 이르시되 네 칼을 도로 칼집에 꽂으라 칼을 가지
는 자는 다 칼로 망하느니라"(마 26:52)

주교의 이 목양 말씀은 새벽녘에 시작된 예배의 주제였다. 그는 마태복음 26장 52절 말씀을 인용했다. 그것은 적절한 시점에 주신 시의적절한 말씀이었다. 드레스덴 거리에서는 며칠 동안 폭력 사태가 발생했다. 구타와 체포, 실종을 가져온 무능하고 독재적이고 부정직한 정부에 맞서 수천 명의 사람들이 매일 시위를 벌였다. 그러자 공개적으로 거짓말이 퍼져나갔다. 이맛살을 찌푸리는 사람도 있었다. 몇몇은 우리가 이제야 본색을 드러내는 것이라고 비아냥거렸다.

나는 혼자 아파트에 남아 있을 수가 없었다. 하루 종일 밖에 있었다. 저녁에는 도시를 뚫고 행진하는 큰 시위대에 가담했다. 기차역 근처 프라거 대로에서 우리는 경찰과 마주쳤다. 제복을 입은 경찰들이 우리와 대치했다. 그들은 시위대 일부를 포위했다. 얼마나 사람이 많았는지 모른다. 추측컨대 수천 명의 사람들이 거기 있었다. 내 옆에는 드레스덴-피셴의 교목 안드레아스 로이슈너가 서 있었다. 나는 그

에게 같이 가자고 했다. 그는 "그러자"고 했다. 우리는 경찰에게 다가가 줄줄이 이야기를 했다. 그러나 아무도 답을 해주진 않았다. 경찰에게 말하는 것을 그만두고 시위대에게 돌아가야겠다고 결정한 순간 어떤 젊은이가 우리에게 다가오더니 말을 걸었다. 그는 제복을 입고 있지 않았는데 경찰 행렬 쪽에서 나왔다. 우리가 원했던 것은 "우리는 그 어떤 폭력도 원하지 않습니다. 당신들도 역시 폭력을 원하지 않을 것입니다"는 말을 전하는 것이었다. 나는 그 사람에게 말했다. "시장을 불러주십시오. 그는 책임 있는 사람입니다. 그 사이 저는 시위대에 이야기하겠습니다." 그러자 그는 "그렇게 하겠다"고 말하면서 물러갔다. 어디로 갔을까? 그것은 아무래도 상관이 없다. 그는 분명 마구잡이식 구타가 재발하는 것을 막으려고 할 것이기 때문이다. 나는 시위대로 돌아왔다. 안드레아스와 나는 '20인 그룹'을 만들었다. 우리는 사람들의 요구사항을 들었다. 여행 자유, 투표 자유, 시위의 자유, 언론 자유, 뉴포럼 허용, 정치범 석방, 대체복무제도와 사회 내부의 평화로운 대화 등….

잠시 후 우리는 시장이 시위대 대표단과 만나고 싶어 한다는 걸 알게 되었다. "내일 오전 9시, 청사에서 만납시다." 경찰들은 방패를 내렸다. 시위 군중들도 해산했다. 1989년 10월 8일 저녁, 드레스덴에서 민주주의의 평화로운 돌파구가 마련됐다. 예수님께서는 그것을 어떻게 표현하셨을까? "네 칼을 도로 칼집에 꽂으라 칼을 가지는 자는 다 칼로 망하느니라"(마 26:52)

프랑크 리히터, 1989년 드레스덴 돔 교목, 색손 주 정치교육부장

하나님, 당시 플라우엔과 드레스덴에서 진리와 평화의 말씀이

즉각적이고도 뜻밖의 힘을 발휘하게 해주신 것을 감사드립니다. 오늘도 모든 위협과 핍박 속에서 이 평화의 말씀을 믿음으로 끝까지 부여잡고 있는 사람들로 인해 감사를 드립니다. 다른 사람의 말을 경청하고 그들을 배려하는 행위가 대인 관계뿐 아니라 정치에서도 효과를 발휘하게 해주셔서 감사드립니다.

당신의 화평의 말씀을 통해 우리가 누그러지게 하소서. 서로 존중함으로써 우리의 적들도 충분히 가치 있는 사람들이라는 사실을 깨닫게 해 주십시오. 말씀으로 우리와 함께 계시는 하나님을 더 분명하게 경험하게 해 주세요. 말씀에 순종하는 자들에게 당신의 초자연적인 힘을 보여주십시오. 이러한 필요를 채울 수 있도록 우리에게 적합한 핵심 인물들과 결정적 말씀, 적절한 상황을 허락해 주십시오.

>> 고백
무언가 큰일이 일어나고 있다

경찰 병영에서 발생한 사건을 통해 나는 지금 여기서 일어나고 있는 일이 우리가 상상할 수 있는 것보다 더 놀라운 일이라는 것을 알게 됐다. 하지만 경찰들이 병영 앞에 많은 경찰차를 주차한 것을 본 초기에는 그것을 몰랐다. 군대 생활을 해본 우리에게는 느껴지는 어떤 분위기가 있었다. 경찰부대 내의 경찰 관리들의 불안정을 분명 느낄 수 있었다.

10월 7일, 나는 특별한 명령을 받고 완전 무장 상태에서 많은 수의 기관총과 탄약을 준비했다. 내 임무는 트럭을 모는 것이었다. 트럭 속 화물에는 운송할 많은 '배달품들'이 들어 있었다. 나는 동료들과 함께 운전했다. 수많은 사람들이 시내에서 심문을 받은 후 트럭 위로 올라타야 했다.

우리는 마르크리베르크의 농업 전시소인 아르그라까지 운전해 갔다. 나는 스스로 물어보았다. '이 사람들은 무슨 생각을 하고 있었을까?' 체포된 모든 사람들이 조사를 받기 위해 벽에 기대어 서 있는 모습이 내겐 무척 낯설었다. 나는 이 많은 사람들이 말 운반용 화물차에 갇혀 있는 것을 보고 분노했다. 화물차 속 사람들이 간간이 밖을 바라보고 있는 모습은 너무나 처연했다. 거기서 내 고향의 지인을 만났다. 그와 어색한 인사를 나눌 때 정말로 당황스러웠다. 그는 제복 입은 나의 모습에 너무나 놀라워했다.

이 모든 경험은 무섭고 충격적인 것이었다. 처음으로 나는 공인받은 폭력과 불의가 일으킬 수 있는 가공할 힘을 알게 되었다. 그때, 나는 뭐라고 형언할 수는 없지만 무엇인가 크고 정말로 새로운 일이 일어날 것이라는 것을 느꼈다. 이 느낌은 어디서 온 것일까?

그 느낌은 맞았다. 동독에서 지금까지 유지됐던 상식과 법이 무너지기 시작했다. 평소 위력을 발휘하던 권력이 더 이상 우리 일상을 지배하지 못했다. 하나님이 움직이고 계셨다. 모든 역사를 주관하시는 위대하신 하나님이 동독의 역사에 개입하기 시작하신 것이다. 오래된 시스템 안에서 안전을 구하던 자들은 급격한 변화를 두려워한다. 그러나 나를 비롯한 어떤 사람들에게 그것은 희망의 시작이었다. 1989년 10월, 라이프치히에서 무언가 큰일이 일어나고 있었다. 진정으로 새로운 그 무엇이! 하나님께서 기적을 일으키고 계셨다.

프랑크 보그트, 주 교회연합 지역 설교가(작센), 1989년 비상대기 경찰(라이프치히)

중국식 해법

1989년 유럽을 휩쓸었던 민주주의 운동은 중국의 학생들에게 영향을 끼쳐 중국 내의 부패와 경제적 빈곤에 저항하도록 만들었다. 그들은 더 많은 사람들의 참여를 요구하면서 1989년 4월, 베이징의 천안문 광장에 모였다. 공산주의 정권은 이 일을 자신들의 권위에 대한 도전으로 간주했다. 공안들은 끊임없이 군중들을 해산하려 했다. 수백 명의 학생들은 자신들의 요구를 관철시키기 위해 단식투쟁에 돌입했다.

마침내 5월 17일, 100만 명쯤 되는 사람들이 천안문 광장에 집결했다. 자오쯔양 당서기가 학생들에게 다가가 토론을 벌였다. 그 일 후, 그는 가택연금에 처해졌다. 강경파는 조금도 물러서지 않았다. 결국, 군대가 광장으로 접근해왔다. 하지만 그럴수록 점점 더 군대는 용기 있는 시민들이 친 바리케이드에 의해 가로막혔다. 6월 3일 밤부터 다음날까지 인민군대는 천안문 광장을 에워싸고 시위대들에게 총기를 발사했다. 수백 명, 아니 수천 명의 시민들과 군인들이 다치거나 목숨을 잃었다.

'대화 대신 폭력', '토론 대신 탱크'가 바로 중국식 해법이었다. 10월 7일을 즈음해 우리는 그런 중국식 해법이 동독에서도 사용될 가능성에 주목했다. 모두가 두려워했다. 늙은 에리히 호네커를 등에 업은 새로운 리더 에곤 크렌츠는 카메라 앞에서 대놓고 "중국에서 질서를 세우는 일이 일어났다"고 말했다. 크렌츠는 자신의 명령이 동독에서 먹히지 않자 9월 말에 직접 중국을 방문했다. 그는 중국식 해법을 배우러 간 것이었다. 10월 9일 라이프치히에 있던 어마어마한 숫자의

61

비밀 경찰부대는 평화 시위대를 향해 그들이 그 계획(중국식 해법)을 실행할 것임을 여실히 보여주었다. "반혁명을 끝내기 위해 폭력을 쓰라"는 명령은 이미 베를린에 공표되었다.

그러나 1989년 동독에서 중국식 해법은 사용되지 않았다. 변화의 과정은 평화롭게 진행됐다. 그것은 참으로 기적이었다. 정말로 위대한 기적이 일어났다고 말할 수밖에 없다. 그러니 어찌 하나님께 감사를 드리지 않겠는가.

알브레히트 카울, 전 독일 YMCA 연합 명예사무총장

기도하라 그리고
정의로운 일을 실행하라

　　마치 경고처럼 정확히 오늘, 호네커는 베를린에서 중국의 주석 대행인 야오이린 사절단을 만났다. '천국의 평안'(天安)이란 의미의 천안문 광장에서 보인 중국식의 폭력적 해법이 어느 때보다 우리 코앞에 있었다. 라이프치히에서는 "도심에 들어가려는 사람들은 모두 정부의 적으로 간주될 것"이라는 공식적인 경고가 나왔다.

　　경찰청 보안부대의 부대장들은 공공연히 이렇게 말했다. "우리 작전의 목적은 불법적인 모임을 해산시키고 적들을 지속적으로 말살하며 그 리더들을 체포하는 것이다." 병원에는 헌혈자들을 위한 침대가 준비되었다. 동원된 진압부대원들에게는 고무망치가 지급되었다. '둥근 모서리'라고 불린 비밀경찰 본부에는 기갑탱크가 배치돼 있었다.

　　이미 그날 아침 독일사회주의통일당(SED) 당원 600여 명은 크리스티안 퓌러 목사가 교회 문을 닫기 전에 성 니콜라이교회에 들어와 교회당을 차지했다. 교회는 "사역자들의 일이 끝나는 오후 5시가 되어야 문을 닫을 수 있다"면서 기도모임에 온 사람들을 맞이했다. 성 토마스교회, 미가엘교회, 개혁교회와 같은 다른 교회들도 '평화를 위한 기도집회'를 준비했다.

　　오후 5시, 월요기도모임을 위해 1만여 명의 사람들이 4개 교회를 꽉 채웠다. 요하네스 헴펠 감독은 비폭력을 호소했다. 드레스덴의 이야기가 사람들에게 용기를 주었다. 밖에서는 군중들이 기다리고 있었다. 그들은 모두 촛불을 들고 칼 마르크스 광장까지 걸어갔다. 거기서 한 바퀴를 돌았다. "우리는 한 민족이다!" "고르비, 고르비!" "우리는 훌리건이 아니다." 군중들은 목청껏 외쳤다. 동시에 '우리 승리하리라'와 같은 노래들을 불렀다.

7만여 명의 군중들이 평화롭게 집회를 했기에 8000여 명의 보안부대는 할 일이 없어졌다. 아무도 대대적인 총기사용 명령을 내리고 싶어 하지 않았다. 시위대는 도심을 꽉 채웠다. "시위대가 평화를 유지하는 한 진압을 먼저 시작하지 말라"는 명령이 라이프치히에서 하달됐다. 촛불집회 가운데 '비폭력'이 외쳐졌다. 특별히 비밀경찰 본부 같은 민감한 곳에서는 상대방을 자극하지 않기 위해 노력했다. 그것은 기적이었다.

드레스덴에서는 2만여 명의 사람들이 교회 앞에서 '20인 그룹' 대표단으로부터 그날 아침에 열린 시장과의 토론 결과 보고를 듣고 있었다. 베를린에서는 겟세마네교회에 모인 3000여 명의 사람들이 라이프치히의 평화로운 집회 소식을 듣고 기쁨의 함성을 질렀다. 사람들이 든 촛불로 인해 교회 주변은 빛의 바다와 같았다. 여기서도 비밀경찰들은 물러났다. 단지 할레의 성모교회에서만 2000여 명의 시위대가 잔인하게 공격을 당해 해산되었다.

다음 날 발표된 내용에 따르면 라이프치히와 베를린, 드레스덴과 할레뿐 아니라 마그데부르크, 예나, 마르크노이키르셴 그리고 미라네에서도 시위가 벌어졌다. 그날 저녁, 동독의 많은 교회들에서 사람들이 월요일의 시위가 평화롭게 진행되기를 기도했다.

내가 주님께 간구하매 …

"내가 여호와께 간구하매 내게 응답하시고 내 모든 두려움에서 나
를 건지셨도다 … 여호와는 마음이 상한 자를 가까이 하시고 충심
으로 통회하는 자를 구원하시는도다"(시 34:4, 18)

1980년대 초, 동서독이 원자폭탄을 가지고 군비 경쟁을 벌인다는
뉴스에 나는 극심한 마음의 부담감을 가졌다. 그 때문에 많은 밤 동안
잠을 제대로 자지 못했다. 내 고향 드레스덴이 불바다가 되어 파괴되
는 장면을 상상하며 무서워 떨었다. 그래서 우리 교회들에서는 평화
를 위한 작업들이 시작되었다. 우리는 외교적인 보상이나 협약 같은
것에 희망을 두지 않았다. 대신 하나님의 도우심을 구했다. "여호와여
내가 깊은 곳에서 주께 부르짖었나이다"(시 130:1)

라이프치히의 교회들 소속인 젊은이들이 내게 찾아와 다음과 같
은 필사적인 호소를 한 것도 이상한 일이 아니었다. "우리는 다음 10
년간의 평화를 도모하자는 운동이 시작되는 가을까지 기다릴 수 없습
니다. 평화를 지키기 위해서 매주 성 니콜라이교회에서 기도모임을
해도 될까요?" 그렇게 해서 1982년에 평화기도모임이 매주 월요일 5
시에 시작되었다.

평화기도모임이 열리는 동안 젊은이들은 중앙아메리카에서 온
학생들과 교회에 모여 그저 관계를 쌓아가는 일을 했다. 그들은 지
혜를 갖고 용기 있게 행동하는 것이 어떤 것인지를 공개적으로 보여
줬다. 그 주제는 몇몇 젊은이들만의 관심사로 남을 수 없었다. 나는

교회 총회가 이 운동에 참여해야 한다고 주장했다. 그래서 우리는 '평화와 정의위원회'를 발족, 이들 청년들이 교회의 보호 아래 있도록 했다.

평화기도모임에 참석하는 방문객들은 매주 늘어갔다. 그들 중 일부는 기독교인이 아니었지만 자신들의 정치적 요구를 전하기 위해 참여했다. 어떤 이들은 이민을 가기 원했다. 그들은 자신들의 출국을 지원하도록 힘을 써 달라고 우리를 압박하기도 했다. 우리는 그들 중 어느 쪽의 기대에도 부응할 수 없었다. 우리는 이 질문에 대한 답을 찾기 위해 노력했다. "어떻게 하면 이 긴장감을 없앨 수 있을까? 어떻게 하면 성경 말씀을 통해 이 사람들이 각자 처한 상황에서 도움을 얻도록 할 수 있을까?"

결과적으로 정부의 압력은 늘어갔다. 정부는 계속해서 우리를 토론회에 초대, 평화를 위한 기도모임을 멈추라고 압박했다. 그렇지 않으면 폭력으로 우리를 방해할 것 같았다. 모든 책임은 결국 우리 어깨에 지워졌다.

한 주 한 주 압박은 더 심해졌다. 그러나 약해져서 굴복할 수는 없었다. 우리는 교회 예배에 참석한 사람들을 비롯한 군중들이 경찰에 체포되는 것을 지켜봤다. 우리는 그들을 보호해 줄 수 없었다. 그것은 나 혼자만의 문제는 아니었다. 나는 우리를 믿고 있는 사람들과 가족들을 걱정했다. 한 가지 요동하지 않는 게 있었다. "내가 주님께 간구하매…"였다.

기적이 일어났다. 주님께서 응답하셨다. 주님께서 우리를 두려움에서 건져주셨다. 가난한 마음으로 밧줄 끝을 붙잡고 있었던 그 순간, 바로 그곳에서 주님이 함께 계심을 경험한 것을 나는 잊을 수 없다. 하루하루 하나님 말씀으로 교인들을 격려하면 할수록 말씀의 효과는 나타났다. 우리는 부활하신 주님을 만나는 성찬이 너무나 절실하다는 것을 깨달았다.

우리는 감사해야 할 것이 너무나 많다. 라이프치히에서의 10월 9일은 평화롭게 마감됐다. 무기는 사용되지 않았다. 7만여 명이 참석한 평화로운 시위는 성공적으로 끝났다. 그날 저녁 4교회에서 온 리더들과 모여 앉았을 때, 우리가 그토록 인내할 수 있었던 것은 우리 자신 때문이 아니라는 걸 깨달았다. 우리 위에 그분의 영광이 비추고 있었던 것이다.

프리드리히 마기리우스, 1989년 라이프치히 성 니콜라이교회 감독

라이프치히와 여러 도시에서의 월요 시위에서 폭력과 자극, 근시안적인 반응으로부터 우리를 멋지게 보호해 주신 하나님께 감사를 드립니다. 월요일마다 모여 비폭력을 통한 평화를 위해 기도했던 수년간의 기도에 응답해주신 것을 감사드립니다. 독일 전역에 25년간의 평화를 주신 것을 감사합니다.

이제 오늘날 사회의 필요를 채우기 위해 우리를 효과적으로 준비시켜 주시기를 기도합니다. 우리 기독교인들이 깨어나게 해 주소서. 또한 우리가 할 수 없다고 생각하게 만드는 현대의 여러 도전들 속에서도 기적을 일으키시는 하나님에 대한 믿음이 살아 역사하게 하소서. 우리로 하여금 안전지대를 박차고 나오는 용기를 갖게 해 주십시오.

우리는 촛불과 기도는 대비하지 못했다

'비폭력'의 외침은 지금도 나를 감동시킨다. 예수님의 산상수훈이 우리에게 이뤄진 것이다! 그것은 성직자나 감독이 만든 것이 아닌 일반 사람들에게서 태어난 것이다. 그들은 비폭력을 그저 생각하거나 말로 외치기만 한 것이 아니라 끊임없이 거리에서 실천했다. 그들은 바로 다음 두 부류의 무신론적 세계관을 지닌 독재 정부에서 자라난 사람들이다. 첫째, 인종 간의 증오를 부추기고 전쟁 준비에 여념이 없었던 나치이다. 둘째, 계급투쟁으로 무장되고 무신론적 선동을 일삼은 골수 사회주의자들이다.

나치와 사회주의자들은 비폭력을 실천하는 사람들에게 이렇게 말했다. "당신들의 예수는 존재하지 않는다. 당신들의 쓸데없는 말과 비폭력은 위험한 이상주의에 불과하다. 정치에서 중요한 것은 돈과 군대, 경제 그리고 미디어다. 그 밖의 다른 것들은 잊어도 좋다." 이런 주장들을 믿도록 강요당하며 자란 사람들이 거리에서 '예수의 영'으로 비폭력을 실천했다. 물리학자이자 철학자며 평화연구가인 칼 프리드리히 폰 바이츠제커는 내게 이렇게 말했다. "이것은 충격적인 상황 전개다." 나는 그의 말에서 한 발 더 들어가고 싶다. "기적은 바로 이런 것들이 아닌가. 성경대로 이루어진 기적 말이다."

평화를 위한 기도회가 끝난 후 모두가 교회 밖으로 나왔을 때 무리들이 서서히 움직이기 시작했다. 사람들은 아이들을 집에 둔 채 밖으로 나왔다. 그만큼 생명이 위협받는 상황이었기 때문이다. 두려움과 희망 사이에서 무리들은 조금씩 시내 중심가로 움직여 갔다.

월요기도회 후 7만여 명이 라이프니치 인넨슈타트링에서 집회를 갖고 있다

그들은 "우리가 (이 나라의 주권을 행사하는) 국민이다!"를 외쳤다. 이것은 '너희 인민경찰은 도대체 지금 누구 편인가? 베를린의 소수 늙은이들 편인가, 아니면 또 다른 누구의 편인가?'라는 뜻이었다.

그 7만여 명이 누구 편에 서 있는지는 굳이 설명할 필요가 없다. 그 모습에 정권 담당자들은 매우 놀라고 불안해했다. "우리는 모든 것을 예상했지만 촛불과 기도는 예상하지 못했다." 인민의회 의장인 호스트 신더만의 말이다. 관리들은 평화 시위대들을 어떻게 처리할지 몰라 안절부절 못했다. 어떠한 분쟁도 없이 사람들의 거대한 물결이 도심으로 밀려들어 왔다. 사람들은 자신들이 출발한 그곳에 다시 돌아왔다. 그것은 시위 동안 어떠한 총격도 없었다는 것을 의미했다. 모든 것이 평화적으로 진행됐다. 창문 한 장도 깨지지 않았다.

승자도 패자도 없었다. 아무도 체면을 잃지 않았다. 그 누구도 생명을 잃지 않았다.

크리스티안 퓌러(1943~2014), 1989년 당시 라이프치히 성 니콜라이교회 목사

>> 배경
기도와 행동, 제단과 거리는 하나다

모두가 알다시피 처음부터 기도는 교회라는 공적 장소에서만이 아니라 믿는 자들의 작은 방에서도 드려졌다. 비기독교 단체들은 정의와 평화, 환경보호를 위한 기도가 전 세계적인 결과를 가져온다는 것을 깨닫게 되었다. 동독의 복음주의 루터파 교회에게 이는 새로운 경험이었다.

기도 운동은 겨자씨만큼이나 작게 시작되었다. 기도 운동은 처음엔 동독 복음주의 교단이 해오던 10년 동안의 평화의 틀에서 진행됐다. 그것은 1980년 회개의 날에 '평화의 1분'으로 시작되었다. 12시 정각에 교회 종들이 일제히 울리면 1분간 기도하는 것이었다. 1982년의 '10가지 평화에 대한 묵상'에서 주간 평화를 위한 기도회에 대한 필요성이 대두됐다. 매주 도심의 한 교회에서 월요일 5시에 기도하자는 것이었다. 이것이 라이프치히에서 실현되었다.

우리는 로마서에서 평화를 위한 기도회의 지침을 찾았다. "부지런하여 게으르지 말고 열심을 품고 주를 섬기라 소망 중에 즐거워하며 환난 중에 참으며 기도에 항상 힘쓰며"(롬 12:11~12) 모든 개인과 사

회, 지역 또는 세계의 필요들이 기도 가운데 하나님께 드려지는 한편 공적으로 언급되게 하자는 것이 우리의 목표였다. 이 모든 것들은 '복음의 영'과 '하나님의 명령'에 기초해 이뤄져야 했다.

이를 위해 우리에겐 건설적인 작은 잣대가 필요했다. 사람들이 현실에 순응하고 결국엔 절망하는 것은 교회의 사명과 모순된다. 이 모임에선 다른 사람을 무시하는 것은 결코 용납되지 않았다. 하지만 많은 교회에서는 참을 수 있는 범위 내에서만 관용했다. 평화를 위한 기도회에서는 슬픔과 분노, 정부의 무차별적인 폭정과 불의, 개인적인 폭력과 조직적인 폭력 등에 대한 아무런 꾸밈이 없는, 있는 그대로의 진실된 간증이 필수적인 가치로 여겨졌다.

시작한 지 얼마 안 되어 기도모임은 틀을 갖췄다. 모임 때마다 단체들이 돌아가며 기도회를 준비했다. 이것은 정의, 평화, 환경보호 등의 주제들에 책임을 느끼고 있었던 동독 교회들의 평소 방식보다 좀더 진전된 방식이었다.

평화를 위한 기도회에서는 성경 읽기와 성직자들의 성경 말씀 봉독, 묵상 음악, 현 상황에 대한 정보 교환, 복음 성가 찬양, 중보기도, 주기도문, 축도, 오르간 전주와 후주 등의 순서가 있었다. 이 밖에도 중보기도 중에 촛불을 밝히는 것과 오르간 반주 묵상 외에 경배와 찬양, 율동 등이 있었다.

이 모임의 특징은 성 니콜라이교회의 모토인 '모두에게 열린 교회'처럼 문지방을 낮춘 것이다. 이런 이유로 정해진 예배 의식보다는 사람들이 공감하는 가치를 강조하며 형식에 유연성을 가졌다. 그렇기에 사람들이 처음에는 낯설어하다가도 두 번째 방문할 때에는 마치 집에 온 것처럼 편안함을 느끼게 되었다.

1989년은 그렇게 지속된 평화를 위한 기도회의 아름다운 열매가 무르익었던 때였다. 10월 9일 '결단의 날'에 도심에서 진행된 성 니콜라이교회와 여러 교회들의 연합 기도회에는 7만여 명이나 되는 사람들이 모였다. 평화를 위한 기도회는 비폭력적이고 평화로웠던 혁명의 중심 역할을 했다. 예수님의 산상수훈이야말로 우리가 실천할 주제였다. 그것은 오늘날에도 되풀이되어야 하는 명제이다. 우리는 외쳤다. "비폭력 평화 운동을 교회 안에만 가두지 말고 거리로, 광장으로 나가게 하자!" 정말 그랬다. 기도와 행동, 안과 밖, 제단과 거리는 하나다!

이러한 과정들이 지금까지 동독이 한 번도 경험하지 않았던 무혈혁명, 평화혁명, 교회가 싹틔운 혁명으로 발전했던 것이다. 누군가 성경의 기적에 대해, 또한 기도의 효과에 대해 물을지 모른다. 우리는 그 질문에 대한 확실하고 구체적인 해답을 가지고 있다.

크리스티안 퓌러(1943-2014), 1989년 당시 라이프치히 성 니콜라이교회 목사

두려움과 돌보심

정치 관료들은 베를린에서 이틀간 회동했다. 사람들이 무슨 큰일이 일어나고 있다고 의심할 만했다. 내무부의 보도자료에는 시위대가 폭도와 불법적 슬로건을 외치는 자들로 구성되어 있으며 그들은 고발됐다고 되어 있었다. 서방 기자들도 시위를 선동한다고 고발당했다.

동독인들은 동독 내 매체를 통해서는 전날 일어난 시위에 대해 알 수 없었다. '라이프치히 인민신문'은 시위대가 신중했다는 것과 승인받지 못한 시위가 평화롭게 전개되었다는 것을 2면에 실었다. 라이프치히에서는 뉴포럼 창립자들이 독일사회주의통일당(SED) 비서인 롤란드 뵈첼에게 라이프치히 헌장 6조가 규정한 자유로운 대화를 허락하라고 요구했다. 그리고 실제로 첫 토론이 이루어졌다. SED는 이것으로 시위가 멈춰지기를 희망했다. 드레스덴에서처럼 이제 라이프치히에서도 이 일이 시작된 것이다.

어제 동베를린의 라이너 에펠만 목사는 독일 라디오방송 인터뷰에서 '드레스덴 대화'가 전 동독의 모델이 되어야 한다고 강조했다. 라이프치히에서와 마찬가지로 드레스덴에서도 첫 토론은 그렇게 생산적이지 못했다. 그런데 놀라운 점은 그 토론이 정부 관리들과 시민 활동가들 사이에 이뤄졌다는 것이다. 동베를린에서조차 사상 처음으로 민주주의의 확산을 위해 헌신한 사람들이 공식적으로 천문관에서 SED의 최고 지도자들과 토론을 벌였다.

작센의 교회 지도자들은 바우첸에 갇힌 정치범들을 석방할 것을 SED에 요구했다. 정말로 500명 정도의 사람들이 며칠 후 풀려났다. 베를린의 겟세마네교회 앞에는 3000여 명의 새로운 시위대가 가두시위를 계속했다. 이곳은 10월 2일에 사람들이 피켓을 들고 투옥된 시위대원들과 정치범들을 위해 24시간 기도했던 곳이다. 시위는 일메나우, 노르트하우젠 그리고 베르니게로데에서도 일어났다. 모두 평화롭게 진행됐다.

>> 각성

하나님의 개입

"내가 환난 중에서 여호와께 아뢰며 나의 하나님께 부르짖었더니 그가 그의 성전에서 내 소리를 들으심이여 그의 앞에서 나의 부르짖음이 그의 귀에 들렸도다"(시 18:6)

우리는 민주주의 체제 속에서 살고 있다. 법치가 작동되는 자유로운 정부를 갖고 있다. 그런데 무엇이 두려운가? 시편 기자인 다윗은 사울 왕에게 쫓겨 다녔다. 동독의 많은 사람들은 믿기지 않는 정치적 이유로 감옥에 갇혔다. 그들은 앞으로 무슨 일이 일어날지 알 수 없었다. 그들은 소련이나 중국에서 벌어진 유혈사태를 알고 있었다. 그들은 루마니아의 차우셰스쿠 같은 잔인한 사회주의 독재자들에 관해 알았다. 그들 독재자들은 반체제 인사들이나 기독교인들에게 극단적인 조치를 취했다.

이런 상황에서 기도하는 것이 허용될까? 하나님은 감옥에 갇혔거나 핍박받는 사람들의 목소리를 들으시는 걸까? 다윗의 대답은 분명하다. "내가 환난 가운데서 부르짖었더니 주께서 내 부르짖음을 들으셨도다." 다윗은 자포자기한 동시에 용기를 냈다. 그의 두려움은 내부로 침잠하지 않았다. 그는 두려움을 밖으로 드러냈다. 그것은 그 자체로 건강한 것이다. 그런데 다윗은 그보다 더한 것을 경험한다. 하나님의 개입이다.

동독 체제를 붕괴시킨 정치적 봉기가 있기 전, 서독의 어린 소년이었던 나는 아버지를 따라 러시아, 우크라이나, 동독을 여러 차례 여행할 수 있었다. 나는 거기서 자유와 믿음 속에 내 삶을 빚어갈 수 있었다. 나는 거기서 또 어떤 걸 경험했을까? 강한 믿음, 강한 확신 그리고 박해받는 자들의 반복되는 간증인 "내가 주께 부르짖었더니 주께서 내 부르짖음을 들으셨다"는 고백이다. 이 간증은 강하고 진실될 뿐 아니라 전염성도 가지고 있었다. 살아계신 하나님은 우리의 기도를 들으신다. 그분은 갇힌 자들 편이시다. "의를 위하여 박해를 받은 자는 복이 있나니 천국이 그들의 것임이라"(마 5:10)

하나님께서 자유를 주신 것에 대해 감사드린다. 그것은 항상 내가 박해받는 자의 편에 설 수 있는 동기를 부여했다. 이것이 내가 구세군 사관이 되고 정치에 입문한 이유다. 나는 목소리를 낼 수 없는 사람들의 목소리가 되어주고 싶었다. 때로는 나를 짓누르는 책임감 때문에 두려움에 빠지기도 했다. 그러나 그때마다 박해받는 자들의 간증은 나에게 힘이 되어 하나님을 신뢰할 수 있는 용기를 주었다.

프랑크 하인리히, 사회교육가

어려움에 처한 사람들을 위할 수 있도록 동독 교회를 보호해 주셔서 감사합니다. 우리로 하여금 믿음이 어떻게 우리를 보호하고 어려움과 속수무책에 빠진 사람들을 구하는지 경험하게 해 주셔서 감사드립니다. 또한 우리가 두려움에 처했을 때 말씀을 보게 해주고 소망을 붙잡을 수 있도록 도와주셔서 감사합니다.

감옥에 있는 사람들에게 지속적으로 헌신할 수 있게 해주시고, 보호받지 못한 자들에게 안전한 곳을 제공할 수 있는 창의적인 방법을 가르쳐 주소서. 우리가 그들의 이야기를 들어주기 위해 시간을 냄으로써 그들에 대한 존중을 드러낼 뿐 아니라 구체적인 것들을 바침으로 그들이 공동체의 일원이라는 것을 깨닫도록 우리를 도와주십시오.

>> 고백

철조망 뒤의 자유

국가인민군 소속 군인으로 징집되었을 때 나는 동독 체제에 대한 증오심으로 가득 차 하루라도 빨리 이 나라를 떠나 서독에 가고 싶은 마음뿐이었다. 그런데 눈 하나 깜짝하지 않고 공산주의자들은 음악학도이자 전도유망했던 트럼펫 연주자의 길에서 나를 낚아채 갔다.

나는 기독교 집안에서 자라 금관악기 연주단을 지도했지만 내면은 교회에서 멀어져 자아 중심적인 삶을 살고 있었다. 그때는 이런 상태를 알아차리지 못했다. 고통과 치욕의 시기에 나와 많은 친구들은 우리의 삶을 변화시킬 하나님의 사랑을 경험하게 되었다.

기초훈련을 받을 때 나는 반역자였다. 국가에 대한 맹세에 앞서 나는 215명의 군인들을 방마다 찾아가 미리 적힌 맹세를 되풀이해서는 안 되고 차라리 한목소리로 "위대하신 하나님, 우리의 찬양을 받으소서"라고 찬양할 것을 설득했다. 하지만 나의 이러한 생각은 한 병사의 저항에 부딪혔다. 그는 말했다. "이것은 찬양입니다. 저는 주님의 영광을 위해 찬양하지 도발을 목적으로 부르지 않습니다." 그래서 우리는 맹세할 때 찬송가를 부르지 않았다.

우리 방에 도청장치가 있었기 때문에 내 계획은 감독관들에게 알려지고 말았다. 그 일로 나는 뤼겐섬으로 발령 받았다. 거기서 두 명의 동료들과 함께 막사에서 지냈다. 거기엔 쥐도 같이 살았다. 여러 비인간적인 환경에도 불구하고 우리 셋은 불법적인 성경공부를 했다. 무엇인가 형언할 수 없는 일이 일어나고 있었다. 고통 속에 있던 더 많은 동료들이 자신들의 죄를 고백하고 예수님을 주님으로 영접했다. 그리고 그분의 넘치는 사랑과 평안을 경험했다. 나는 하나님과 개인적인 관계를 갖기 시작했다. 마지막 부대 복무일에 우리 60여 명은 '위대하신 하나님, 우리의 찬양을 받으소서'와 '당신께 감사를'이란 제목의 찬양을 불렀다.

우도 크뇌펠, 음악가이자 목사

사회주의 독재정권 하에서의 교회

국가안전부가 나에 관해 가지고 있는 파일은 귀중한 물건들이었다. 그 파일들은 "서독에서 온 생필품은 언제 누구로부터 온 것이며 내용물은 어떤 것인가?", "언제 그리고 누구와 전화통화를 했는가?" 등에 대해서 알려줬다. 나는 몇 개의 발췌된 내용을 보고 웃었다.

- 수잔(딸)과 전화통화: "아빠, 이제 끊어요."
- 라이히: "그 전에 우리 통화를 듣고 있는 사람에게도 인사하자 꾸나."

국가안전부 요원들과 마주하는 시간은 언제나 이상했다. 한 번은 내가 로벤슈타인의 감독이었을 때 국가안전부장이 방문을 했다. 그는 다른 목사들에 대한 이상한 정보를 주었다. 그 이야기를 듣는 것이 너무나 싫었다. 그래서 나는 국가안전부 요원들이 올 때마다 부목사가 동석하도록 했다. 그리고 수도회에 보고했다. 나는 모든 대화와 참석자를 기록했다. 나는 하인리히 헤르멜링크가 쓴 '싸우는 교회' 관련 저서들, 그리고 그가 준 정부와 정당 대변인을 다루는 세 가지 원칙에 대해 정말 감사한다. 그 원칙은 이렇다. 첫째, 증인 없이 대화하지 말 것, 둘째, 항상 중립장소가 아닌 사무실에서 대화하기, 셋째, 주교에게 늘 보고하고 비밀리에 약속하지 않기.

국가안전부 기록에는 "음모용으로 사용하기에는 부적합, 모든 것을 주교에게 보고함"이라고 되어 있다. 심지어 그들이 내 성기 부분까지 조사했다는 사실은 오늘도 나를 괴롭게 만든다.

동독 전역에서 교회는 외부에서 모니터링을 받지 않고 내부에서 통제할 수 있는 유일한 기관이었다. 그러나 적들은 가끔씩 간접적인 방법으로 통제를 시도했다. 동부 지역의 교회는 독일 루터파 교회와 공동으로 한 고백에 근거해 연합의 책무를 다해야 함에도 불구하고 다시 구성되어야 했다.

'사회주의 내에서의 교회'는 사회주의 정부 내에 있으면서도 하나님의 사명을 완수해야 한다. 정부는 이를 '사회주의를 위한 교회'로 조금 다르게 이해했다. 그래서 1989년 3월 예나에서 열린 총회에서 나는 이 문구를 쓰지 않았다. 공식적인 거부와 "우리에게는 사람의 얼굴을 한 사회주의가 필요하다"는 코멘트는 정부 고관들의 얼굴에 폭탄을 던진 것이나 마찬가지였다. 더 많은 공격이 있었다. 야권에게 교회를 사용할 수 없도록 한 것이다. "교회는 예배와 이에 따른 행위로 사용을 제한해야 한다"는 요구는 엄청난 위협이었다. 물론 종종 두려웠지만 내가 이에 반응하지 않은 것에 대해 하나님께 감사를 드린다.

베르너 라이히 교수, 명예박사, 튀링겐 루터교회 지부 주교

변화는 참여로부터 시작된다

　　　　　정부 관리들이 소집되었다. 저녁에는 에리히 호네커의 항복 성명서를 방송에서 읽어주었다. 그러나 곧 공식적으로 폐기되었다. 성명서는 탈출이 급증하는 것을 언급하면서 이 시점에 동독에 이런 상황이 생기는 데는 이유가 있다는 것을 인정했지만 마지못한 측면이 있었다. 또한 동독 지도자는 많은 시민들이 자신들의 사회주의 조국을 등지는 것에 대해 무관심한 것이 아니라고 이야기했다. "모든 사람은 사회주의를 필요로 한다." 이 구호와 함께 정부 관리들은 이 모든 일의 원인을 '자본주의를 추구하는 외국과 이에 유혹당하는 시민들'에게서 찾던 기존 입장으로부터 거리를 두기 시작했다.

　　첫 번째 변화는 사실에 기반한 대화를 하자는 그들의 제안에서 조짐이 보였다. "우리는 다 같이 우리 사회의 기본적인 질문들, 즉 오늘이나 내일 당장 해결할 수 있는 질문들을 기반으로 논의하고 싶다. 우리는 다 같이 해답을 찾고 싶다. 그렇지 않으면 사회주의가 추구하는 인간적인 이상은 앞으로 10년 내에 우리가 겪게 될 어려운 도전 앞에 결코 살아남지 못할 것이다." 하지만, 사람들은 새로운 형식에 열려 있지 않았다. 그들은 '사회 민주주의의 모든 형식과 판은 이미 제공되었고, 독일사회주의통일당(SED) 만이 유일한 리더가 되어야 한다'는 원칙으로부터 조금도 움직이려 하지 않았다.

　　그러나 뉴포럼 설립 호소문에 서명하기 위해 할버스타트의 성 마르틴교회에 모인 사람들은 이것을 다르게 보고 있었다. 인권운동가 배르벨 볼라이는 가장 먼저 서명한 사람 중 하나다. 이 서명 후 할버스타트에서는 첫 번째 항의 행진이 있었다.

연예인들조차 상임위원회 성명서를 가지고 토론에 들어갔다. 우리 일상의 모든 영역에서 가장 중요한 점들이 하나하나 언급되기 시작했다. 변화가 요구되었다. 자신감에 찬 그들은 또한 공무원들이 작사가와 록 뮤지션, 카바레 예술가 등 낮은 수위의 검열을 받는, 그들이 혐오하는 연예인들을 종종 너무 세밀하게 감시한다는 것을 비판했다. 그들은 정치인들에게 정직을 촉구했다.

동베를린의 훔볼트대학 학생들도 참여하기 시작했다. 그들은 '한낮의 대전환'이라는 모토를 가지고 구내식당에서 모임을 가졌다. 그리고 조심스럽게 자유독일청년당(FDJ)의 개혁을 요구했다. 외부의 참여도 있었다. 사회민주당(SPD) 의장인 한스 요헨 보겔은 폴란드 정부의 독일인 축출 중단을 촉구하고 바르샤바에 있는 600여 명 대사관 난민들의 출국 허용을 위한 캠페인을 벌였다. 미국 국무장관인 베이커는 "동독에도 지금 페레스트로이카가 필요하다"고 언급했다.

>> 각성
우리 안의 하나님을 보는 방법

"다니엘은 뜻을 정하여 왕의 음식과 그가 마시는 포도주로 자기를 더럽히지 아니하리라 하고 자기를 더럽히지 아니하도록 환관장에게 구하니"(단 1:8)

망명자의 신분, 집 떠난 삶, 내 의지에 반한 이주, 낯선 문화와 종교. 이런 환경에서 인생은 결코 쉽지 않다. 심지어 자신이 잘생기고 어린아이로서 머리를 숙이지 않아도 되는 때조차도 마찬가지다. 새로운 언어를 배우며 훌륭한 교육을 받고 조금씩 새로운 문화에 익숙해지기 시작할 때조차도 그는 이방인일 뿐이다. 이것이 주전 7세기에 다니엘에게 일어났던 일이다. 바빌론은 이스라엘을 정복하고 상류층 사람들을 바벨론으로 끌어갔다. 다니엘은 거기서 느부가네살 왕의 통치 아래 왕의 궁정에서 섬겼다. 다니엘은 승승장구했고 잘 적응했다. 그리고 자신의 믿음과 하나님 앞에서 변함없이 진실했다.

다니엘은 재능 있는 젊은이였다. 왕궁에서는 일찍부터 이를 알아챘다. 다니엘은 일을 시작할 때 능숙할 뿐 아니라 새로운 법칙을 빨리 습득했다. 동시에 그는 새로운 문화에 적응할 때와 자신의 신앙을 견지해야 할 때를 잘 이해했다.

잘 나가는 경력을 지닌 재능 있고 카리스마 넘치는 그였지만 다니엘은 하나님과 관련된 부분에서는 타협하려 하지 않았다. 카리스마 위에 인격이 있었다. 다니엘은 자신이 치러야 하는 대가와 상관없이 인격을 보여줬다. 그리고 거기엔 보상이 따랐다. 당시의 다니엘에게만 아니라 오늘날 우리에게도 마찬가지다.

누구든 부와 권력을 가진 사람에게 반기를 든다는 것, 주류 사회로부터 돌아선다는 것은 억압을 감수해야 하는 일이다. 다니엘은 비방, 거짓말과 음모, 그리고 결국에는 사형선고까지 경험했다. 그러나 다니엘은 자기 자신과 하나님께 진실함을 견지했다. 이것은 분연히 일어나 항거하며, 참여함으로써 하나의 롤 모델이 되었던 많은 사람들의 경우도 마찬가지다. 폭력으로서가 아닌, 음모로서가 아닌, 자신이 믿는 하나님에 대한 위대한 믿음으로서 가능한 것이다. 비인간적인 인종차별 정책에 맞섰던 넬슨 만델라나 구동독의 많은 반체제 인사들, 1989년 10월 23일 할버슈타트 소재 성 마르틴교회에서 뉴포럼 창립 문서에 서명한 사람들과 같은 개개인들은 자신에게 무슨 일이 일어날지 알지 못했다. 그들은 더 심한 일이 자신들에게 닥칠 것을 예상해야만 했다. 늘 상주하는 비밀경찰을 맞닥뜨려야 했다. 그러나 성품은 카리스마보다 강하다. 옳은 일에 대한 헌신은 두려움을 이기게 해준다.

이런 이유로 변화는 나와 함께, 내 안에서부터 지극히 개인적으로 시작된다. 그러나 변화는 우리 삶의 여러 정황 속에서 매우 구체적이고도 실제적으로 자신을 보여준다. 매일매일 나에게 주어지는 작은 도전들 앞에 충실하라. "하나님과 네 이웃을 사랑하라"는 가장 위대한 명령에 충실 하라. (마 22:37~38) 이것을 내 가족부터 시작해서 교회 교우들, 직장 동료들에게 먼저 실천하라. 여기서부터 시작된 변화는 다른 영역으로 번져서 지역사회와 공공 영역, 마침내 정치마저 변화시키게 될 것이다.

어떻게 그게 가능할까? 신앙은 언제나 개인적이지만 결코 사적이지 않기 때문이다. 다니엘이 그렇게 살았듯이, 뉴포럼에서 우리가 보았듯이 우리는 지금 그런 삶을 살 것을 도전받고 있다. 그것을 통해 우리 안의 하나님을 보게 될 것이다.

토비아스 화익스, 교수

하나님, 반대에도 불구하고, 심지어 자신에게 불이익이 있음에도 불구하고 많은 남성과 여성들이 불의에 대항해 말하고, 해결책을 만들기 위해 열심히 일하도록 준비시켜 주셔서 감사드립니다. 지난 25년간 우리나라에 주신 자유로 인해 감사드립니다. 다양한 정당과 이해관계자들이 함께 정치 활동을 해 나갈 수 있었던 우리의 민주주의에 감사드립니다.

지금 당장 변화가 보이지 않더라도 우리가 문제와 위기를 다룰 수 있도록 더 많은 용기를 주옵소서. 시민 그룹이 다양한 관심사들을 다룸에도 불구하고 사람들을 격려하고 동행할 수 있도록 많이 인내하게 하소서.

뉴포럼 구성

"여기에 사인하시면 당신의 주소와 이름을 저희가 갖게 됩니다!" 배르벨 볼라이는 내게 빈 종이와 볼펜 한 자루를 주었다. 나는 서명을 한 뒤 차를 몰았다. 그 다음날 코스비히교회 예배에서 설교를 해야 했기 때문이다. 이른 아침 나는 그륀하이데를 향해 운전하고 있었는데 이번 주말 내내 동독 야권 모임이 계획되어 있는 줄은 몰랐다. 동독 통치 40년 후에 우리가 몰렌 호수의 로베르트 하베만(동독의 저명한 화학자이자 반체제 인사 - 역자 주)의 소유지에 앉아 있게 되리라고는 상상도 할 수 없었다.

우리는 세 그룹으로 나눠 앞으로 동독이 어떤 모습으로 바뀌어야 할지를 토론했다. 그래서 우리는 떠나고 싶어 아우성인 사람들과는 반대로 기쁜 마음으로 동독에 남기로 했다. 당시 우리는 독일의 통일은 생각도 하지 못했다. 나는 흥분에 젖어 서명용 볼펜을 가지고 와버렸다. 3일 후 내가 이제 막 설립한 뉴포럼에 대해 얘기하려고 전화했

라이프치히 MDR 타워 앞에서의 집회

을 때 배르벨은 "볼펜은 참석자용이니까 가지라"고 했다. 나는 그것을 드레스덴 박물관에 기증했다.

　나는 다소 우연히 뉴포럼에 가입하게 되었다. 드레스덴의 민주회복 주도 단체인 본 위르겐 뵈닝거가 정부 감시에 대한 안전장치로 성직자와 변호사를 필요로 했기 때문이다. 나는 9월 첫 주에 베를린으로 운전해 갔다. 결국엔 우리가 아니라 거대한 동독이 붕괴되고 말았다. 우리 중 어느 누구도 이 일이 가능할 줄은 생각도 못했다. 우리가 2002년 독일 국민훈장을 받을 때 그륀하이데 야권 모임에 참석한 30명 중 2명이 이미 운명을 달리했다.

개신교회가 없었다면 이 일은 일어날 수 없었다. 1932년 디트리히 본회퍼는 골로새서 3장 1~4절을 본문으로 한 설교에서 이미 이 질문을 던졌었다. "기독교 운동은 혁명적으로 시작됐으나 지금은 너무나 보수적이 되어 버렸습니다. 기독교는 꼭 이래야만 하는것입니까? 이제 모든 새로운 운동은 교회 없이도 빠르게 진전하고 있습니다. 그래서 교회는 20년이 지나서야 자신이 속한 세계에 무슨 일이 일어났는지 알게 됩니다. 이것이 과연 진정한 기독교의 모습입니까?" 바로 이것이 1989년 가을, 세계 교회의 중심이자 평화혁명의 중심지가 되었던 드레스덴의 성 십자가교회 게시판에 붙었던 질문이다.

거듭 생각해봐도 평화혁명은 성공적이었다. 경건하게 말한다면 하나님이 도우셨다. 많은 일들이 씨줄과 날줄이 되어 한꺼번에 이루어졌다. 하나님께 감사드린다. 1953년 6월 17일 이후 동독, 1957년 헝가리, 1968년 프라하, 그리고 솔리다르노시치(자유노조)의 폴란드 등 동유럽 국가들의 변화에 대한 열망은 결코 죽지 않았다. 그 열망은 고르바초프의 글라스노스트와 페레스트로이카로 갑작스럽게 구체화 되었다. 비밀경찰은 수많은 비공식 요원들을 곳곳에 배치했지만 결국엔 소용이 없었다. 다시 하나님께 감사드린다.

내 사촌 클라우스 페테르 헤르츠는 아이제나흐의 결혼 커플을 위해 혁명적이고 진보적인 노래를 만들었다. 나중에 그 곡은 모든 성도들을 위한 복음성가가 되었다. 곡의 이름은 '새로운 길을 믿으라'였다. 이제 나는 언제나, 어떤 상황에서도 새로운 길이 열리게 될 것을 믿는다. 동독의 평화혁명이 우리에게, 아니 인류 모두에게 준 교훈이다.

한노 슈미트, 은퇴목사(드레스덴 근교 코스비히)

국경지대의 희생양

점령군들이 엄중 감시하는 소위 동서독 국경지대는 1949년 서독과 동독 분단 후 군대가 국경 경비를 훨씬 강화하면서 더욱 삼엄해졌다. 처음 몇 년 동안은 대략 20만여 명의 시민들이 동독에서 서독으로 넘어갔다. (당시 동독의 총인구는 268만 6942명이었다) 1961년 8월 13일, 베를린 장벽이 세워진 후에는 매년 700여 명이 넘어갔다. 그들의 탈출 이야기 가운데 놀라운 것들이 많았다.

그러다 1980년대 들어와서는 점점 탈출자 숫자가 줄었다. 300명에서 150명으로 감소했다. 수많은 도주 시도가 좌절됐다. 탈주 계획을 세우는 중에 정보가 새거나 더 심한 사전 통제로 들통이 나곤 했다. 수백 명의 사람들이 무시무시한 감옥에 갇혔다. 어떤 사람들은 도주 중 죽기도 했다. 국가인민군이 쏜 총에 맞거나 지뢰, 경비대의 총에 맞아 죽었다. 발트해에서 익사한 경우도 있었고 일부는 베를린 장벽 위에서 뛰어내리다 죽기도 했다.

동독 내부의 국경이자 동시에 40년 동안 두 개의 권력과 군사력이 나뉜 장벽 위에서 얼마나 많은 피가 흘려졌던가. 많은 경우 희생자들의 신원은 확인되지 않았다. 1989년 이전에 군인을 쏘고 도주했던 사람들은 독일 내에서 가벼운 처벌을 받았다. 통일 후, 국경수비대 군인들과 상관들 중 일부는 투옥당하거나 집행유예로 풀려났다. 에곤 크렌츠와 에리히 호네커 같은 몇몇 정치인들은 군인들에게 불법적으로 발포 명령을 내린 혐의로 가벼운 처벌을 받았다.

서독의 수십만 방문객들과 나중에 서독 방문이 허락된 동독의 많은 은퇴자들은 중무장한 군인들로 그득한 국경에서 괴롭힘을 당했다. 그들은 짖는 개의 입마개를 쳐다보고 국경수비대의 기관총 총열을 들여다봐야 했다. 군인들은 기차 안을 돌아다니면서 외화, 서독 문학책, 잡지 등 정부에 위협이 되는 것들을 뒤졌다. 이 때문에 승객들은 몇 시간씩이나 기다려야 했다. 가방은 엉망이 되고, 차는 샅샅이 수색 받아야 했다.

베른트 외팅하우스, 신학자

비방 대신 토론

뉴포럼은 어제 당이 제안한 토론을 위한 모임을 긍정적으로 받아들였다. 진정한 대화에는 폭력이 없어야 했다. 이것이 뉴포럼이 구금된 시위대의 전원 석방과 이들에 대한 기소 중지를 요구했던 이유다. 동베를린 시장 에르하르트 크라크가 교회 지도층과 만났다. 고트프리드 포르크 감독은 동독의 와해는 교회의 목적이 아님을 분명히 했다. "교회 입장에서 시민들이 사회 재건에 참여하는 것은 필수적이다." 이 말과 함께 고트프리드 감독은 정부의 대화 의지를 확인하며 다른 그룹의 사람들도 대화에 참여해야 한다는 점을 상기시켰다.

노르베르트 마르틴 시장은 여행의 자유, 복수정당 허용 등 정치적 요구에 관해 첫 번째 토론을 하기 위해 플라우엔에서 토마스 퀴틀러 감독과 25명의 민권 운동가들을 만났다. 그날 저녁 플라우엔에서는 뉴포럼 창립식이 있었다.

저항그룹도 토론에 대한 의지를 밝히면서 검열 중단, 언론 접근권, 그리고 언론 자유를 요구했다. 이와 함께 시위의 자유도 주장했다. 시위야말로 변화를 위한 실질적 원동력이기 때문이었다. 대화와 시위는 시민운동의 일부였다. 왜냐하면 정치 지도층에서조차 대화를 통해 거리에서 분출되는 압박과 긴장을 없애고 싶어 했기 때문이다.

무대 뒤에서는 정치 관료들이 권력의 광란을 겪고 있었다. 호네커는 여전히 지금의 위기가 '외부의 적대 세력'에 기인한다고 확신하고 있었다. 에곤 크렌츠는 사회주의통일당(SED)의 고위 간부인 귄터 샤보브스키와 지그프리드 로렌츠, 빌리 슈토프, 에리히 미엘케 등과 함께 고집스럽고 대립만 일삼는 호네커를 물러나게 하는 방안에 대해 논의했다. 논의는 전혀 공개되지는 않았다. 사람들은 라이프치히와 다른 지역의 월요 시위에 많은 무리가 모일 것을 기대했다. 크렌츠는 고르바초프가 동독의 구세주가 될 거라 믿었다. 왜냐하면 당 중앙위원회에서도 서방 미디어의 예견과 반대로 동독의 사회주의는 더 강해지고 완전해질 것이라고 굳건히 믿었기 때문이다.

그 사이 오스트리아의 버스들은 헝가리의 난민캠프에서 최초 난민들을 바바리아로 실어 날랐다. 바르샤바와 부다페스트발 비행기편으로 첫 100명의 난민들이 서베를린에 도착했다. 몇 개 주에서는 난민이 늘어나면서 주거문제가 생겼다. 체육관, 캠핑장 등 여러 시설들이 난민들을 위해 꾸며졌다.

〉〉 각성

경계를 넘어

"그러므로 아브람의 가축의 목자와 롯의 가축의 목자가 서로 다투고 또 가나안 사람과 브리스 사람도 그 땅에 거주하였는지라"

(창 13:7)

어느 사회나 교회건 갈등은 넘친다. 오늘 창세기 13장 7절 본문은 그러한 일상적인 갈등을 보여준다. 자신들에게 맡겨진 양떼들을 먹이기 위한 싸움은 지속적인 다툼으로 이어졌다. 종종 이러한 다툼이 계속 반복되면서 사람들은 끊임없는 싸움의 소용돌이에 휘말리게 된다. 언어와 행동이 난폭해진다. 상대편 실수는 크게 부풀려지고 내 실수는 합리화되거나 최소화된다. '우리와 그들'로 구분하는 사고방식은 점점 심화돼 책임 있는 위치에 있는 사람들까지도 끌어들이게 된다. 문제는 점점 더 부풀려진다. 그러다 특정 갈등 상황에서는 진영 간 편견이 더욱 굳어진다. 상대는 이제 원수가 되고, 둘 사이에는 전선이 그어진다.

우리는 아브라함에게서 유심히 관찰하는 법을 배운다. 외면이 아닌 직면을, 갈등을 처박아두기보다는 공개해서 드러내는 걸 말이다. 좋은 리더십은 이런 모습이다. 아브라함은 문제 이면의 '문제보다 더 깊은 필요'를 간파했다. 아브라함은 문제의 해법을 찾기 위해 조카 롯과의 직접적인 대화를 추진했다. 양떼가 너무 많아 그 땅이 다 감당할 수 없을 지경이었다. 그래서 그는 서로 분리해서 각자의 길을 가자고 제안한다. 그의 소언과 관련해 놀라운 것은 아브라함이 연장자로서 가진 권리를 내려놓고 젊은 롯에게 먼저 선택할 권리를 준 것이다. 롯은 즉시 더 좋은 초장을 골랐다. 이러한 아브라함의 양도는 평화와 새로운 성장, 그리고 성숙으로 가는 길을 열었다.

다른 사람을 비방하는 대신 직접적인 대화를 추구한 것은 독일 통일을 향한 중요한 첫발이었다. 1989년 10월 12일, 사회주의통일당은 처음으로 민권운동 단체들과 토론할 준비를 하고 있었다. 다른 진영과 대화하고 그들을 이해하려고 노력하는 것은 교회나 사회 안에 내재하는 많은 종류의 갈등을 해결하는 첫걸음이다. 다른 사람의 입장이 되어 다른 위치에서 상황을 보는 것은 그 자체가 문제 해결의 핵심 열쇠이다.

'서로 함께 유럽을 위하여'라는 슬로건 아래 열린 2004년 에큐메니컬 총회는 역사적으로 아주 중요한 순간이었다. 이 총회에는 다양한 영적 공동체들의 신앙고백들과 함께 영적인 풍성함이 있었다. 우리는 경계를 넘어 서로 만났고, 다른 신앙고백과 공동체를 새로운 눈으로 바라봤다. 우리를 분리시켰던 것에 주목하는 대신 하나님께서 다른 그룹에게 어떤 영적 부요함을 주셨는지를 보았다. 이것을 통해 인식이 바뀌었고, 벽은 허물어졌으며, 깊었던 골은 메워졌다. 화해를 통해 다양성 속의 일치는 가능했다.

다양한 측면의 갈등들을 회피하지 않고 직접 언급하는 것, 상대방 입장에서 문제를 보는 것, 기꺼이 자신의 의견을 내려놓으려는 것은 상상도 못 할 가능성을 열어준다.

게르하르트 프로스, 2012년까지 에슬링겐 YMCA 주 강사 역임

하나님, 전후 사정을 내려놓고 서로 반대 입장을 가진 단체들이 토론을 통해 연합을 위한 노력을 하게 해 주심을 감사드립니다. 당신의 살아 있는 말씀을 사용하셔서 세상 권력을 무장해제시키시고 우리로 하여금 편견과 고통을 극복하게 해주심을 감사드립니다.

막다른 길에서도 끝까지 대화로 의사소통하려는 새로운 의지가 우리 가운데 일어나게 하소서. 상호비난을 자제하려고 노력하는 올바른 대화 상대들이 생기게 하옵소서. 에큐메니컬 운동 속에서 연합을 위해 헌신하는 새로운 문화가 국제관계에서만 아니라 우리 개개인의 일상 속에서도 일어나게 하소서.

에큐메니컬 모임

　지역의 청년 담당 교역자로서 나는 군대 징집을 전적으로 거부하는 이들, 집총을 거부하는 군인들, 그리고 사전 입대 훈련 중 문제가 있었던 많은 사람들과 함께 해 왔다. 이 경험으로 나는 군 복무나 입대 전 사전 훈련과 관련해 방향설정과 도움을 주는 일을 다루는 '워크(work) 그룹 5'의 일원이 되었다.

　그 시절의 교회에는 장교들이 없었다. 치타우에만 장교 한 명이 있었는데 그는 대령으로 있다가 중간에 군 복무를 중단했다. 그는 강등되었지만 영창에는 가지 않고 제대했다. 그렇지만 군대에는 많은 기독 청년들이 있었다. 이들은 능동적인 군 복무와 무기를 소지해야 하는 병역법을 들어 자신을 정당화했다. 그들은 힘의 균형 위에 자리해 있었다.

　그러나 몇몇은 프라하에서 열린 기독교평화콘퍼런스(CFK)의 입장을 견지했다. 그들은 기독교인들이 나라를 위해 움직여야 한다고 믿었다. 이런 이유로 우리는 '워크 그룹 5' 내에서 힘겨운 씨름을 했다.

　결국 우리는 합의에 도달했다. 성경 말씀들과 오늘의 현실을 비교하며 서로 다른 요소들을 살펴보면서 폭력과 무기 소지에 관한 본질적 질문들을 다시 생각하게 됐다. 우리는 우리의 입장을 '비폭력에 대한 특혜가 있는 선택'이라 규정했다.

　1988년 2월 12~13일, 드레스덴에서 열린 첫 모임에서 우리는 실망스런 간증들을 들었다. 곧 첫 원탁회의가 열렸다. 1945년 2월 13~15일 드레스덴 시는 연합군의 폭격으로 완전히 파괴됐다. 43년이 지난

드레스덴의 십자가교회에서 개막된 교회 총회 모습

2월 13일에 우리는 드레스덴에서 열린 에큐메니컬 기념예배에 참석했다. 우리는 드레스덴 시민들과 같이 촛불행진을 하면서 폭격으로 파괴되었다 훗날 복구된 성모교회로 이동했다. 우리는 '우리에게 평화를 주소서'라는 라틴어 찬송을 불렀다. 드레스덴 신 시장 광장에는 군인들과 폭동 진압 경찰들이 운집해 있었다. 우리가 촛불을 내려놓고 찬송을 부르는 동안 이미 망명 신청을 해놓은 몇몇 사람들이 교통박물관 계단으로 나와 자신들의 망명 소망을 담은 포스터를 펼쳐 놓았다. 그들은 곧바로 체포됐다.

주 교회 부서 책임자인 돔쉬 박사와 지머 감독, 그리고 청년 담당 사역자인 나는 정부 당국자와 지금 체포된 사람들의 석방을 교섭했다. 그러나 정부 대표단과 경찰청장, 군 관계자들은 자신들을 당황스럽게 하는 간증들을 듣자 분개한 나머지 우리 이슈에는 관심을 가질 여유도 없어 보였다. 대화는 사라졌다. 대신 폭동 진압 경찰이 우리에게 접근하면서 신속히 신 시장 광장을 떠나라고 압박했다. 폭력을 어떻게 다룰 것인지에 대한 성찰은 꼭 필요한 일이었다.

하랄드 브레트쉬나이더, 1989년 지역 청년 담당 목사, 하이란트교회협 명예회원

>> 배경

희망이 길을 만든다

평화 문제와 함께 동서독 갈등, 분명한 환경파괴, 전 세계에 만연된 불의 등은 1980년대 사회에 대한 특별한 도전들이었다. 믿음을 기초로 이런 도전들에 대한 질문을 던지고 해법을 모색하는 것은 가치있는 일이었다. 이런 문제 제기들이 정의, 평화, 환경보존을 위한 에큐메니컬 모임에서 일어났다.

국가교회와 자유교회의 준비그룹은 이런 문제들을 다뤘다. 1만 개가 넘는 제안사항에 많은 사람들이 공감했다. 이 공감을 바탕으로 독일 내 루터교회와 자유교회, 로마가톨릭교회의 자문단들과 146명의 대표단들이 이 문제들을 심도 있게 논의했다. 에큐메니컬 회의에서는 교회 리더십을 비롯해 평화분과, 인권분과, 환경분과로 나뉘어 대화가 진행됐다. 세 차례의 본회의를 거친 후 평화혁명의 길에 도움을 줄 12개 조항이 제시됐다.

체제에 실망한 이들의 용감한 간증은 동독의 현실을 가감 없이 보여줬다. 하나님의 역사와 구원하심에 대한 확고한 인식은 변화의 소

망과 확신에 영감을 불어넣어 주었다. 희망이 길을 만들었다.

실행팀들은 각 주제들에 대한 기독교의 입장을 피력하는 것을 두고 논쟁을 벌였다. 다음과 같은 주제들이다. 정치적으로 두려움을 주는 제도에서 평화를 유지하는 조직으로의 전환, 평화에 관한 교육 측면, 평화의 교회 되기, 생태학과 경제학, 환경에 대한 인식과 참여를 위한 정보의 가치 등.

4월 30일, 참여자들은 '교회를 위한 12개의 결과문'에 합의했다. 그것은 각 교회 지도자들에게 전달됐다. 무엇보다 가장 어려웠던 것은 정부와의 논쟁이었다. 전날 저녁 교회 관련 일을 담당하는 정부 관리가 작센 지방 감독인 햄펠 박사가 주도한 '동독에 더 많은 정의를'이란 제목의 논의에 참석했다. 그 관리는 우리가 만일 그 문서를 채택한다면 1978년 3월 6일 에리히 호네커와 교회 대표단 사이에 있었던 회담 결과도 취소될 것이라고 위협했다.

그것은 정부와 교회 간의 전쟁을 의미했다. 그 위협에 굴복할 것인지 여부는 근소한 차로 결정 났다. 햄펠 감독은 침착하면서도 진지하게 이 안건을 논의에 붙였다. 우리는 그 문서에 대해 장시간 토론했다. 문서는 채택됐다. 문서와 함께 동독의 화해 과정도 균형을 잡게 됐다. 몇 사람은 정부에 대해 더 긍정적으로 말하고 싶어 했다. 우리에게는 정부 관리의 협박에 굴하지 않았다는 사실이 큰 기쁨으로 다가왔다. 오늘날에도 작센 주 헌법 전문에는 당시 에큐메니컬 모임에 대한 기본적인 사항들이 명시돼 있다.

하랄드 브레트슈나이더, 1989년 지역 청년 담당 목사, 하이란트교회협 명예회원

시작할 것인가 기다릴 것인가

　모든 곳에서 격변이 일어났다. 켐니츠의 한 교회에서
는 5000여 명이 모인 예배를 뉴포럼 창립으로 대체했다. 같은 날 저녁
에르푸르트의 한 교회에서는 1000여 명의 사람들이 비밀경찰이 지켜
보는 가운데 '민주 궐기'(DA)를 위한 첫 모임에 참석했다.

　일부 정당들은 스스로 해방을 선포하기 시작했다. "우리는 오래되
고 병든 사회적·정치적인 방식을 해체하는 결정을 하고 있다 … 순응
과 위선, 이미 검증된 것을 보존하는 것이라고 위장하는 것과 강요된
충성심은 역효과를 불러오기 마련이다." 독일 자유민주당(LDP) 당수
인 만프레드 게를라흐의 말이다. 그는 시민들이 헌법을 지키는 한 민
권운동단체들과도 대화를 할 수 있다고 했다.

　하지만 지금까지 게를라흐를 비롯한 모든 당대표들은 사회주의통
일당의 지침을 당연하게 인정해 왔다. 에리히 호네커는 그날 오후 각
정당과의 간담회에서 사회주의통일당의 리더십 권한을 이양하지 않
을 것이라는 점을 분명히 했다. 사회주의통일당 지도층은 법의 테두
리 내에서만 대화하겠다고 강조했다. 뉴포럼은 아직도 공식적인 대
화 상대가 아닌 국가의 적으로 간주되었다.

　그러나 정치 관료들은 곧 자신들의 의견을 숨긴 채 침묵하기를 원
치 않는 풀뿌리들과 마주했다. 사회주의통일당 당원인 귄터 샤보브
스키는 공장 출고 검사를 하러 갔다가 노동자들의 불평을 들어야 했
다. 그들은 더 이상 언론의 침묵을 용납하려 하지 않았다. 탈출자 문

제를 편파적으로 보도하는 것도 참을 수 없어 했다. 그들은 윗선에 있는 사람들과 내부의 원인에 대해 논의하기 원했다. 그들은 노골적으로 샤보브스키에게 요구했다. "우리는 사회 전반에 확산돼 있는 급박하고 꼭 필요한 변화에 대해 열린 대화를 기대한다." 독일 무역노조자유연맹 의장인 해리 티쉬도 보이첸부르크 조선소에서 노동자들과 열린 대화를 하려고 했지만 예기치 않은 비난을 받았다.

그날 저녁, 베를린의 겟세마네교회에서는 경찰청장이 나와 최근 억류된 시위대 중에서 폭력에 연루된 11명을 제외한 전원을 석방한다는 내용을 보고했다. 지난 몇 주 동안 교회와 전국의 수많은 기도모임에서 간구한 기도의 응답은 사람들에게 엄청난 기쁨을 선사했다. 그들은 아직 남아 있는 재소자를 위해 계속 기도했다. 이 나라를 떠나려다가 체포된 정치범들의 석방에 관한 공개적인 이야기들도 나오기 시작했다.

>> 각성

지금이 시작할 때다

"작은 일의 날이라고 멸시하는 자가 누구냐 사람들이 스룹바벨의
손에 다림줄이 있음을 보고 기뻐하리라 이 일곱은 온 세상에 두루
다니는 여호와의 눈이라 하니라"(슥 4:10)

1989년 가을, 드레스덴의 젊은 설교자였던 나에게는 전화기가 없었다. 가끔씩 친구들과 통화하기 위해서는 다른 사람의 집이나 사무

실을 방문해야 했다. 어떤 때는 고장이 안 난 공중전화가 있으면 그것을 사용하기도 했다. 그래서 내게는 오랫동안 누가 내 통화를 도청하고 있는지는 별 문제되지 않았다. 숨기고 싶지도 않았다. 나는 나름의 자유와 권리를 원했다. 부모님은 더 신중하셨다. 40년 된 습관을 비롯해 각종 위험과 불쾌한 경험들 때문이었다.

그래서 나는 아버지가 전화로 시위에 관한 모든 것을 말씀하실 때 적잖이 놀랐다. 아버지께서는 내게 시위에 나가지 말라고 끊임없이 말씀하셨다. "너희 엄마는 어렸을 적 일을 생각하고 있단다. 너희 엄마와 가족들은 실레지아를 강제로 떠나야 했을 때 소름 끼치는 일을 목격했지. 엄마는 그 일로 인해 아직도 악몽을 꾸고 있단다. 월요일에는 아예 도시에 갈 생각을 말거라. 엄마는 너를 걱정하며 두려움에 떨고 있단다." 나는 충격을 받았고 생각해 보았다. '부모님의 그러한 경험은 내가 옳음을 입증하는 게 아닌가? 정부에 대항하지 않고 그저 무시하는 행동이 우리를 더 위험에 빠뜨렸던 것은 아닐까? 복음의 비정치적인 선포에만 집중했더라면 더 낫지 않았을까?' 물론 나는 부모님을 이해했고, 그분들이 경험한 것에 슬픔을 느꼈다. '그렇다고 계속 기다려야만 할까? 신중하라고? 아무것도 하지 말라고?' 나는 확신했다. 바로 지금이 행동해야 할 때라는 것을. 물론 제대로 될 가능성은 적고 위험은 크다. 그러나 지금이 바로 변화의 때이다!

40년으로 충분하다. 그것은 믿음이었을까, 아니면 그저 자신감이었을까? 희망이었을까, 의심이었을까? 아마도 둘 다였을 것이다. 하지만 이미 시작됐다. 정말 눈에 보이는 것처럼 너무 작게 말이다. 사람들을 위해, 하나님을 위해 그리고 그분의 도우심으로 우리는 이 기회를 활용하고 싶었다. 그때 하나님께서 은혜를 주셨다. 나는 우리가 하나님의 말씀에 귀를 기울이고 그분의 뜻에 순종할 때, 그리고 위험을 무릅쓰고 시작할 때, 하나님께서 역사하신다고 믿는다. 지금도 마찬가지다.

하나님의 선택된 백성들인 이스라엘의 시절부터 1989년 동독의 붕괴, 오늘날까지도 우리는 하나님께서 특별히 볼품없고 연약한 자들을 얼마나 사랑하시는지 경험할 수 있었다. 믿음을 갖는 것은 정말 가치 있는 일이다. 만군의 하나님께서 간섭해 주시기 때문이다. 작은 시작에서 새로운 것이 솟구쳐 나온다. 비록 그 시작이 너무 초라할지라도 말이다. 사람들의 반복적인 경험이 이것을 증명하고 있다.

안나 폰 벨링은 1986년에 복음주의연합을 창립했다. 그는 그저 한 여성에 지나지 않았지만 수없이 많은 질문들을 통해, 또한 친구들과 하나님에 대한 큰 믿음을 갖고 용기 있게 첫발을 내디뎠다. 첫 연합모임에 아무도 참석하지 않았다. 안나는 그 일을 그만두어야 했을까? 그렇지 않다. 하나님은 도무지 성공할 것 같아 보이지 않았던 작은 모임을 축복하셨다. 1986년 9월의 첫 콘퍼런스에는 28명이 참석했다. 다음 해에는 더 많은 참석자들이 왔다. 어떤 해에는 6000명이 넘는 사람들이 참석했다. 처음 시작할 때엔 성공과 실패는 관건이 아니었다. 가장 중요한 점은 사람들과 함께 모여 하나님을 신뢰하고, 하나님의 사명과 때를 인지하며 받아들이는 한 사람이 있었다는 것이다. 지금도 그것을 경험하고 싶다. 바로 지금이 '시작할 때'라는 사실을 인지하고, 위험을 무릅쓰더라도 용기 있게 첫걸음을 내딛는 것 말이다.

토마스 귄젤, 1989년 드레스덴 교회 설교자이자 청년 대표.

하나님, 한계를 극복할 수 있는 용기를 가진 사람들을 주셔서 감사드립니다. 우리는 그들로부터 이득을 보고 있으면서도 새로운 것들을 너무 당연하게 여기고 있습니다. 그때나 지금이나 새로운 것을 시도하며 말씀 안에서 검증된 것들을 추구하는 사람들을 보내주셔서 감사합니다. 삶의 많은 상황 속에 만나게 되는 선구자들을 위해 기도합니다. 우리나라가 기술적인 부분과 창조적 사회를 위한 대안적 영역에서도 혁신을 이룰 수 있게 도와주십시오. 조급함이나 두려움으로 주님의 정확한 시간을 놓치지 않도록 도와주소서.

>> 고백

시민운동에서 정치로

라이프치히에서는 지방의회와 교회들 사이의 첫 대화가 시작됐다. 서독 외무장관인 한스 디트리히 겐서는 동독에서 유럽연합의 대외정책위원회를 위한 행사를 만들었다. 그는 동독 내 모든 정치세력과 대화하고자 했다. 그런데 그는 이 일을 시작하기 전에 이 나라에 기존에 확립된 공산당원들과 사회주의통일당 내부의 일부 반대세력 외에 완전히 새로운, 그리고 진지한 세력이 있다는 것을 상상이나 할 수 있었을까? 아니면 성직자 요아힘 가우크, 앙겔라 메르켈에 대해 들어보기나 했을까? 메르켈의 당 동료들은 에르푸르트의 성 어거스틴 교회에서 '민주 궐기'를 설립할 목적으로 이날 첫 모임을 가졌다.

이 시점은 새로운 정당이 중심이 되던 때가 아니었다. 일주일 전 마르틴 구차이트와 마르쿠스 메켈이 슈반테에서 독일사회민주당을 시작함으로써 정치적 정당에 대한 운동이 시야에 들어오기는 했다.

'민주궐기'(Demokratischer Aufbruch)의 창립총회

그러나 이 시기의 중심은 시민운동이었다. 그 중 가장 큰 것이 뉴포럼이었다. 뉴포럼은 1989년 말부터 1990년 초반까지의 급격한 사회 격변 한 가운데서 태어났다. 그때는 선구자적인 사람들이 많아지는 시대로 사회와 정치의 대안적인 접근이 시도됐다.

며칠이 지나자 시위대들은 거리에서 그리고 월요 시위에서 월요 시위로 이어지면서 만들어진 계획을 요구했다. 그 계획은 사회주의 통일당의 축소와 시민운동에 사회적 개념을 주입하자는 것이었다. 또한 추상적인 자유권뿐 아니라 더 좋은 삶을 추구하고, '더 나은 사회주의'가 아닌 '자유기업'을 추진하며, 새로운 헌법에 대한 더 많은 토론이 아니라 서독에서 이미 검증된 새로운 치안체계를 구축하라는 것 등이었다. 시위대는 이를 조속히 추진할 것을 요구했다.

시민들의 주장, 팀 사역과 토론의 결과로 개인들의 이해도가 높아지면서 변화가 일어났다. 변화는 사람들로 하여금 종종 옛 동료를 떠나 새로운 동료와 새 일을 하도록 이끌었다. 정치 판도도 이런 식으로 정리되었다. 12월 중순의 정당 설립을 위한 콘퍼런스에서 기독교적 민주주의에 기초를 둔 민주혁신당은 세속적인 언어로 자신들의 가치관을 정립했다. 생태적·사회적으로 책임 있는 자유시장 경제를 목표로 한 '자유민주주의당'이 실체가 있는 정당으로 결성됐다. 다른 쪽에서는 '독일연합'이라는 정당이 새롭게 등장했다.

호르스트 라쉬, 공학엔지니어

>> 고백
정치적 시민운동으로 발전

평화와 환경, 민권 문제에 특별한 관심을 가진 단체들이 각 교회에서 생겨났다. 이것은 지난 10여 년간의 평화운동의 결과물이었다. 1989년에는 경찰에겐 소위 '행동 장애를 가진 청년들'이 '모든 독재를 향한 위협'으로 간주됐다. 경찰들의 행동들은 그들을 무기력하게 만들었다. 누군가 말했다. "어느 누구도 나를 위해 아무것도 해줄 수 없음을 알았을 때, 정말 미칠 것 같았다." 작은 권력을 지닌 사람들이 마치 상관처럼 구는 것은 역겨웠다.

평화와 환경, 민권 문제에 특별한 관심을 가진 사람들은 내일의 눈으로 자신들을 보고자 했다. 그들은 도덕적 위선이라는 가면을 쓴 채 오랜 기간 동안 자신들이 하고 싶지 않은 일을 하고, 자신들이 생각지 않은 것을 말하는 데 익숙한 세대와는 등을 돌렸다.

1989년 1월 15일에 공포된 '라이프치히 시민들에게 드리는 호소문'은 모든 사람들이 민주화에 대해 헌신할 것과 무관심을 버리고 각자의 목소리를 내야 할 것을 주장했다. 1989년 4월의 세 번째 모임에서 에큐메니컬 운동본부는 정의와 평화 그리고 환경보존에 대한 문구를 확정하고 설명까지 덧붙였다. '동독에 더 많은 정의를'이란 제목의 문건은 용기를 갖고 우리 사회에서 변화가 필요한 부분이 어떤 것인지 말할 수 있는 사람들이 점차 많아지고 있음을 보여줬다.

1989년 5월 7일의 투표를 통해 더 많은 사람들이 직접 투표소로 나와 투표하기 원한다는 사실이 명백해졌다. 투표 종료 후 많은 기독 청년들이 개표를 지켜봤다. 합계된 반대표와 기권자들에 대한 기록이 있었는데도 투표율은 공식적인 선거 결과보다 상당히 높다는 것이 밝혀졌다. 명백한 선거 위반이었다. 시민 의식도 놀랄 만큼 높아졌다. '직접 선거'는 국경에서 잇따른 난민 신청과 거리 시위로 이어졌다. 이 모든 것이 변화의 필요성을 보여주는 실제 사례들이었다. 책임 있는 시민으로서 많은 이들은 사회주의통일당의 독재를 거부했고 단순한 개혁이 아닌 그 이상의 것을 요구했다. 시민단체들과 연합회는 이런 새로운 현상들을 분석하며 첫 번째 구상을 구체화하기 시작했다.

1989년 9월 4일, 라이프치히의 '민주주의 이니셔티브' 대표단은 '자유로운 시민으로 구성된 개방된 국가'를 이루기 위한 시위를 벌였다. 이어 9월 10일, 뉴포럼이 베를린 인근 그루엔하이드에서 창립됐다. 뉴포럼은 즉각적인 지지를 받았다. 비슷한 시기인 10월 1일에 설립된 민주혁신당도 다음과 같은 광고를 냈다. "권력을 차지하려는 의지가 없는 모든 반대는 위선적이다." 10월 7일, 동독에서는 사회민주당(SDP)이 창립됐다. 10월 8일, 드레스덴에서 20명으로 구성된 '그룹 20'의 대화 시작과 함께 10월 7일 플라우엔 사건, 그리고 10월 9일 성 니콜라이교회 평화기도회 모임 후 7만여 명의 대규모 시위 등이 합해져 원탁회의를 위한 전제조건이 만들어졌다.

하랄드 브레트슈나이더, 1989년 지역 청년 담당 목사, 하이란트교회협 명예회원

탈출이냐 잔류냐

두 가지 일이 속도를 냈다. 출국하려는 군중들이 쇄
도하며 기록을 세웠다. 여름에는 5만 번째 난민이 헝가리 국경을 넘
어 서독으로 이동, 파사우 인근 그라페나우 난민촌에 도착했다. 바르
샤바 대사관에 있는 난민들은 그사이 1200여 명이 되었는데 원하는
국가로 떠나도 된다는 허가서를 받았다. 출국허가가 주로 여름철에
떨어지는데 동독의 가을 휴가 기간으로 인해 난민들이 헝가리로 쇄도
했다. 주말에도 2000~3000명이 이곳으로 왔다.

동독 내 삶의 질을 변화시키기 위한 시민운동 또한 활발히 진행됐
고 강도를 더해가고 있었다. 민주혁신당(DA)과 사회민주당(SDP)이
결성되고 있었다. 동독 각지에서 온 공동창립자들이 지하교회에서
뉴포럼을 시작하려는 공동 조직 모임에 참석했다. 뉴포럼 인가를 위
해 벌써 2만 5000여 명의 서명을 받았다. 라이프치히와 포츠담의 당
국자들은 뉴포럼에 대화를 제안했고 켐니츠에서도 시장이 대화를 원
했다. 하지만 할레에서는 뉴포럼 활동가들이 당국에 대항해 싸우던
중 체포됐다. 다른 시에서는 이들에게 엄청난 벌금을 물렸다. 대표단
의 대다수는 새로운 정당을 만들지 않겠다는 창립 정신을 그대로 유
지하기로 다짐했다.

이와 비슷하게 '민주주의 지금'(Democracy Now)이라는 민중운동
도 이미 1000여 명의 회원을 가지고 있었다. 그들은 한 장짜리 신문을
제작해 소통하며 모든 도시에서 독립적인 운동을 일으켜 달라고 호소

했다. 이들의 목표는 모든 반대 그룹들이 참가하는 투표 실시였다. 더 용기 있는 단체들도 있었다. 그들은 인가를 받아야 하는 안내문과 홍보지를 비밀리에 인쇄해 배포했다. 그것은 불법 행동이었다. 비밀경찰은 150개의 각기 다른 불법 홍보물을 수집했다.

플라우엔의 두 번째 토요일 저녁 시위에는 거주민 3만여 명 중 2만 명이 넘는 주민들이 참석했다. 그것은 놀라운 간증거리가 됐다. 그들은 언론과 발언의 자유 그리고 야당 허가를 요구했다. 1976년 추방되었던 동독 출신의 작곡가 볼프 비어만은 'RIAS 베를린'이라는 TV 방송에 나와 이번 시위를 제대로 평가했다. "이 일은 동독에 뭔가가 부족하기 때문이 아니라 지금까지 사람들을 재갈 물린 것에 대한 반발이다."

내가 어디로 피하리이까

"내가 주의 영을 떠나 어디로 가며 주의 앞에서
어디로 피하리이까" (시 139:7)

하나님은 가시지 못할 장소가 없다. 이것은 유대인은 물론 기독교인에게도 진리다. 그 어떤 것도 그분의 권능에서 벗어날 수 없다. 그분은 어디에나 계신다. 우리는 어디서나 하나님의 임재하심을 확신할 수 있다. 아무도 하나님으로부터 숨을 수 없다. 그분이 들어가실 수 없는 곳은 없다. 그러나 하나님이 주목하시고 완벽하게 지켜주신다는 사실은 어떤 이들에게는 위협일 수도 있다. 내게는 시편 139편 7절이 정말 위로가 된다. 이 세상에서 주님의 임재하심이 없는 곳이 없다는 사실이 나를 위로한다. 그러므로 나는 그분께 아무것도 숨길 필요가 없다. 그분의 임재 안에서 나는 참으로 편안하다.

동독에 있을 때에도 나는 하나님의 지켜주심이 얼마나 정서적으로 안도감을 주는지 잘 알고 있었다. 소환되거나 심문 당할 때, 또는 협박당할 때 종종 이를 경험했다. 억압받는 상황에서, 심지어 공격적인 무신론의 한가운데서도 나는 주님이 가까이 계심을 알 수 있었다. 내게도 서독으로 탈출할 수 있는 기회가 세 번 있었다. 그러나 내겐 논란의 여지가 없었다. 첫째, 내가 동독을 탈출하면 내 가족들이 볼모로 남아야 했다. 둘째, 하나님께서 내가 이곳에 남아 있기를 원하시고 실제로 청년들을 격려할 위로자, 동반자가 필요했다. 어떤 이들은 나처럼 의도적으로 잔류하거나 헝가리에서 휴가를 마치고 돌아왔다. 그들은 소련으로부터 희망적인 사인이 올 것을 믿었던 것이다. 거리의 시위대들은 변화가 시작됐다는 신호탄이었다. 이 땅에 머물며 변화와 민주주의의 권리를 요구하는 것은 의미 있는 일이었다.

어떤 이들은 헝가리에서의 휴가 기간에 탈출하기 위해 오스트리아와 헝가리 사이의 개방된 국경을 이용했다. 정부의 탄압으로 인해 많은 사람들이 동독의 미래가 보이지 않는다고 느꼈던 것이다. 오늘의 우리는 당시 탈출한 사람들의 절망감을 도저히 상상할 수 없을 것이다. 그들은 자신들의 아파트에 모든 물건들을 남겨둬야 했다. 친구와 친척들을 뒤로해야 했다. 트라반 자동차와 발라톤 호수의 텐트도 두고 떠나야 했다. 기본적으로 그들은 모든 것을 남겨둔 채 몸에 여름 옷만 걸친 채, 뛰는 심장 하나만 간직한 채 국경을 넘었다. 상상도 못했던 일이 현실이 된 것이다. 아무도 그들을 막을 수 없었다. 그들은 첫 도착지인 오스트리아의 마을을 도움을 받을 수 있는 접점으로 삼았다. 이곳에서 그들은 서독으로의 임시여권을 받았다. 많은 이들에게 성공적인 탈출과 새로운 삶의 시작은 하나님의 선물이었다. 물론 일부 사람들은 베를린 장벽이 무너진 1989년 11월 9일 이후, 자신들이 치렀던 희생이 과연 의미가 있었는지 자문했다. 하지만 탈출을 시도한 그 시점에서는 다른 대안이 없었다.

탈출이냐, 잔류냐? 그것은 성급하게 일반화할 수 있는 질문이 아니다. 시편 기자는 하나님께서 결코 자신을 무시하거나 외면하지 않으신다는 개인적 경험을 들려주고 있다. 그분은 우리가 그분을 피하고 싶어 할 때조차도 거기에 계신다. 그분은 우리가 알고 있는 것보다 우리 더 가까이에 계신다. 나는 이 사실이 너무나 좋다.

알브레히트 카울, 독일 YMCA연맹 명예사무총장

하나님, 그 시절 국경을 넘어 탈출했던 많은 난민들과 헝가리, 폴란드의 용기 있는 선구자들로 인해 감사를 드립니다. 그때나 지금이나 어떤 이유에서건 복잡한 탈출의 과정에서도 당신의 모든 보호하심에 감사드립니다.

심지어 오늘날에도 낯선 사회에서 삶의 방향을 찾아야 하는 난민들을 돌보고 돕는 일에 우리 모든 사회가 굳건한 연합을 이루게 하소서. 주님, 우리의 망설임과 편견을 용서해 주소서. 많은 난민들이 탈출 과정에서 생긴 상처를 이겨낼 수 있도록 도와주십시오.

헝가리 - 독일의 우정

내가 헝가리 복음주의 청년 기관의 한 모임에서 설교했을 때 문득 개인적인 생각이 떠올랐다. 아내의 동독인 친구 마라이케에 대한 생각이다. 그녀는 고등학교를 최고 성적으로 졸업했고 충분히 대학 입학 자격이 있었다. 하지만 그녀에 대한 평가서를 읽자마자 대학 당국은 그녀를 곧바로 불합격 처리했다. 아마 그녀는 동독을 떠날 생각을 하고 있었던 게 아닌가 추측됐다.

1989년 10월이었다. '탈출이냐, 잔류냐'는 당시 많은 사람들이 가진 고민이었다. 이 일이 있기 수 주 전 9월의 어느 주일 저녁이었다. 지금도 많은 사람들이 기억하는, 수많은 초면의 동독인들이 "국경을 열어줘서 고맙다"며 우리를 안아주는 게 아닌가. 그들은 트라반과 동독의 자동차인 바르트부르크를 타고 비엔나를 향하고 있었다.

교회와의 관계는 언제나 강력했다. 유년 시절 나는 가족과 함께 유명한 '마르틴 루터의 도시들'을 방문했었다. 한 도시에서는 가톨릭 수녀회의 게스트하우스에 묵었는데 우리가 떠날 때 한 수녀가 우리가 수집할 거라는 생각으로 우표를 몇 장 줬다. 우표 수집을 하진 않았지만 우리는 그것을 받았다. 그런데 그날 밤, 체코 국경에서 누군가가 우표를 발견하고 우리 짐을 모두 수색했다. 마지막에는 한 사람이 우리 짐의 세부목록을 작성했는데 그것은 동독의 공식 문서가 되었다. 우리가 가진 우표가 몇 장인지와 발터 울브리히트의 그림을 밀반출하려 했다는 내용 등이었다.

한 번은 동독의 목사가 그의 가족과 함께 우리 집에서 휴가를 보냈

1989년 헝가리와 오스트리아 국경이 개방되고 있다

다. 떠나기 전, 우리 집 개가 그분의 딸을 물고 말았다. 그 가족들은
조심스럽게 우리 개가 건강한지 물었다. 아버지는 "그 개는 광견병에
걸리지 않았습니다"라고 전보를 보냈다. 그 때문에 비밀경찰이 몇 주
동안이나 그 가족을 찾아가 전보의 암호가 무슨 뜻인지 캐물었다고
한다.

나는 목사로서 첫 임직을 발라톤 호수에 있는 시오포크에서 시작
했다. 그곳은 동서독 청년들이 정기적으로 만나 수련회를 개최했던
곳이다. 1983년 루터교세계연맹의 청년 모임이 열렸는데 거기서 우
리는 작센 지역의 용감한 청년 사역자 하랄트 브레트슈나이더 목사의
성경공부를 통해 감동을 받았다. 부다페스트의 경기장에서도 수백
명의 청년들이 대담한 희망을 품고 스웨덴 밴드 'FJEDUR'의 곡 '자유

가 오고 있다'를 불렀다.

1989년 10월에는 이전에 가졌던 여러 차례의 모임을 기반으로 해서 진정한 우정의 기초가 이미 놓여 있었다. 우리의 편지가 누군가에 의해 개봉되고, 우리의 전화통화는 누군가가 엿듣는다는 것을 우리는 잘 알고 있었다. 그러나 우리는 그보다 더 큰 확신으로 시편 말씀을 인용했다. "주께서 나의 앞뒤를 둘러싸시고 내게 안수하셨나이다 이 지식이 내게 너무 기이하니 높아서 내가 능히 미치지 못하나이다"(시 139:5~6).

타마스 파비니, 신부(부다페스트)

〉〉 배경
철의 장막을 열어젖힌 선구자, 헝가리

1989년 9월 10~11일의 헝가리-오스트리아 국경 개방과 서독으로 탈출하기 위해 헝가리로 여행했던 수많은 동독 난민들은 동독 정권을 종식시키는 데 중요한 원인 제공을 했다.

1960년대부터 헝가리는 여행지이자 동독인들의 휴가지로 인기가 많았다. 헝가리는 지중해의 온난한 기후와 맛있는 음식으로 유명했을 뿐 아니라 나라 전체가 놀랍도록 개방적이어서 분위기가 서구 사회에 가까웠다. 발라톤 호수에서 동독인들은 서독인들과 만날 수 있는 기회를 십분 활용했다. 거기서는 동서독의 친척들이 함께 모였다. 동서독 청년들의 수련회도 가능했다. 동독의 난민들이 자신들의 친척을 만날 수도 있었다. 발라톤 호수에서 자본주의와 사회주의가 만났다. 동시에 발라톤 호수에서는 소비지상주의와 결핍이 만났다.

이 일이 있기 수년 전부터 헝가리 국경수비대는 효과도 없는 국경 울타리를 더 느슨하게 하자고 제안했었다. 국경은 1988년 당시 통치자였던 미클로시 네메트 총리의 개혁안엔 적합하지 않았다. 그보다 더 위대한 업적은 헝가리의 국무장관인 줄러 호른과 오스트리아의 국무장관 알리오스 모크가 1989년 1월 27일 소프론 시 근처 국경 울타리 철조망을 아예 절단해버린 것이다.

궁극적으로 1989년 8월 19일 소프론 인근에서 열린 '범유럽 피크닉'이라는 모임이 엄청난 반향을 일으켰다. 오스트리아와 헝가리에서 온 2000여 명의 시민들이 운집했다. 이 모임은 헝가리 야당인 민주포럼과 헝가리 개혁공산주의자인 임레 포즈가이, 범유럽조합인 오토 폰 합스부르크가 공동 주최했다. 족히 100명은 되어 보이는 동독 난민들이 이 피크닉을 이용해 오스트리아로 탈출했다. 이날 하루에만 700여 명의 동독 시민들이 서독으로 넘어갔다.

당시 약 16만 명의 동독인들이 헝가리에 억류돼 있었는데 상황은 더 험악해져 갔다. 이 많은 사람들은 헝가리 정부의 엄청난 규모의 지원, 헝가리 교회의 사회·목회적 차원의 헌신적 도움에도 불구하고 가까스로 관리되고 있었다. 이런 이유로 헝가리 정부는 1989년 8월 22일, 모든 동독인들이 헝가리를 벗어나 서독행이 가능하도록 허락했다. 서독 정부와 한층 강화된 협상이 뒤따랐다. 소련과 동독은 그저 통보만 받았다. 이로 인해 헝가리는 '철의 장막을 여는 선구자'가 되었다. 이런 역사적 사건의 멋진 동시다발적 상황은 극적 변화의 기회를 제공했다. 아무도 이 일을 계획하지 않았다. 아니 계획할 수도 없었다. 그것은 하나님의 선하심이 드러낸 결과였다.

하랄드 브레트슈나이더, 1989년 지역 청년 담당 목사, 하이란트교회협 명예회원

자유롭게 생각하고
공개적으로 말하라

드레스덴에서는 동독 수립 40주년 기념식 며칠 전후로 재소자 500명의 석방에도 불구하고 경찰의 잔인한 조치에 대한 항의 시위가 이어지고 있었다. 민주혁신당(DA)의 공동창립자이자 사마리아교회 목사인 라이너 에펠만은 에르하르트 크라크 베를린 시장에게 공개서한을 보내 독립적인 조사위원회를 구성, 직권을 남용한 경찰 책임자들을 처벌하도록 요구했다.

겟세마네교회 촛불기도회 참석자들도 이 요구에 뜻을 같이 했다. 베를린 리디머교회가 가득 찬 가운데 열린 폭력 반대 콘서트 끝 무렵에는 정치범들을 위한 타종 시간도 있었다. 3000여 명의 참석자들 앞에서 작곡가인 게르하르트 쉐네는 '동독 아티스트상' 수상 상금 2만 마르크를 재소자들과 교회 사역에 후원하겠다고 선언했다. 작가인 크리스토프 하인은 교회를 향해 더 책임 있게 행동할 것과 시민들과 더 많이 접촉하고 사회주의적인 사회 건설을 위해 더 행동해야 한다고 호소했다. 그러면서 조사위원회 발족에 참여하겠다고 했다. 이날 저녁 한 강연자는 이렇게 말했다. "여러분 스스로 잠잠해서는 안 됩니다. 우리에게 기회는 이번 한 번뿐일지 모릅니다. 만약 우리가 실패한다면 수십만 명이 출국하거나 이민을 떠날 것입니다."

드레스덴의 세 기독교 교구는 10월 초 일어났던 경찰 폭력을 조사할 위원회 구성을 요구했다. 강대상에서의 설교 거부가 광범위하게 퍼져나갔다. 베를린 훔볼트대학에서는 자유롭게 자신의 의견을 피력하는 용기 있는 학생들이 점점 늘어났다. 학생들은 독일자유청년당에 자신들의 입장을 대변해 줄 수 있는 사람을 보내줄 것을 요청했다. 심사위원단은 체코 민권운동단체 '카르타 77'의 대표 바츨라프 하벨을 독일 출판계의 평화상 수상자로 결정했다. 위원단은 하벨이 참석하지 못한 가운데 상을 수여함으로써 예술인과 지식인들의 저항을 더욱 북돋았다. 이에 자극을 받은 동베를린의 배우들도 '언론과 발언의 자유를 위한 시위 허가'를 공식적으로 요구하겠다고 밝혔다.

국영방송의 아나운서는 처음으로 트렙토우의 노동자들에 대한 시민들의 비난은 인정했지만 반대 그룹에 대해서는 한마디 언급도 하지 않았다. 비밀경찰의 폭력을 규탄하며 바울교회에서의 집회 후 시를 통과해 거리시위를 했던 할레의 2만여 명의 시위자에 대한 언급 또한 없었다.

≫ 각성

진정한 자유의 기초

"이러므로 너희가 어두운 데서 말한 모든 것이 광명한 데서 들리고 너희가 골방에서 귀에 대고 말한 것이 지붕 위에서 전파되리라"(눅 12:3)

솔직히 말해 어떤 사람이 이 성경 구절을 처음으로 듣는다면 비밀경찰에 대한 말씀으로 착각할 것이다. 그러나 예수께서 이 말씀을 하셨다는 것은 약간 의아한 일이다. 그렇지 않은가? 혹시 하나님은 보안에 대해 광적이시거나 투명성 숭배자가 아닐까?

엎친 데 덮친 격으로 예수께서는 그 당시의 개혁운동으로 시작됐던 바리새인, 즉 종교지도층에 대해 계속해서 경고하셨다. 그들의 주요한 문제는 그들의 종교적 요구사항이 아니라 그들 자신이 만든 기준에 스스로 미치지 못했다는 것이다. 바깥에서 보기엔 그들은 모든 면에서 경건해 보였지만 이면에는 완전히 다른 사람처럼 말하고 행동했다. 예수께서는 이들의 이중적인 삶을 비판하신 것이다. 이 때문에 예수께서는 세상 끝 날에는 모든 감추어졌던 것들과 비밀스럽게 속삭였던 것들이 옥상 위에서 크게 외쳐질 것이라고 말씀하신 것이다.

어떤 사람이 철학자 소크라테스에게 자기 친구의 행동에 대해 털어놓으려 했다. 그러자 현자인 소크라테스는 3개의 질문으로 구성된 대화법을 꺼냈다. 첫째, 당신이 나에게 말하려는 것이 사실이며 당신은 이 사실에 대해 확신하는가? 둘째, 당신은 순수한 동기로 나에게 이 말을 하려는 것인가? 셋째, 당신이 나에게 말하려는 것은 당신의 친구나 나에게 유익한 것인가? 이 여과장치는 오늘날에도 역시 정화 효과가 있다. 예수님의 말씀은 네 번째 여과장치와 같다. 물론 자신이 신뢰하는 사람들에게 은밀하게 말할 수 있다는 것은 당연하다. 그러나 어떤 사람들이 요구하는 '100%의 투명함'은 100% 말도 안 되는 소리다. 물론 다른 사람들에게 정보를 얻기 위해 온갖 질문을 퍼부어대는 것 또한 터무니없는 짓이다.

그럼에도 불구하고 스스로에게 이런 질문을 던져보는 것은 좋은 일이다. '지금 내가 말하려는 것에 대해 나는 하나님께도 당당하게 말할 수 있는가? 만약 이것이 만천하에 공개된다는 걸 안다면 나는 어떻게 말할 것인가? 나는 누군가의 부재 시에도 그가 있을 때와 똑같이 말하고 있는가?' 마지막으로 중요한 질문은 이것이다. '우리는 하나님이 사람들을 보듯 그 사람들을 보고 있는가?' 하나님께서는 우리와 다르게 생각하고, 다르게 살아가는 우리의 개인적인 원수조차도 사랑하시고 인정해 주신다. 모든 민주주의에는 이 같은 기본적인 자세가 필요하다. 이것은 또한 진정한 자유의 기초다.

안스가 훼르스팅, 독일 자유복음주의교단 총회장, 독일 통합자유복음주의교회 회장

하나님, 폴란드의 자유노조가 폴란드와 다른 나라의 노동자, 농민들을 위해 그랬듯이 종종 투쟁해야만 얻을 수 있는 자유와 개방된 생활환경을 우리에게 주셔서 감사합니다. 조작되거나 억압받지 않은 언론과 발언의 자유를 주셔서 감사드립니다.

하나님, 다른 사람의 존엄을 생각하며 우리도 발언의 자유를 위해 행동하도록 도와주소서. 몇몇 단체들이 자신들의 의견을 관철시키기 위해 쓰는 편법의 유혹으로부터 우리를 지켜주십시오. 또한 우리 스스로 한 번도 성찰하지 않은 채 다수의 견해에 그저 따라버리는 무지로부터 우리를 깨어나게 하소서.

크리스티안 퓌러 목사님께 드리는 편지

우리는 기독교인도, 어설픈 반쪽짜리 기독교인도 아닙니다. 그렇다고 진정한 무신론자도 아닙니다. 과거에는 이런 문제들을 겪어보지 못했습니다. 우리는 베를린에서의 그 일 이후 이와 비슷한 사건이 일어난다면 우리도 이 나라에서 별과 같이 빛날 수 있지 않을까 하는 바람을 가지고 라이프치히 평화를 위한 기도모임에 슬며시 발을 담갔습니다. 그러나 우리는 이 나라의 투쟁이 거의 끝나가는 마지막 단계인 지금에도 감히 나서지 못하고 신중을 기하는 겁쟁이며 편협한 기회주의자들입니다. 우리는 그 어떤 위험도 감내하려 들지 않습니다. 다른 사람이 엄청난 일을 한다면 우리는 그저 그 주변에 머물고 싶어 할 뿐입니다.

그런 마음으로 우리는 매주 월요일 성 니콜라이교회에 앉아 이 나라와 사회를 엄하게 꾸짖는 사람들에게 희망을 걸고 있습니다. 우리에게 위협이 되는 모든 발언 앞에서 우리는 그저 어린아이처럼 손뼉을 칩니다. 우리 스스로가 마치 공모자처럼 보입니다. 우리는 사람들의 호언장담과 날카로운 비판에 놀랍니다. 우리는 균형을 추구하는 모든 꿈꾸는 자들을 조용히 비웃습니다. 물질적이고 규율이 지배하는 불행한 국가에서 무엇이든 바꿀 수 있다고 믿는 사람들에게 죄송할 따름입니다.

우리는 지금까지 한 가지만 계속해서 생각했습니다. '떠나라, 떠나라, 떠나라.' 우리 집에는 컬러 TV가 2대나 있고, 종종 헝가리와 불가리아에도 다녀올 수 있었습니다. 우리에겐 주말 별장이 있고, 안정적

라이프치히 칼 마르크스 광장에서 사람들이 토론하고 있다

인 연금이 보장된 직업과 거금의 은행계좌가 있습니다 ….

사회 환경 속에 그저 개인적으로 동화되어 온 전형적인 사례인 우리 유력자들의 시대는 이제 종말을 고하려 하고 있습니다. 우리 같은 기회주의자들은 더 이상 쓸모없게 되었습니다. 우리를 도와주십시오. 이제야 우린 예수 그리스도와 그분의 도우심에 대해 성찰할 준비가 되었습니다. 우리에겐 위로가 필요합니다.

존경하는 퓌러 목사님, 종교적으로나 교회의 관점에서 우리는 방문객의 자격조차도 없지만 그럼에도 우리에겐 이 월요기도회가 필요합니다. 우리에게는 종교적 논리나 교회 관련 의식을 고려하지 않고 우리 곁에 함께 해주실 한두 분의 성직자가 필요합니다. 당신의 환대를 즐길 수 있는 권리를 갖기 원합니다. 그것만으로도 감사드립니다.

무명

폴란드와 동독의 평화혁명

동유럽권 국가 중 폴란드만큼 저항정신이 강한 나라는 없다. 여기엔 가톨릭교회가 특별한 역할을 했다. 폴란드 분할과 나치 시절, 그리고 스탈린 시대에 교회는 박해를 받았고 민중들 편에 설 것을 강요받았다. 휴일과 엄혹했던 정치적 탄압의 날에, 사람들이 드렸던 교회 예배는 소련 공산주의의 압제에 맞선 '직접 선거'가 되었다. 1965년 가톨릭 주교의 편지는 독일과 폴란드 역사의 새 장을 열었다. 그 편지는 다음과 같은 문장으로 끝을 맺고 있다. "우리는 용서한다. 그리고 우리는 용서를 구한다." 하지만 대다수 독일인들은 이 문장을 자신의 것으로 삼을 준비가 돼 있지 않았다.

1970년 실각했던 폴란드의 노동당 지도자 브와디스와프 고무우카와 바르샤바에서 무릎을 꿇고 용서를 구했던 빌리 브란트가 양국 관계의 새 시대를 열었다. '새 동방정책'은 새로운 접점들을 가능케 했다. 이제는 어느 누구도 독일이라는 이름의 악몽을 두려워하지 않았다. 1976년의 파업은 노동자보호위원회의 등장으로 이어졌고, 노동자와 지식인 연합의 계기가 되었다. 이들 중 대부분은 적극적인 가톨릭 평신도이자 한때는 공산주의자들이었다.

카롤 보이티와 추기경(훗날 교황 요한 바오로 2세가 됨-역자 주)은 처음으로 지하운동을 하던 대학생들에게 교회를 개방했다. 폴란드 교황의 첫 방문은 수백만을 감동시켰다. 공산당이 주장하는 리더십은 허구일 뿐이라는 게 모든 이들에게 명확해졌다.

1980년 파업의 물결은 '연대'(솔리다르노시치·Solidarnosc)라고 하는, 동유럽권의 첫 자유노조의 탄생으로 이어졌다. 폴란드 사람들은 무척이나 창의적인데 특히 비폭력 저항의 분야에서 더욱 그랬다. 계엄령과 제르지 포피엘루스코 신부의 죽음도 폴란드인들을 위협하지 못했다. 오히려 저항정신만 높여줬을 뿐이다.

이러한 나라가 더 많은 민주적 참여를 원하는 동독의 시민들에게 영감을 줬음은 물론이다. 그래서 두 나라의 저항단체들은 더 빈번하고 강화된 접촉을 이어갈 수 있었다. 모든 폴란드인들은 동서독의 재통일이 1945년의 분할(미·영·프·소에 의한 독일 분할 점령-역자 주)에도 불구하고 그들이 증오하는 소련 통치체제에서 벗어나는 전제조건임을 알았다. 이런 이유로 폴란드인들은 동독 내 저항운동을 기쁜 마음으로 지원했다. 이것은 폴란드인의 특별한 창의성과 적극성에도 기인하지만 수십 년에 걸친 인내와 희생의 저항이 있었기에 가능했다.

독일인으로서 귀에 못이 박히도록 배웠던 것을 우리는 결코 잊지 말아야 한다. 그것은 독일인의 성향 때문이 아니다. 그것은 환상, 용기, 인내, 비폭력 그리고 나라와 교파의 경계를 뛰어넘은 연대를 통해서만 가능했다. 더 좋고 더 평화로운 세상은 오직 이것을 통해서만 가능하다.

에리히 부세, 드레스덴의 성직자

늘어난 시위대와 비폭력

라이프치히의 월요일 시위에는 참석자 숫자가 다시 한번 두 배로 늘었다. 성 니콜라이교회와 다른 시내 교회 몇 곳에서 열린 월요기도회를 마치자 15만여 명의 사람들이 구도심으로 몰려들었다. 라이프치히와 베를린에서의 작전을 위해 6600명이 넘는 국가인민군대가 동원되었다. 그들은 모두 무기를 소지하되 자기방어의 경우를 제외하고는 시위대에게 사용해서는 안 된다는 명령을 받았다. 수많은 사람들이 모였기에 언제든 사고가 일어날 개연성이 있었다. 모든 교회에서는 사람들에게 폭력을 사용하지 말 것을 요청했다. 모든 시민 그룹에서는 다양한 경로를 통해 시위대에게 비폭력을 강조했다. 라이프치히는 이른 오후부터 완전 봉쇄됐다. 그럼에도 불구하고 저항 단체의 촬영 팀은 그것을 뚫고 들어가 영상을 찍어 서구 방송국을 통해 전 세계인들이 시청하도록 했다.

무엇보다도 처음으로 라이프치히에서 '공동체 예배도 인권이다'라고 적힌 깃발이 눈에 띄었다. 이 주장은 7년 전부터 평화기도모임을 굴려온 원동력으로 시간이 지날수록 더욱 격렬해졌다. 동독 TV의 새 프로그램인 '시사 카메라'가 월요 시위에 대해 보도했는데 참가자 숫자는 1만여 명이며 정부가 보낸 구호 부대의 신중한 대처로 시위는 평화롭게 진행됐다고 전했다. 드레스덴에서는 성 십자가교회 예배 후 1만여 명이 정부 청사 앞에 모였다. 시민대표단은 베르크호퍼 시장과의 대화를 이어갔다. 베르크호퍼 시장은 정부 청사 발코니에 나타나더니 메가폰으로 시위대에게 시민 대표단의 요구사항인 언론과 표현의 자유, 여행의 자유와 자유 투표 등 10가지에 대해 알려주었다. 그는 모든 사람들에게 대화가 계속될 것임을 분명히 했다. 다음 모임부터는 유능한 시민들로 구성된 팀들이 공개적이면서 구체적으로 문제들을 다루게 될 것이다.

교회는 새로운 사회단체들을 공인하는 데 교회 스스로가 책임자가 될 것임을 공식적으로 선언했다. 물론 교회가 그런 권리를 가졌다는 것은 아니다. 그러나 복음으로 인한 사명감 때문에 교회는 권리 없는 자의 편에 서서 광범위한 대표 역할을 진지하게 받아들였던 것이다. 기도회 후 1만 명이 넘는 사람들이 시위에 참여했지만 끝까지 평화로웠다.

>> 각성
침묵으로 말하다

> "내가 잠잠하고 입을 열지 아니함은 주께서 이를 행하신 까닭이니이다 … 여호와여 나의 기도를 들으시며 나의 부르짖음에 귀를 기울이소서 내가 눈물 흘릴 때에 잠잠하지 마옵소서 나는 주와 함께 있는 나그네이며 나의 모든 조상들처럼 떠도나이다"(시 39:9, 12)

때로는 통곡할 때가 있다. 때로는 침묵할 때가 있다. 언제 울부짖어야 하는가? 언제 입을 다물어야 하는가? 언제가 울부짖음보다 침묵이 더 소리 높을 때인가? 나치 독재 시대에 디트리히 본회퍼는 대규모로 자행된 유대인 추방과 학살 상황에서 교회의 침묵을 다음과 같이 공격했다. "유대인들을 위해 외치는 자만이 그레고리오 성가를 부를 자격이 있다."

하나님께서는 외치시는 분이다. 구타당하고 학대받고 억압받고 노예로 사로잡힌 모든 사람들을 위해 그분은 울부짖으신다. 진리를 위해, 정의를 위해, 형제 사랑과 긍휼을 위해 그분은 계속해서 부르짖으신다. 그분의 외침은 십자가에서의 죽음의 외침으로 끝을 맺는다. 성부 하나님께 버림받은 것 같은 성자 하나님의 고통 속에 인간을 향한 그분의 전적인 사랑이 자리하는 것이다.

하나님께서는 당신의 백성들이 울부짖기를 원하신다. 그 부르짖음이 금지되었다면 침묵으로라도 외치기를 바라신다. 그런데 하나님은 어느 때 울부짖으시는가? 그분은 어느 때 침묵하시는가? 나는 언제 그분과 함께 울부짖어야 하고 어느 때 침묵으로 외쳐야 하는가? 한 노래 속에서 이 질문을 계속해 봤다.

> 1절) 나는 더 이상 늑대들과 같이 울부짖지 않으리/ 사람들이 항상 말하는 것을 말하지 않으리/ 당신이 말씀하시는 것을 말하고/ 사람들이 당신께 구하지 않을 때 나 잠잠히 있으리
>
> 2절) 나는 군중들과 같이 불평하지 않으리/ 친구들과 적을 비방하지 않으리/ 긍휼의 말로 빛이 어두움 가운데서 빛나게 하리
>
> 3절) 나는 더 이상 대중들과 함께 침묵하지 않으리/ 다른 이들이 울부짖을 때 귀 막지 않으리/영원으로부터 나오는 말씀으로 당신의 사랑 나 나타내리
>
> 후렴) 당신께서 침묵하실 때 나도 침묵하리/ 당신께서 말씀하실 때 나도 말하리

마치 그분이 그러신 것처럼 사람들의 운명에 반응하고, 울부 짖고 침묵으로 말하는 것, 이것이 내가 세상을 이해하고 싶 은 방법이다.

위르겐 베르스, 기자, 작가 및 작곡가, 1994~2014년 복음방송 라디오 본부장

하나님, 아무것도 숨길 필요 없이 공개적으로, 심지어 거리에서 평화롭고 비폭력적인 방법으로 자신의 의견을 말하고 보일 수 있 는 시위의 권리를 이 나라에 주신 것을 감사합니다. 언제나 시위 의 기원이자 종착점이었던, 기도와 촛불로 시위의 권리를 요구했 던 동독 교회의 기여로 인해 감사드립니다.

주님, 기도하옵기는 이제 우리 모두가 수동적이고 무기력한 자 리를 박차고 나와 다른 사람들과 같이 마음을 터놓고 공개적으 로 말할 수 있는 의지를 갖게 하옵소서. 우리에게 또한 창조적인 방법으로 의견을 개진하며 그 결과로 존경스런 성취를 얻게 해 주십시오. 그리고 지금까지 공개적으로 했던 상징적인 행동들이 어떤 폭력이나 부정적인 보도 없이 사람들에게 진지하게 전달되 게 하소서.

〉〉 고백
드레스덴 시민 대표단 '그룹 20'

10월 16일 월요일, 드레스덴 시장 볼프강 베르크호퍼와 드레스덴

토르가우로 향하는 올라프-팔메 평화 행진

시민 대표들로 구성된 '그룹 20'의 두 번째 정부청사 토론이 오후 5시에 열렸다. 나는 이 그룹과 교회 자문위원단과 함께 모임을 준비했다. 우리의 가장 중요한 요구사항 중 하나는 이 그룹을 드레스덴 시민의 대표단으로 제도적으로 인정하라는 것이었다. 나는 성 십자가교회에서 열린 최종 투표에 참석했다. 그리고 정부 청사로 걸어갔다. 그런데 내가 그 토론에 참석하는 것을 시장이 불허한다는 걸 들었다. 아무것도 할 수 없다는 무기력감에 대한 분노가 내 안에서 요동쳤다. 그러나 나는 아무것도 할 수 없었다. 나는 문밖에 서 있다가 청사 건물을 떠나야 했다.

두 번째 토론에서도 베르크호퍼의 뻣뻣한 태도 때문에 정부와 시민들 사이의 대화가 종료될 뻔한 적이 있었다. 1만여 명의 시민들이 정부 청사 앞에서 시위를 하고 있었다. 다행히 두 번째 토론 말미에 그들은 세 번째 토론회 개최에 동의했다.

이튿날 우리는 시에서 가장 큰 다섯 개 교회에서 열린 주민모임에서 토론회의 미약한 결과에 대해 보고했다. 우리는 또 무죄한 수감자의 석방과 관련된 보고서에 대해 이야기했다. 나는 그 주민모임 사회를 봤는데 성당에 초만원을 이뤘던 시민들을 위해 보고서를 남겨두었다. 이것으로 시민들이 자신들의 대표로서 그룹 20에 얼마나 희망을 걸고 있는지 명백해졌다.

시장이 그룹 20을 공식적으로 인정토록 하기 위해 '1마르크 캠페인'안이 제시됐다. 그룹 20을 자신들의 관심사를 대변하는 대표라고 여기는 모든 시민은 지정계좌에 상징적으로 1마르크를 납부하자는 것이었다. 에큐메니컬 환경계획인 '에스펜하인을 위한 1마르크 운동'을 상기하면서 나는 이 운동에 동의했다. 그러나 결과는 나의 예견을 훨씬 능가했다. 드레스덴의 전체 투표권자와 비슷한 숫자인 10만 마르크가 계좌에 모인 것이다. 이제는 시장도 그룹 20을 인정할 수밖에 없었다.

헤르베르트 바그너, 공학박사, 드레스덴 시장 역임

이것은 정부와 시민의 싸움이다

10월 9일 정부 청사에서의 첫 모임이 끝난 후 그룹 20의 회원에서 자문위원으로 자리를 바꾼 프랑크 리히터는 자신의 자리에 헤르베르

127

트 바그너를 추천했다. 그룹 20은 다음날인 10일 이를 승인했다.

　10월 16일 두 번째 정부와의 토론회에 앞서 베르크호퍼는 사회주의통일당(SED) 의장인 한스 모드로로부터 그룹 20을 인정하지 말라는 분명한 지시를 받았다. 시민들의 반정부 성향을 확산시킬 수 있다는 것이다. 이 토론은 그저 정부와 교회 간의 모임으로만 비쳐졌다. 이 의제와 함께 그룹 20의 동료들은 자신들의 정체성을 시민들에게서 떼어내고 싶어 했다. 어느 시점에선가 토론은 종료를 고해야 했다. 그런데 청사 앞에는 1만여 명의 시민들이 모여 결과를 기다리며 목소리를 높이고 있었다. 협상은 지지부진해지고 있었다. 시장은 정회 시간에 시위대에게 뭔가를 말해야 하는 상황에 놓였다. 만일 시장이 회의를 거기서 끝낸다면 예측할 수 없는 일이 기다리고 있었다. 결국 시장, 지머 총경, 프랑크 리히터, 그리고 그룹 20 대변인이 발코니에 나와서 시위대에게 얘기했다. 협상은 계속될 것이며, 협상 결과는 공개될 것이고, 그룹 20은 다음날 기자회견에서 협상결과에 대해 얘기할 것이라는 내용이었다. 이것은 교회에서의 마지막 모임이었다. 이것은 교회와 정부 간의 싸움이 아닌 정부와 시민 간의 싸움이라는 점을 시민들은 다시 한번 상기했다. 어쨌든 폭력이 재발할 위험은 피한 것이다. 시위대는 각자 집으로 돌아갔다.

　그룹 20의 입장에서는 회담이 실패해서는 안 되었다. 자신들은 폭력의 악순환이 끊어진 상황에서 권력층과 얘기할 수 있는 유일한 그룹이었기에 이 특권을 허비해서는 안 되었던 것이다. 그래서 그룹 20은 이중 전략을 썼다. 즉 정부 청사에서는 협상을 통해 민주주의 투쟁을 하고, 길에서는 시민들이 계속 압박을 가하도록 하는 것이었다.

헤르베르트 바그너, 공학박사, 드레스덴 시장 역임

무장해제와 동원해제

　　동원해제가 시작되었다. 동독 공영 뉴스통신사인 ADN은 적어도 구두로는 월요 시위대를 '폭도'가 아닌 '전시(展示) 도시의 시민들'로 묘사했다. 10월 초에 있었던 시위대를 향한 정치적 폭력과 관련해 당 사무총장인 귄터 벤드란트는 "폭력은 경찰이 시작한 게 아니라 시민들이 경찰을 향해 일으킨 것이다"는 공식적인 입장을 강경하게 고수했다.

　　사회주의통일당(SED) 내부에서조차 강경파에 반대해 대화를 해야 한다는 목소리가 나왔다. 점점 더 많은 정당 수뇌부들이 에리히 호네커에서 멀어져 갔다. "우리는 엄청난 일을 겪고 있고, 이젠 탱크로 진압하는 것도 불가능해졌다." 여전히 폭력이 해결책이라고 믿는 정당 지도자들과 거리를 두고 있던 에리히 밀케는 이렇게 말했다. 사임하라는 요구가 빗발쳤다.

　　이런 일들을 전혀 모르는 구색(具色)정당(일당제 국가에서 정권을 잡은 수권 정당 외에 다당제의 구색을 맞추기 위해 존재하는 명목상의 정당-역자 주)들도 구색정당 연합체인 국민전선(NF)의 베를린 의회에서 동독의 신속한 변화를 촉구했다. 같은 날, 시민들은 지금까지 한 단체가 모든 것을 통제했던 구조를 내팽개쳤다. 빌헬름 피크의 공장에서는 많은 노동자들이 통합노조(FDGB, 독일노동조합자유연맹)를 탈퇴한 후 처음부터 독립노조를 출범시키기 위해 '개혁'이라고 불리는 독립된 단체를 만들었다. 회사의 모든 압력과 가담자들에 대한 즉각적인 재배치에도 불구하고 그들을 저지할 수 없었다. 다른 사업체에서도 노동자들이 새로운 '개혁'에 참여했다. 점점 더 많은 노동자들이 통합노조에서 탈퇴했다. 사회주의통일당의 파업 진압 기동대 제거와 직장 내 비무장화 요구는 다른 사업체에도 이어졌다.

베를린의 훔볼트대학에서는 6000여 명의 대학생들이 도서관 및 복사기에 대한 자유로운 접근과 함께 독립적인 학생회 구성을 요구했다. 대학 내 검열제도 폐지 다음으로 각 학교에서 자유독일청년당(FDJ)을 유일한 리더십으로 삼는 문제도 비판의 도마 위에 올랐다.

그날 저녁, 드레스덴 교회들에서는 베르크호퍼 시장과의 토론 결과와 함께 다음 단계를 어떻게 할 것인지에 대한 토의가 촛불 기도회와 함께 진행됐다. 사회 분야에서 정치적 자유 확장을 위한 해결책들이 새로 생긴 시민위원회를 통해 제시되어야 한다는 데 의견이 모아졌다.

폴란드를 방문하고 온 사회민주당(SDP) 의장인 한스 요헨 보겔은 동독의 사업체에 스며든 외부 세력의 간섭에 관해 경고했다. 그와 동시에 모스크바에서 고르바초프를 만난 빌리 브란트는 소련의 개방정책에 동독도 포함될 것이라고 낙관적으로 말했다.

>> 각성

화해의 길

"이에 예수께서 이르시되 네 칼을 도로 칼집에 꽂으라 칼을 가지는 자는 다 칼로 망하느니라"(마 26:52)

이 구절은 예수께서 하신 급진적인 말씀으로 수백 명의 젊은이들에게는 아주 중요한 의미를 지녔다. 이것은 동독 인민군대에서 무기 소지를 거부하는 대신 6개월 더 군사복무를 하려는 사람들이 거론하는 근거 가운데 하나였다. (1964년부터 비군사적 복무가 가능했다.) 이 선택으로 그들과 그들의 아내 그리고 아이들은 수많은 불이익과 차별을 감수해야 했다. 그러나 그들은 양심을 지키며 평화주의적 태도를 고수했다. 그들은 군사 선동가들이 증오심을 부추기는 시대에 부드러운 용기로 비폭력적 저항을 강조하는 한편, 복수 대신 화해를 펼치는 정신을 견지했다.

1960년대 베를린 장벽 건립, 냉전, 동독 내 시민의 권리박탈 등의 암흑기에 영국으로부터의 지지와 도움이 그 같은 어둠의 흐름을 바꾸는 강력한 신호가 되었다. 영국에서 온 100여 명의 자원봉사자들은 한 번에 3개월씩 머무르면서 '십자가 못 공동체(community of cross nails)'란 이름의 거의 완전히 파괴된 드레스덴 성모병원의 재건 사업을 도왔다. 이것은 강력한 화해의 상징이었다. 그들은 부모들이 2차 세계대전 때 타인을 향해 사용했던 그 칼을 칼집에 도로 꽂아 넣었던 것이다. 증오, 복수 그리고 거절은 극복되었다. 죄의식과 상호 위협은 사라졌으며, 신뢰는 다시 회복되었다. 이 일은 성공했고 여기에 참여했던 이들은 오늘날까지 깊은 우정을 나누고 있다. 우리 교회에서는 매주 금요일 영국 코벤트리 지역으로부터 온 사람들과 함께 화해의 기도를 드리면서 종종 폭력으로 이어지는 통제되지 못한 탐욕과 무관심, 그리고 다방면에 걸친 죄를 고백하며 주님께 용서를 구했다.

화해는 에베소서 4장 32절의 자세를 가질 때에만 일어날 수 있다. "서로 친절하게 하며 불쌍히 여기며 서로 용서하기를 하나님이 그리스도 안에서 너희를 용서하심 같이 하라." 전 세계적으로 확산된 '십자가 못 운동'은 하나님 나라는 칼 없이도 유지될 수 있다는 것과 동시에 자발적인 폭력 포기가 가능하다는 것을 보여주는 좋은 예이다.

클라우스 카덴, 1989년 라이프치히 청년 담당 목사

하나님, 지난 수십 년간 전 세계적인 비무장운동이 성공적으로 이루어지게 해주셔서 감사합니다. 군대에서 양심에 반해 무기를 들지 않을 수 있는 자유를 허용해 주심도 감사드립니다. 여전히 제재는 적고 위반 사항은 많지만 무기 배치 제도에 제한을 두게 하신 것을 감사드립니다.

많은 국가들이 비무장을 위해 노력을 강화하고 생화학 무기, 핵무기뿐 아니라 지뢰의 사용 금지가 폭넓게 실천되게 하소서. 아울러 이 일들이 효율적으로 통제되고 모든 국가에서 시민들이 나서 자신들의 국가가 이를 위반할 때 규탄할 수 있도록 도와주십시오. 무기를 통한 안전을 기대하지 않게 하시고, 무엇보다 우리 자신이 무기를 의지하지 않도록 도와주소서.

>> 고백

시편의 곡조 같이 …

어떤 이정표들은 뒤를 돌아볼 때에야 알 수 있는 경우가 있다. 베를린에서 나는 견습생으로 매일 아침 출근하기 위해 판코에서 하케셴 마켓까지 전차를 타야 했다. 단조로운 톤의 회색 집 정문이 전철 창문에 비쳤다. 프렌츠라우어베르크, 쉔하우저, 알리, 미테. 전차는 시온교회 주변으로 넓게 커브를 돌았다. 커브를 돌 때마다 "끼익" 하는 귀청을 찢는 것 같은 소리가 났는데 마치 바퀴와 철로가 싸우는 것 같았다. 그 소리는 몽상 중이던 나를 깨워 내릴 때가 가까이 왔음을 알려주는 경고음이었다. 나는 귀에 거슬리는 이 음을 잠 속에서도 느낄 수 있었다. 칠흑처럼 어둠이 극에 달한 밤에 이 소리가 밝은 이정표가 되어주지 않았더라면 나는 아마 그 소리를 잊었을 것이다.

판코 유치장에 갇혀 있을 때, 나는 손에 수갑을 차고 어디로 가는지도 모른 채 창문 없는 차를 타고 베를린을 통과하고 있었다. 미테 소재 법원으로 가고 있는 것이 확실했다. 그런데 바로 그때 "끼익" 하는 소리가 들렸다. 그 소리는 내가 지금 어디에 있는지를 알게 해 주었다. 그것은 내가 지금까지 들었던 소리 중 가장 달콤한 소리였다. 단지 몇 초 동안의 일이기는 했지만 그 소리는 우뚝 솟은 신 로마네스크 양식의 교회 탑을 마음으로나마 볼 수 있게 해주었다.

나는 그 전부터 시온교회를 좋아했는데 그것은 그곳에서 나오는 곡조들 때문이었다. 시온교회에서는 크리스마스 오라토리오와 바흐의 수난곡 칸타타가 공연됐었다. 그것만이 아니었다. 그곳은 동베를린 저항운동의 본거지였다. 그곳엔 비밀도서관, 불법 복사기, 금지된 오디오 테이프 그리고 '말씀이 길을 만든다'는 견고한 믿음이 있었다. 이 믿음이 행동으로 이어졌다.

수년 후, 아직 베를린 장벽이 무너지기 전에 나는 처음으로 서독 TV에서 정부의 체포에 항의하는 몇 사람의 용기 있는 젊은이들을 봤다. 그때 카메라가 교회 탑의 윤곽을 잡으려는 순간 또 한 번 그 익숙한 전차 바퀴의 "끼익" 소리가 들렸다. 그것은 내 귀에 마치 시편의 곡조처럼 들렸다.

퍼레이드에서 소형 장갑차를 탄 소녀 단원

　선물처럼 주어진 친근함, 자유라는 기적, 손에 잡히는 희망 …. 이런 것들이 우리가 뒤를 돌아보며 읽을 수 있는 이정표이다. 시온교회에서 있었던 용감한 봉기에 대해 우린 감사해야 한다. 최근 판코에서 하케셴 마켓으로 가는 전차를 탔는데 커브를 돌 때 그 전차에서 마치 바이올린 연주음 같은 소리가 들리는 것 같았다. 물론 그것은 나도 증명하기 어려운 일이긴 했었지만.

마티아스 스토크, 성직자

벽돌 쌓기

"의에 주리고 목마른 자는 복이 있나니 그들이 배부를 것임이
요"(마 5:6)

이것은 내가 견진성사(가톨릭교회의 7성사 중 세례성사 다음에 받는 의식-
역자 주) 때 받은 말씀으로 내 인생에 영향을 주었다. 1970년, 동독은
굳건했다. 기독교인들은 비과학적인데다 자본주의적인 태도로 제거
되어야 할 종족 정도로 취급받았다. 어린이집부터 시작해 모든 학교
교육제도는 사회주의적 인간을 길러내는 일에 복무했다. 다르게 생
각하거나 의에 목말랐던 사람들에겐 운신의 폭이 별로 없었다.

그래서 우리는 스스로를 자제시키고 구석에 웅크리고 있어야 했
을까? 부모님은 내게 강직하고 진실하며, 확신을 버리지 말라고 하셨
다. 내게 시험은 견진성사 후 시작됐다. 학교 담당자가 서명을 하라
고 내게 종이 한 장을 내밀었다. 기독교 세계관을 반박하고 물질주의
를 고백하라는 것이었다. 서명만 하면 심화과정을 들을 수 있고 졸업
도 할 수 있을 것이었다. 유혹이었다. 내가 만약 서명을 안 한다면 그
는 내가 직장을 찾는 데 훼방을 놓을 것이 분명했다. 그는 직설적으로
"그럼 너는 벽돌을 쌓게 될 거야"라고 말했다. 내 심장은 두려움과 분
노로 쿵쾅쿵쾅 뛰었다. 나는 '벽돌을 쌓는다는 것'의 의미를 아버지를
통해 잘 알고 있었다. 아버지는 소련에서 전쟁포로로 있을 때, 채석장
에서 벽돌 쌓는 일을 했다. 매일매일 기진맥진해 쓰러지듯 귀가하는
게 일이었다.

나는 서명하지 않았다. 그 이후 나는 대학 입학원서가 두 번이나 거절되는 어려움을 겪어야 했다. 내가 사회주의 정당 가입을 거부하고 교회 소속을 포기하지 않았기 때문이다.

나 혼자만 그랬던 것은 아니다. 양심적 병역거부자들도 공부할 기회를 박탈당했다. 공장에서 수습으로 일할 때도 낙인이 찍혔다. 이런 미묘한 듯 아닌 듯한 경고들은 자유의 발전을 마비시켰다.

나는 호텔매니저가 되었고 벽돌 쌓는 일을 하지 않아도 되었다. 뒤돌아보면 나는 내 자녀들과 동료들을 위해, 그리고 이 나라에 예수 그리스도의 교회가 건설되기를 위해 벽돌을 쌓았던 것 같다.

구드룬 린드너

호네커의 퇴장

"우리는 변혁을 시작합니다." 이것은 그 당시 대담한 성명문이었다. 새로 부임한 또 다른 강성분자인 에곤 크렌츠는 이 성명문을 통제하고 싶어 했다. 그는 시민들의 평화로운 혁명을 자신들의 정당이 촉발한 것처럼 재해석하려 했다. 사실 오늘날은 상상도 할 수 없는 일이 당시 동독 정치 리더들에겐 일어나고 있었다.

"중앙위원회는 건강상의 이유로 당 서기장과 동독 국가평의회 의장, 그리고 국방협의회 의장직에서 물러나기로 한 호네커 동지의 요청을 받기로 했다." 오후 2시 27분, 정부의 이 같은 공식 성명이 보도되었다. 호네커는 즉각 에곤 크렌츠를 자신을 대신한 사회주의통일당 서기장으로 추천했고 당은 신속하게 그를 임명했다.

그날 저녁, 에곤 크렌츠는 다음과 같은 공식 성명을 발표했다. "지난 몇 달 동안 우리는 우리 내부에서 일어나고 있는 사회적 발전들을 정직하게 평가하지 못했고 그것 때문에 올바른 결론을 제때 내리지 못했다." 동독을 떠나는 사람들을 향한 그의 언급은 거의 동정에 가까웠다. "그들을 떠나보내는 것은 마치 피를 흘려보내는 것 같습니다. 수많은 어머니와 아버지들의 눈물을 우리 모두는 잘 이해하고 있습니다."

크렌츠는 정치공학적 차원에서 시민들과 대화의 장을 만들려 했다. 실상은 시위가 멈추기를 바라는 마음에서였다. 하지만 대부분의 관료들은 자유 토론에 익숙하지도, 열려 있지도 않았다. 이 때문에 시민들이 비난과 좌절을 소리쳐 외치고 있지만 이를 제대로 이해하지 못했다. 결국 제도를 바꾸기 위한 대화는 허용되지 않았다. 사회주의 통일당은 합법적인 국민의 대표로 모든 권력을 가져야 했다. 이것이 정치권이 시민운동, 그리고 교회들이 싸웠던 바로 그것에 충분히 다가가지 못한 이유였다.

미디어에서는 호네커의 업적을 간단하게 훑고 지나갔다. 이는 그의 실각에 뭔가 내막이 있음을 보여주는 것이었다. 호네커의 친구이자 총리인 빌리 슈토프는 어제 당 회의에서 호네커의 축출을 요구했는데 이는 호네커에게 깊은 상처를 주었다. 단결된 호네커의 새 정적들은 호네커를 제거함으로 국내 문제들이 진정될 거라 믿었다. 호네커는 자신을 전투적으로 방어하면서 예언적인 말을 했다. "적들은 계속해서 잔인하게 행동할 것이다. 아무것도 진정되지 않을 것이다." 그는 대화를 하겠다는 크렌츠의 생각에 반대하면서 사람들의 공감 협박에 넘어가면 안 된다고 경고했다. 그러나 회의 말미에는 결국 하야에 동의했다.

호네커와 함께 그가 신뢰하던 동지들인 국회 부의장 귄터 미타크, 선전선동부 비서 요아힘 헤르만도 물러났다.

>> 각성
권력은 하나님께서 빌려주신 것

"각 사람은 위에 있는 권세들에게 복종하라 권세는 하나님으로부터 나지 않음이 없나니 모든 권세는 다 하나님께서 정하신 바라 그러므로 권세를 거스르는 자는 하나님의 명을 거스름이니 거스르는 자들은 심판을 자취하리라 다스리는 자들은 선한 일에 대하여 두려움이 되지 않고 악한 일에 대하여 되나니 네가 권세를 두려워하지 아니하려느냐 선을 행하라 그리하면 그에게 칭찬을 받으리라"(롬 13:1~3)

로마서 13장은 한 나라가 본연의 한계를 넘어서면 어떻게 되는지를 보여준다. 독재자를 경험하게 되는 것이다. 한 국가의 본연의 한계는 무엇인가? 청년들에겐 1년에 두 번 실시되는 군 입대를 위한 신체검사가 큰 관심사다. 그들은 국가인민당이 봄, 가을 두 차례 실시하는 신체검사 시기가 다가오면 어떻게 3년간의 병역의무를 피할 수 있을지를 고민한다. 우리가 신체검사를 실시하면서 경험한 것은 젊은이들이 장교로 복무하는 것은 좋아하지만 시민으로서의 역할을 하기는 어려워한다는 점이다. 그들은 의료, 소방관, 학교 등 정부가 국민들을 위해 많은 일을 한다는 것에는 토를 달지 못한다.

신체검사 시기가 다가오면 청년들은 일단 육체적인 압박을 느낀다. 그 후에는 정부가 왜 그런 것들을 만들어야 하는지 이해하게 된다. 바로 그것이 정부가 할 일이라는 사실을 말이다. 이런 것이 정치교육의 한 과정이라고 할 수 있다. 그런데 동독에서 펼쳐진 '5월 1일의 해결책, 그것은 바로 정부다'라는 선전은 정부와 사회의 구분을 어렵게 만들었다. 청년들은 정부가 필요한 일을 하기는 하지만 그것을 위한 재원은 부모가 내는 세금으로 충당된다는 사실을 알게 된다.

로마서 13장을 읽으면서 정치교육과 연관된 신학적인 진리도 함께 알게 된다. 그렇다. 교육 시스템을 조직하는 것은 정부의 일이다. 이 때문에 우린 에곤 크렌츠도, 에리히 호네커도 아닌 하나님께 감사드리게 된다. 하나님께서 그들에게 권위를 빌려준 것이다. 따라서 정치인의 퇴장뿐 아니라 참여도 개인의 독자적 선택에 따른 결과가 아니다. 모든 권위는 위로부터 온다. 그러므로 정부가 양심에 반한 일을 하라고 강요할 때, 우리는 그 정부에 저항해야 한다.

어느 날 한 청년이 청년부로 급하게 달려왔다. 그는 군대 지역사령부에서 곧바로 오는 길이라고 했다. 그가 막 들어섰을 때 장교 한 명이 다가오더니 부모님이 세금을 냈는지 물었다. 그는 "네"라고 대답했다. 그 장교는 거의 비명처럼 들릴 정도의 큰 소리로 "양심적 병역 거부자가 되기를 원하는가?"라고 물었다. 그는 정신없이 "네"라고 답했고, 즉각 소집이 해제됐다.

성경은 "위에 있는 권세에 복종하라"고 말한다. 객체로서가 아니라 주체적으로 자유롭게 행동할 수 있는 것, 맹목적인 복종을 극복하는 것은 기독교인들이 평생 배워야 하는 과정이다. 루터는 견진성사를 위한 제 4명령을 다음과 같이 설명하고 있다. "우리는 하나님을 경외하고 사랑해야 한다. 따라서 부모님이나 지도자들을 무시하거나 노엽게 해서는 안 되며 그들을 존경하고 섬기며 순종하고 사랑하며 영화롭게 해야 한다."

분노하지 않으면서 어떻게 지도자들을 비판하고 항의하며 시민적 불복종을 행해 나아갈 수 있을까? 물론 그럴 때 지도자들은 화가 날 것이다. 루터의 설명은 순종을 단련시키고 갈등을 회피하도록 우리를 준비시킨다.

하지만 우리는 또 다른 정통도 보게 된다. 초대교회가 지도자의 표본을 만들 때 동양의 확대된 가족 방식도 감안을 했다. 그러나 사도 바울은 다르게 정의 내렸다. 지도자는 선출되어야 한다는 것이다!

쿠르트 스타우스

하나님, 전능자와 인간 앞에서 자신의 책임을 인지할 수 있는 권력자들을 주셔서 감사합니다. 그리고 독재자들이 국제인권재판소 같은 기관을 통해 대가를 지불하게 하시니 감사드립니다.

영향력 있는 모든 권위자들과 지도자들을 위해 기도합니다. 그들이 결정을 내릴 때마다 주님께서 조언해 주시고 보호해 주십시오. 그리고 그들이 권력을 남용하지 않도록 보호해 주십시오. 우리도 민권운동에 참여할 뿐만 아니라 투표 참여를 통해 우리의 책임을 다하게 도와주십시오.

>> 고백
이 세상에 천국을 세운다고?

신학공부를 시작한 우리는 1949년에 마르크스-레닌주의를 공부해야 했다. 우리는 로스토크의 넓은 대학 강의실에서 철학자와 언어학자들과 같이 앉아 있었다. 뒤쪽 자리는 조금 높게 되어 있었다. 신학자들은 강의하는 교수와 대면할 수 있는 맨 앞에 앉았다. 그는 사회주의의 강점을 다음과 같이 묘사했다. 더 이상 생산재를 개인이 소유하지 않는다는 것, 사업가와 생산자 그리고 상인 사이에 경쟁이 없다는 것, 모든 사람이 당의 지도력 아래 조화롭게 일한다는 것, 성과급 제도를 통해 인센티브를 준다는 것, 땅에 평화가 임하며 나라와 나라 사이에도 점점 더 평화가 찾아올 거라는 점 등이었다. 마르크스-레닌주의에 따르면 사회 발전의 마지막 단계는 공산주의다. 그때는 성과급 제도가 더 이상 필요 없게 된다. 모든 사람은 즐겁게 일하며 각자가 필요한 대로 충분히 공급받는다. 사람들은 만족해하며 자신들이 받은 것 때문에 다른 사람들을 시기하지 않는다. 시기나 인색함은 더 이상 존재하지 않는다. 믿기지 않을 정도로 엄청난 풍성함이 있기 때문이다. 그 교수가 말한 것을 그대로 인용하면 다음과 같다. "그때 우리는 이 땅 위에 천국을 세울 것이다." 그는 잠시 멈췄다가 "그때는 교회도 저절로 사라지게 될 것이다"라고 덧붙였다.

그 자리에 있었던 우리 신학자들은 다른 사람들이 우리를 얼마나 경멸하는지를 느꼈다. 그들은 우리에게 이렇게 말하는 듯했다. "너희 불쌍한 신학자들아, 이제 너희는 사회주의가 교회를 어떻게 끝장낼지 보고 배워야 할 것이다." 나는 손을 모으고 기도했다. "주님, 당신께서는 말씀하셨습니다. '음부의 권세가 이기지 못할 것'이라고 말입니다. (마 16:18) 주님께서는 지난 수 세기 동안 그리고 최근 나치에게도 이것을 나타내 보이셨습니다. 앞으로도 그렇게 하실 것을 믿습니다." 그러나 나는 앞으로 교회 사역이 힘들어질 것을 예감했다. 40년 후, 이런 뉴스가 떴다. "에리히 호네커 동지가 건강상 이유로 자신의 직무에서 물러나게 해줄 것을 요청했다." 얼마 지나지 않아 사실이 드러났다. 호네커는 정말 병들었지만 사임하려 하지는 않았다는 것이다. 그는 강제로 물러나야 했다. 그들이 외치던 이 땅에서의 천국과 형제애는 어디로 갔단 말인가? 누구든 병들면 무용지물이 되어 축출당해야 하는가? 그는 스스로 병든 몸을 돌봐야 했다.

반들리츠의 관저 개발은 곧 백지화됐다. 에리히 호네커는 한 차례 수술을 더 받아야 했다. 수술 후에는 그에게 집이라고 부를 만한 곳이 없을 것이라는 사실을 스스로 잘 알고 있었다. 그에게 제공된 집에는 성난 군중들이 구름떼처럼 몰려들 것이 뻔했기 때문이다. 이것이 커다란 딜레마였다. 그래서 그는 교회에 피난처를 요청했다. 교

1990년 1월 29일, 베를린에서 체포될 당시의 에리히 호네커와
마르고트 호네커

회 지도자들은 피난처로 교회 소유의 로베탈 성모마을을 제안했다.
그나마 보호가 될 것이라 생각했기 때문이다. 하지만 그곳엔 여분
의 집이 없었다. 그래서 그는 우리 가족과 살게 되었다. 40년 전의
일을 떠올리며 이같이 생각했다. '이 땅 위의 사회주의 천국 대신 목
사관이 피난처라니!' 호네커에게 그것은 끔찍하리만치 모욕적인 일
이었다. 루터는 "내 원수가 아플 때, 그는 더 이상 원수가 아니다"라
고 했었다. 그런 식으로 우리는 인간 사이의 다리를 놓을 수 있었
다. 이후 나는 모아비트 감옥에서 에리히 호네커에게 말했다. "호네커
씨, 사회주의가 실수를 한 것이네요?" 그가 물었다. "어떤 실수?" 내가
답했다. "사회주의는 인간이 선하다고 가정합니다. 그저 관계를 증진

시키고 착취를 없애주기만 하면 사람들의 모든 것이 좋아진다는 것이죠. 그런데 사회주의를 실천한 지난 시기 동안 좋아진 게 없습니다. 왜 그럴까요? 사람은 이기적인 존재이기 때문입니다. 성경은 모든 사람이 다 죄인이라고 말합니다. 예수님께서 사람들의 마음을 바꾸기 원하셨던 이유가 바로 거기에 있죠. 창조주를 신뢰하고, 희생적으로 사랑하고, 진실하고 책임을 다하려고 하는 그런 마음으로 말이죠. 마음이 좋게 변하면 관계 또한 좋아질 것입니다."

호네커는 짧게 말했다.

"좋아요. 당신이 그렇게 믿는다면 그런 거겠죠."

본회퍼가 말했듯이 나는 사역에서 새로운 기쁨을 경험했다. 나는 내 설교로 인해 사람들의 마음이 옳은 일을 하도록 변화되기를 너무나 열망한다. 나는 역사로부터 배운다. 이 땅에 천국을 세우는 일? 우리는 그것을 하나님께 맡겨야 한다. 왜냐하면 하나님은 빛이고 사랑이시기 때문이다. 우리는 하나님으로부터 지음 받았고, 따라서 인도함을 받는다. 하나님의 선하심을 믿는 것이야말로 풍성함과 평화, 심지어 독일 통일을 위한 열쇠다. 그것이 우리를 행복으로 이끌어준다.

우베 홀머, 은퇴성직자

호네커의 사임과 로베탈 방문

사회주의통일당은 완전 아노미 상태에 빠졌다. 앞으로 무슨 일이 일어날지 아무도 몰랐다. 1989년 10월 18일 '로중'(Losung·모라비

안 매일 묵상) 본문은 역대상 29장 11절이었다.

"여호와여 위대하심과 권능과 영광과 승리와 위엄이 다 주께 속하였사오니 천지에 있는 것이 다 주의 것이로소이다 여호와여 주권도 주께 속하였사오니 주는 높으사 만유의 머리이심이니이다"

이 말씀은 다가올 시대의 기준이 될 구절이다. 그날 오후 라디오와 TV는 에리히 호네커가 모든 직무에서 물러난다고 보도했다. 사회주의통일당의 대표로 에곤 크렌츠가 선출되었다. 그날 저녁 그는 TV에서 "지금 동독에서는 대변혁이 일어나야 한다"고 말했다. 1971년 5월 이후 동독에서 호네커는 최고의 권력자였다. 하지만 지금은 자신의 사임을 위한 당 투표를 요구해야 하는 상황이었다. 그러나 나에게 에리히 호네커의 페이지는 아직 끝나지 않았다. 호네커와 크렌츠가 1989년 5월 7일의 총선거는 조작되었다고 공동으로 발표해야 한다는 게 내 생각이었다. 만약 그렇게 된다면 동독 내에서도 평화로운 환경 속에서 공정하고 자유로운 선거가 치러질 가능성이 컸다.

우여곡절 끝에 호네커 부부는 1990년대 초 로베탈의 목사관에서 우베 홀머 목사와 함께 지낼 수 있었다. 나는 그곳으로 외로운 은퇴 부부를 찾아갔다. 당시 슈피겔지는 이렇게 보도했다. "예전의 동지들 그 누구도 로베탈을 찾는 이가 없었다. 이것은 에리히 호네커에게 특별한 상처로 남았다. 그곳을 찾는 방문객에게 호네커는 '예전의 친구들로부터 헌신짝처럼 버림받았다'고 탄식했다. 당시 그 목사관으로 그들을 찾아간 유일한 정치인은 정적이었던 동베를린 사마리아교회 목사 라이너 에펠만과 한스 모드로 내각의 무임 장관 한 명뿐이었다."

익명을 유지하기 위해 나는 로베탈까지 개인 트라반 자동차로 운전해 갔다. 에리히 호네커가 일어서서 인사를 했다. 나는 단도직입적으로 말했다. "호네커 씨, 제가 이곳에 정치인으로 온 것이 아니란 걸 확인시켜 드리고 싶네요. 저는 무엇보다 당신의 동료로 이곳에 왔습니다. 이곳에 온 이유는 제가 지금 당신의 처지를 이해할 수 있다고 생각했기 때문입니다." 그는 나를 보며 놀라워했다. 나는 계속 말을 이었다. "당신은 멋진 것을 세우기 원했고 또 그렇게 했다고 생각하실지 모르지만 당신이 사람들을 위해 세운 그것을 사람들은 더 이상 원하지 않는다는 것을 잘 아실 겁니다. 호네커가 말했다. "당신이 나를 이해한 것 같다는 느낌이 드네요."

나는 그를 방문한 목적을 이야기했다. 선거 조작에 대한 혐의를 인정한다는 말을 듣고 싶다는 것, 그것이 정치적인 범죄라는 것을 받아들여야 한다는 것, 그리고 그에 관한 TV 보도를 읽어주고 싶다는 것 등이었다. 호네커는 선거 결과가 조작된 것은 부인하지 않았지만, 그가 지시를 내린 것은 아니라고 주장했다. 그럼에도 불구하고 그는 잘못에 대한 일반적인 고백을 하고 싶다고 했다. 드디어 사과문이 만들어졌고, 부인 마르고트 호네커가 타자기로 원고를 쳤다. 1990년 2월 15일 오후 8시, 에곤 크렌츠와 나는 TV 카메라 앞에 섰다. 나는 호네커의 고백문을 읽고 크렌츠는 자신의 고백문을 낭독했다. 그것들은 미약한 성명이었지만 지금까지 동독의 최고 권력자들이 행한 유일한 고백으로 남아 있다. 1990년 3월 18일, 동독에서 처음이자 마지막으로 총선거가 치러졌다. 사회주의통일당의 독재는 끝이 났고 독일 통일을 위한 길은 활짝 열렸다.

호네커의 몰락, 그리고 로베탈에서의 다 죽어가던 지도자와의 만남을 생각할 때면 나는 마리아의 위대한 송축을 떠올린다. "그의 팔로 힘을 보이사 마음의 생각이 교만한 자들을 흩으셨고"(눅 1:51) 우리는 이 말씀을 경험하는 특권을 누렸다. 결코 잊어서는 안 될 말씀이다.

라이너 에펠만, 성직자, 2005년까지 독일 국회의원

가치 하락과 가치 상승

오늘 저녁 새로운 지도자들은 사회주의통일당으로 모든 권력이 집중되었던 것에서 벗어나 균형 있는 권력 변화를 대중들이 바라고 있다는 것을 깨달았다. 루돌스타트에서는 평화를 위한 기도모임이 끝난 후 2만여 명의 시민들이 "우리는 에곤 크렌츠의 팬들이 아니다"고 외쳤다. 2만여 명의 사람들이 치타우의 성 요한교회 예배가 끝난 후 거리로 쏟아져 나왔다. 숫자가 너무 많아 더 많은 교회들이 교회 문을 개방해야 했다. 켐니츠에서는 6000여 명의 시민들이 고트프리드 포르크 주교의 강론을 들었다. 로스토크에는 1만여 명, 체울렌로다 트리니티교회에는 3000여 명, 스텐달에는 500여 명, 에르푸르트의 아우구스티누스수도원에는 300여 명, 노이스타트의 교회에는 500여 명, 게라의 성 엘리자베스 가톨릭교회에는 1500여 명이 모였다. 모두가 평화로웠다. 유독 할레에서만 뉴포럼의 협의체 멤버들이 공개 모임을 조직하려다가 체포됐다.

드레스덴에서는 사회주의통일당 지역위원장인 한스 모드로가 시의 기존 방침들을 공격적으로 밀어붙이려 시도했다. 그는 그저 논쟁이 아닌 결론에 이르는 대화를 원했다. 당시 가능한 한 회피했던 소련에서의 사건들을 그는 재평가하려는 위험도 감수했다. 동독의 국영 매체에서 '글라스노스트'나 '페레스트로이카'라는 단어의 사용은 금지됐다. 스푸트니크 같은 소련 잡지는 1년 가까이 동독에서 금서였다.

이와 대조적으로 에곤 크렌츠의 첫 공식 활동은 구색정당들 그리고 복음주의교회 대표들과 TV에서 만나는 것이었다. 베르너 라이히 주교는 사회주의통일당에 대한 복음주의교회의 요구를 분명히 했다. 진실을 말하는 용기, 시민 참여, 여행의 자유, 시민권의 투명성과 비폭력 등이었다. 이 같은 논의는 역전을 의미했다. 왜냐하면 지금까지 당국은 이런 수준의 토론을 해본 적이 없었고, 사회 개혁을 위해 교회를 대화상대로 진지하게 생각해 본 적도 없었기 때문이다. 베를린의 게오르그 스테르진스키 주교는 신속하고 자유로운 선거를 요구했다.

바르샤바에서 온 대사관 난민들은 서베를린으로 이송되었다. 난민문제와 관련해 자유독일청년당 기관지 '젊은 세계'(Young World)는 대부분이 젊은 층인 1만여 명의 탈출은 100억 마르크의 경제적 손실을 불러올 것이라는 심각한 전망을 내놨다. 동독을 탈출하는 노동자 1만 명당 연간 3억 3000만 마르크의 비용이 드는데 이는 국민소득의 0.12%에 해당한다는 것이었다. 인간은 자신이 가진 노동의 가치로 환산된다. 하지만 드레스덴에서는 다른 방식으로 계산했다. 드레스덴 시민들은 '그룹 20'의 활동을 위해 한 사람이 1마르크를 기부했다. 이 '화폐 투표'는 그들의 일을 정당화해 주었다. 그들이 자신들의 돈을 내놓는 것은 그만큼 그 변화가 가치 있다는 사실을 인식했다는 것을 의미했다.

>> 각성

인간의 진정한 가치

"참새 다섯 마리가 두 앗사리온에 팔리는 것이 아니냐 그러나 하나님 앞에는 그 하나도 잊어버리시는 바 되지 아니하는도다"

(눅 12:6)

한 사람은 얼마의 가치가 있을까? 그리고 이것을 어떻게 측정할 수 있을까? 수십 년의 냉전 시기와 1989년 가을의 중요한 몇 주 동안 두 개의 아주 다른 정치 시스템은 이 질문에 상반된 답을 내놓았다. 한쪽은 물질적인 것으로만 사람을 평가하는 사회주의였다. 이러한 사고방식은 1만여 명의 난민들로 인한 사회주의 국가 경제의 손실로만 경제 피해를 계산했던 1989년 10월 19일에 더욱 강화됐다. 한 사람의 가치는 그가 경제적 이득을 얼마나 냈느냐에 달려 있었다. 그러나 이들 1만여 명의 운명 뒤에 있는 그들이 당한 개인적인 고통, 깨져버린 꿈, 파괴된 가정은 전혀 계산되지 않았다. 그들 중 어느 누구도 하나님께 잊히지 않았는데도 말이다.

그러나 서독이 제시한 대안이 있었다. 서독에서 종교는 전적으로 폐지되지 않았고 하나님에 대한 믿음이 헌법에 뿌리를 내리고 있었다. 하지만 여기서는 또 다른 형태의 물질주의가 새 종교의 형태를 취하고 있었다. '경제적으로 기여할 수 있는 것만큼만 인간의 생명은 가치가 있다'는 시장 경제의 잔인한 실상 말이다. "그것이 정말로 대안이 될 수 있는가?" 많은 동독인들이 던졌던 질문이다.

누가복음 12장 6절의 생생한 표현을 통해 예수께서는 또다시 우리의 시선을 전혀 다른 방향으로 돌리신다. 인간의 가치, 심지어 참새 한 마리의 가치도 그가 경제적으로 제공할 수 있는 것 또는 그의 노력에 대한 시장의 보상에 있지 않다는 것이다. 우리의 가치는 하나님께서 우리를 보시며, 우리를 아시며, 단 1초 동안도 우리 생명을 잊지 않으신다는 그 진리에서 나오는 것이다. 동서양의 다양한 물질

149

주의에 대한 진정한 대안은 우리 자신을 하나님이 보시는 그대로 볼 때에만 나올 수 있는 것이다. 1989년 가을, 거리에서 노래를 부르고 기도를 드렸던 사람들은 이것을 이해했다. 그들은 장벽 양쪽의 시민들을 일깨워주려고 했다. 오늘 많은 사람들은 1989년 가을의 영적인 교훈을 잊고 있다. 그러나 하나님은 그들 중 어느 누구도 잊지 않으신다!

귀도 발테스, 성직자이자 교수

하나님, 각 사람을 소유나 성취와 상관없는 그 고유의 가치로 평가해 주심을 감사드립니다. 우리 눈에 덜 가치 있어 보이는 이들을 기쁘게 그리고 특별하게 돌보게 하시고, 우리의 눈을 열어 그들의 필요를 보게 하시니 감사합니다.

노인 보호와 공중 보건, 공동체와 교육 그리고 인간의 가치를 축소시키는 모든 사회 영역에서 우리로 하여금 경제의 지배를 극복할 수 있게 해주십시오. 자원봉사자들을 지원해 많은 새로운 영역에서 가치 상승을 이룰 수 있도록 도와주시옵소서.

〉〉 고백
에곤 크렌츠와의 실망스러운 대화

10월 9일, 나는 에리히 호네커의 강경한 태도를 깨기 위한 마지막 시도로 그와의 대화를 신청했다. 10월 19일이 그날이었다. 호네커는 그 전날 사임했다. 에곤 크렌츠가 그 자리에 지명됐다. 그는 작센 주

에곤 크렌츠와 대화하고 있는 베르너 라이히 주교(중앙의 사제복 입은 이)

후베르투스부르크의 헌팅 캐슬로 나를 초대했다. 우리는 긴 탁자를 두고 서로를 마주보고 앉았다. 참석자는 국방위원회 의장 대행인 에곤 크렌츠, 종교회의 의장인 베르너 야로빈스키, 교회 담당 국가서기이자 교회회의 의장 만프레드 슈톨페, 크리스토프 뎀케 주교, 고등 추기경회의 지글러 그리고 나였다.

대화가 시작되자마자 나는 토론의 주제를 다음과 같이 규정했다. 정부와 국민 사이의 손상된 관계, 선거 조작, 이데올로기에 기반한 대중매체 정책, 평화로운 시위대에 대한 보안대의 폭력 행사 등. 선거관리위원장이자 보안대장이었던 크렌츠에겐 이 모든 주제가 괴로운 것이었다.

10월 7일 시위대에 대한 폭력적인 해산이 아른슈타트와 튀링겐에서 반복되었다. 성직자들은 위협을 느껴 도망하는 시위대를 위해 바흐교회를 개방했다. 그럼에도 체포된 사람들은 장시간 서 있어야 했다. 그것은 일종의 고문이었다. 동독에서 시위 참여는 참으로 위험한 일이었다.

동독 선거는 이런 식으로 진행됐다. 시민들은 정부를 신뢰한다는 것을 보여주기 위해 투표용지에 아무런 표기도 하지 않은 채로 투표용지를 투표박스에 넣었다. 몇몇 용기 있는 사람들은 투표소로 가서 투표용지에 있는 후보들 리스트를 줄로 그어버리고 '반대'라고 썼다. 교회 교인들은 개표와 투표 기록에 참여했다. 위대한 선거 승리가 공식적으로 보도되었다. 반대투표는 부결됐다. 크렌츠는 선거나 보안부대에 의한 폭력 등 그 어떤 것에 대해서도 제대로 들으려 하지 않았다. 그는 핵심 주제에 대한 언급 자체를 회피했다. 대화는 실망스러웠다. 그렇기에 평화혁명은 결국 정부와 당 조직, 그리고 보안부대의 최종 몰락을 가져왔던 것이다.

베르너 라이히, 주교

>> 배경
치타우의 평범한 그러나 위대한 사람들

'청년 교회'(Young Church) 사역을 통해 알게 된 우리 지역 청년들과 환경 및 평화 단체들, 그리고 학교 교회는 필연적인 변화에 대한 강한 확신과 비전을 가지고 일했다. 우리는 지속적으로 토론을 벌였다. 그들은 체포될 위험성을 잘 알고 있었다. 그들은 내게 이렇게 말했다. "목사님은 우리 가족들을 돌보아 주실 것이죠? 그것이 바로 우리가 목사님을 모신 이유입니다." 그 일을 위해 나를 남겨 놓으신 하나님께 감사를 드렸다. 하지만 그들의 용기는 이제 사람들에게 전달되어 지금 동독은 더 이상 자신들이 그동안 살아왔던 나라가 아니라는 것을 분명히 하기 위해 수많은 사람들이 거리와 광장 교회를 가득 메웠다. 소수의 민권운동가들은 타인들의 경고와 조롱 그리고 '순진해 빠진 멍청이'라는 비난 속에서도 지속적으로 행동했다. 그들은 남들이 고개를 처박고 숨어 있을 때 고개를 치켜드는 위험을 감수했다. 남들이 침묵할 때, 그들은 외치고 다녔다.

모든 역사에는 위대한 이름들이 등장한다. 간디, 마틴 루터 킹, 넬슨 만델라, 레흐 바웬사…. 이들 모두는 도덕적인 용기를 보여줌으로써 마침내 끔찍한 사태를 완화시키는 주역이 됐다. 이곳 치타우에서는 지역의 평범한 사람들이 그 주역이었다. 그들이 없었다면, 그들이 돌들을 빼내지 않았다면 베를린 장벽은 무너지지 않았을 것이다.

10월 19일 저녁, 우리 뉴포럼 회원들은 모든 사람들을 성 요한교회로 초청했다. 대부분의 치타우 시민들은 더 큰 용기로 거리에 나갔던 사람들과 같이 흥미와 충격을 간직한 채 집에 머물며 뒤에서 상황을 지켜보고 있었다. 성 요한교회는 금세 사람들로 찼다. 다른 교회들 역시 개방됐다. 뉴포럼 연사들은 언제나 체포될 수 있는 위험에도 불구하고 각자 홀로 교회를 옮겨 다니며 결의문을 반복해서 읽어주었다. 경찰과 보안부대, 군 장교들이 경계를 서고 있었기 때문에 사람들은 조심했다. 그래도 용기 있는 사람들은 거리로 나갔다. 이들로 인해 치타우 사람들이 점차 두려움을 잊게 됐다.

한 사람이 소파를 박차고 일어나는 것, TV를 끄고 교회나 모임 장소로 나가는 것, 시위에 참여하는 것, 이런 사소한 행동들이 역사를 만든다. 민주주의에서 이런 것들은 너무나 중요하다.

1989년 11월 9일 베를린 장벽이 흔들리고 있을 때 오버라우지츠에서 온 수천 명의 남자와 여자, 아이들은 손에 촛불을 들고 치타우 시내에서 시위를 벌였다. 그들은 자신들을 예의 주시하는 컴컴한 보안부 건물 앞에 촛불을 내려놨다. 더 이상 겁날 게 없었다. 치타우 사람들에게서 두려움이 사라졌다. 두려움이 없어지면 독재는 존재할 수 없게 된다. 한때는 어떤 대가를 치르더라도 동독 내의 비인간적 조직을 폐지하는 게 우리들의 목표였다. 그런데 피 흘림 없이 그 일이 기적같이 일어났다! 하나님께 감사드린다.

하인즈 에거트, 작센 주 은퇴 목사

인내와 저항

　　터널 끝의 빛? 동독이라는 감옥문은 과연 열릴 것인가? 에곤 크렌츠는 취임사에서 "동독 시민들의 해외여행 법안이 마련되고 있다 … 이것과 관련해 다른 사회주의 국가로의 여행을 일시 금지하는 것이 철회, 즉 수정될 것"이라고 했다. 내무부의 게르하르트 라우터 대령은 이 법안을 준비하라는 명령을 받았다. 놀랍게도 그리고 처음으로 정부는 이미 나라를 떠난 사람들의 귀환이 가능하도록 하겠다고 제안했다. 이와 동시에 시민들은 너무 성급하게 떠나는 결정을 내리지 말라는 요청을 받았다. 이전과는 완전히 다른 정부의 어소였다. 하지만 시민들은 정부의 이러한 약속을 신뢰하지 않았다. 바르샤바와 프라하, 헝가리 국경의 대사관을 통해 떠나는 사람들의 물결은 전혀 사그라들 줄 몰랐다.

　　작센 주의 루터교 총회는 주 정부의 광범위한 변화를 대담하게 요구했다. 아이제나흐 추기경이나 마르틴 키르히너 같은 다른 교파의 대표들은 5월 7일의 선거 조작 공개와 1991년 선거 때까지 새로운 선거법 제정을 요구하고 나섰다. 동독 TV에는 '일레븐 99'라는 놀라운 프로그램이 새로 생겼다. 할레의 게오르그교회에서 진행되고 있는 체포된 시위대와 정치범들의 석방을 위한 철야기도를 보도한 것이다. 요아힘 하네빈켈 목사의 시당국과의 대화 요청은 여태까지 아무런 답신을 받지 못했다는 내용도 방송을 탔다. 이것은 동독 미디어에서도 플랫폼을 갖게 되었다는 것으로 야권의 첫 번째 승리였다. 로스토크에서는 지역 의회가 '복수정당과 야당에 대한 시민 참여를 공개적으로 토론'하는 데 동의했다.

시민들은 계속해서 거리로 나갔고 정부를 압박했다. 저녁에는 드레스덴의 재소자를 위한 기도모임 후 5만여 명이 촛불을 들고 거리로 나가 자유 투표를 요구했다. 쉬에스의 경찰본부 앞에서 시위대는 촛불을 내려놓았다. 경찰은 아직까지 드레스덴과 베를린에서 10월 4일부터 8일까지 열렸던 집회의 강제 해산을 자신들의 실수로 인정하지 않고 있었다. 지방 검사장은 계속해서 경찰의 이러한 행위를 옹호했다. 고타 6000여 명, 켐니츠 5000여 명, 클리겐탈 2000여 명을 비롯해 남부의 숱한 마을에서도 사람들은 자신들의 불만과 요구사항을 거리에 쏟아냈다. 사람들이 모이는 곳의 분위기는 교회에서의 평화기도회와 거의 비슷했다. 비록 월요일이 아니었어도 말이다.

내적 확신

"예루살렘이여 내가 너의 성벽 위에 파수꾼을 세우고 그들로 하여금 주야로 계속 잠잠하지 않게 하였느니라 너희 여호와로 기억하시게 하는 자들아 너희는 쉬지 말며 또 여호와께서 예루살렘을 세워 세상에서 찬송을 받게 하시기까지 그로 쉬지 못하시게 하라"(사 62:6~7)

사회주의통일당의 독재가 종식되기까지 몇 주간의 삶은 특별한 긴장으로 설명할 수 있을 것이다. 매일 우리는 다음을 결정해야 했다. 사람을 위해, 진리를 위해, 정의를 위해 더 이상 용납하지 말아야 할 것은 무엇인가? 반응도 하지 말고, 말도 하지 말아야 할 것은 무엇인가? 우리는 어떤 요구, 어떤 행동이 가장 중요한지 반복해서 저울질해야 했다. 어느 길이 민주주의와 자유를 향한 방향에서 돌이킬 수 없는 진전을 촉발할 수 있을까? 저항 또는 인내? 분명하게 요구를 해야 할까 아니면 아예 언급조차 하지 말아야 할까? 말할 것인가 아니면 침묵할 것인가?

1989년 10월 20일 드레스덴에서 작센 지역 교회모임이 시작됐다. 이번 주간에 나는 초청 강사가 되어 드레스덴의 청년 사역에 대해 보고했다. 그곳엔 온전한 연합이 있었다. 침묵은 허용되지 않았다. 사람들은 그동안 너무 많이 참아야 했다. 호네커가 사임한 지 이틀 후, 앞으로 무슨 일이 일어날지, 시민의 권리와 정의가 어떻게 구현될지, 언제 찬송을 드릴 수 있을지 그 누구도 상상하지 못했다.

나에게 매일 오후 6시 드레스덴의 성 십자가교회에서 진행된 평화기도회는 계속되는 긴장 속에서 새로운 확신과 힘을 얻는 아주 특별한 시간이었다. 그곳에서는 진리가 선포되었고 성경이 가르쳐졌다. (모라비안 매일 묵상집인 로중을 종종 사용했다) 고통과 고난, 분노와 슬픔, 거짓과 어둠과 관련한 기도가 드려졌다. 그 기나긴 밤들 중 몇 날은 기도회 직후 내적 확신이 우리를 가득 채우기도 했다. 그 확신은 우리가 지금 무엇을 해야 할지를 알려줬으며 무려 자정까지도 기도할 힘을 주었다. 비록 다음 날 오전 6시부터 하루 일과를 시작해야 했지만 말이다.

마르틴 헤커, 드레스덴 복음주의루터교회 청년부 목사, 2004년 라이프치히 감독

하나님, 동독의 여행법처럼 정체된 상황에서 변화를 일으켜주시
니 감사드립니다. 막다른 골목이나 한계를 만날 때 이를 숙명론적
으로 받아들이지 않고 변화를 위한 기회로 사용하게 하시니 감사
합니다.

개인적으로 일상에서 접하거나 우리 사회가 대면하는 불의와
자유의 억압을 이겨낼 수 있도록 우리에게 지속성과 저항 그리고
인내를 주소서. 마음속에 같은 관심을 가진 이들과 기도하고 연
합할 수 있도록 도와주십시오.

>> 고백

나는 기적을 믿는다

특별히 슈트라우스베르크에 있는 국방부와 주요 군부대 구역은 동
독 권력의 발톱 같은 곳이었다. 교회에서 일어나는 모든 일은 등록되고
평가되었는데 심지어 교회 대표들도 그런 경우가 있었다. 이 때문에 소
환당하기도 했다. 군 부대 막사로 소환되면 동독 내부 일을 관장하는
우리 지역 의장과 마주앉아야 했다. 그가 우리에게 말하고자 했던 것은
무엇이었을까? 우리는 어디를 가든 결코 혼자 가는 일은 없었다.

소환된 장소의 분위기는 싸늘했다. "교회 밖의 회동은 승인을 받
아야 한다. 당신들은 이미 이 조항을 위반했다. 더 이상은 용납하지
않겠다." 우리가 회동법에 관한 우리의 의견을 제시하기도 전에 의장
은 자리를 박차고 일어났다. 그러더니 그는 우리에게 이렇게 퍼부어
댔다. "우리는 이 지역 전역에서 열리는 소위 '가정 성경공부'라고 하

는 모임은 모조리 색출해낼 것이다." 우리는 예전에도 이런 일을 많이 겪었지만 이번 같은 직접적인 엄청난 위협은 처음이었다. 우선 나 자신부터 진정시켜야 했다. 심장 박동이 너무 거세 마치 목구멍으로까지 뛰어오르는 것 같았다.

잠시 진정하고 나서 내가 대답했다. "우리를 색출한다고요? 아주 분명한 표현이시군요. 그렇게 말하거나 행동했던 사람이 우리 역사에서 당신이 처음은 아닙니다. 방금 말씀하신 것을 서면으로 주시죠. 방금 말씀하신 것을 제가 교회에 돌아가서 예배 시간마다 말로 전하고 널리 알리겠습니다. 우리 교회들은 지금 우리가 발 딛고 선 현실이 어떤가를 제대로 알아야 하니까요."

자신이 너무 나갔다고 생각했는지 그는 입장을 바꾸어 생색을 내면서 이렇게 말했다. "너무 안타깝게 됐군. 당신들은 지금 쓸데없는 짓을 하는 거야. 다른 일을 해 보라고. 당신들은 교회를 구할 수 없어. 결국 사회주의가 이기니까. 어느 누구도 역사의 법칙을 거스르지 못하지." 내가 해줄 수 있는 답은 이것밖에 없었다. "결정권을 가지신 분은 하나님이시죠. 사회주의가 매장되어 없어지고 난 후에도 사람들은 예수님을 믿고 있을 겁니다."

그는 손으로 문 쪽을 가리켰고 그렇게 토론은 끝났다. 하지만 이 이야기는 아직 끝나지 않았다. 수 년 후, 다시 슈트라우스베르크의 예전 동독군 막사에서 '전국 청년 성경의 날' 행사가 열렸다. 수백 명의 젊은이들이 모였다. 그들은 개방되고 고조된 분위기 속에서 성경 말씀을 듣고 있었다! 당연히 그들은 그 모습을 보고 내가 왜 그토록 울컥해 하는지 알 수 없었을 것이다. 바로 그 장소였다! 나는 그들이 막겪은 소위 대변혁 훨씬 이전에 무슨 일이 있었는지를 설명해 주었다. 우리의 성경공부 모임을 색출하겠다고 했던 그 의장 동지가 이 장면을 봤다면 과연 뭐라고 말할까? 지금 상황과 그때의 상황을 비교해보면 나는 기적을 믿는 데 아무런 장애를 느낄 수 없다. 1989년 가을에 일어난 '해방의 기적'은 그로부터 수년 전, 그러니까 사람들이 위협 속에서도 성경의 약속들을 끝까지 믿고 '사회주의는 언제나 옳다'는 당의 증오심 어린 슬로건과 꾐에 빠지지 않았던 바로 그때 시작된 것이다. 우리는 이것을 결코 잊을 수 없고, 잊어서도 안 된다.

한스 요아힘 마르텐스, 은퇴 성직자

>> 배경
평화혁명에서 가톨릭교회의 역할

좀 더 자세히 살펴보면 평화혁명을 가능하게 했던 많은 요소들이 있었다는 것을 알게 된다. 거기엔 가톨릭교회도 있었다. 동독에서 가톨릭은 인구 면에서는 소수였지만 전 세계적인 측면에서 동독 정부도 인정할 만큼 도덕적인 지지를 해주고 있었다. 대부분의 경우 사람들은 시스템과 타협해야 했지만 가톨릭은 그렇게 하는 것을 좋아하지 않았다. 비단 가톨릭 교인뿐 아니라 일반인들도 폴란드의 변혁운동과 관련, 교황 요한 바오로 2세의 활동이 간접적이지만 중요한 기여를 했다는 것을 안다. 2차 세계대전 후 교파 간의 우호적 분위기 또한 높이 평가되어야 한다.

무엇보다 결과가 어떻게 될지 확신할 수 없었던 그때, 시위와 격동 속에서도 시민들이 보여준 단결은 놀라운 것이었다. 왜냐하면 당국에서 어떻게 나올지 모르는 상황이었기 때문이다. 다른 주요 도시에서처럼 하일리겐슈타트에서의 시위도 열광적이었지만 동시에 잘 통제되었다. 사람들은 평화를 위한 기도모임을 주최했던 교회 중 한 곳에 모였다. 거기서 나는 늘 '월요일의 말씀'이라는 이름으로 짧은 경건회를 인도했다. 이후 이어진 가두행진에 참여하는 사람들의 수는 매주 늘어났다. 우리는 시내를 가로질러 당시 시 정부청사가 있던 자유의 광장과 성곽까지 행진했다. 이곳에서 시민들의 요구사항이 위원회에 전달되었다. 나는 특별히 가톨릭 학교들의 초창기 소명을 생각했다.

아이히스펠트에서는 여행 가방과 인간사슬이 특별한 관심을 받았다. 통일이 너무 오래 걸릴 것이라는 두려움이 퍼지자 여행 가방을 든 수많은 사람들이 인근 국경으로 갔다. 이후 하일리겐슈타트에서 시작해 딩겔슈테트, 라인네펠데를 지나 보르비스까지 25km나 되는 인간사슬이 만들어졌다. 어떤 조직의 수고도 없이 이런 일이 일어났다.

동독에서 온 손님들을 맞이하는 사람들의 온정은 놀라웠다. 사람들 사이의 연합은 세상 끝날에나 볼 수 있을 듯한 그런 모습이었다. 당시에는 시편 126편 1~2절이 종종 인용되곤 했다. "여호와께서 시온의 포로를 돌려보내실 때에 우리는 꿈꾸는 것 같았도다 그 때에 우리 입에는 웃음이 가득하고 우리 혀에는 찬양이 찼었도다."

그렇다. 문제는 언제나 있을 것이지만 우리는 과거의 문제와 마주하고 싶진 않다. 통일 이후 열린 첫 독일 주교 콘퍼런스에서 서독 주교가 동독 주교 요아힘 반케 박사에게 선의의 뜻으로 "자 이제 여러분에게 과거의 문제는 더 이상 없네요"라고 말했다. 잠시 충격을 받은 요아힘 주교는 "아닙니다. 이제 우리에겐 서독의 문제가 있습니다"라고 대답했다.

파울 율리우스 코켈만, 전 하일리겐슈타트 주임 신부

죄를 드러내고 용서와 씨름하다

지도자들은 하나 되지 못한다. 정치 회합에서 에리히 밀케는 상황을 이렇게 평가했다. "동지들, 이전의 성과와 여러분들의 평가를 종합해 볼 때 우리는 완전히 변화된 권력 집단과 맞서고 있습니다." 그러나 당국은 어떻게 대처할지에 대해 의견 일치를 보지 못했다. 내무부 장관인 프리드리히 딕켈이 "내가 좋아하는 선택은 이 악당들을 강력히 처벌하는 것이야!"라면서 지방경찰국장 앞에서 분노를 쏟아낸 반면, 귄터 샤보브스키의 평가는 현실적이었다. "우리는 한동안 우리의 모든 행위가 속임수나 덫으로 해석될 것이라는 사실과 함께 살아가야 한다. 비록 우리가 그런 의도를 갖지 않았다고 할지라도 말이다."

귄터 샤보브스키와 동베를린 시장 에르하르트 크라크는 시위대와의 대화를 알리려고 애쓰기도 했다. 그들은 카메라를 의식하며 공화국 궁전에서부터 카이벨 거리의 경찰청 본부까지 인간 사슬을 한 채 시위를 벌이고 있는 1200여 명의 시위대에 참여했다. 시민들은 대화만을 원하지 않았다. 그들은 10월 7~8일 시위에서 붙잡혀 수감된 재소자들의 석방, 그들에 대한 소송 중단, 폭력 근절을 요청했다.

할레에서도 대치 국면은 오래 지속되었다. 결국 이로 인해 사회주의통일당 소속 시장과 경찰,사법부의 폭력에 희생된 자들을 위한 철야기도회 참석자들 간의 첫 논의가 성 게오르그교회에서 이뤄졌다.

요하네스 헴펠 주교는 드레스덴 국가 교회의 작센 총회로부터 많은 증인들의 증언을 담은 문서를 수령했다. 그는 시위대가 경찰로부터 받았던 공격을 조사하는 실태조사위원회 발족을 정부에 계속해서 요구했다. 동독정부는 서독에서 방송된 이 증언들을 단호하게 부인했다. 하지만 여러 도시에서 수집되는 증언은 계속해서 넘쳐났다.

최초의 구색정당인 자유민주당(LDP)은 이제 뉴포럼 인가를 지지했다. 뉴포럼 회원 투표를 위한 구체적인 후보지를 제안하기도 했다. 하지만 뉴포럼은 독립적으로 남길 원했기 때문에 이 제안을 거부했다.

거리 시위대의 요구는 광범위했다. 8만여 명의 시민 중 3만5천 명 이상이 참여, 가장 규모가 컸던 플라우엔 시위에서의 요구는 '독일의 통일'이었다. 로스토크와 포츠담, 드레스덴, 예나 그리고 켐니츠에서도 시위는 계속됐다.

>> 각성
용서와 화해의 길

"내 허물을 여호와께 자복하리라 하고 주께 내 죄를 아뢰고 내 죄악을 숨기지 아니하였더니 곧 주께서 내 죄악을 사하셨나이다"
(시 32:5)

그나덴탈에 있는 에큐메니컬 공동체는 1992년 8월 23일 켐니츠 근방 헤너스도르프에 있는 새 본부에서 화해를 주제로 얘기하자며 아내와 나를 초청했다. 이를 준비하면서 이것은 개인적으로 나와 관련 있는 일임을 알게 됐다. 1945년부터 내가 공산주의 체제를 거부했던 일이 갈수록 사람들 사이에 번져가고 있음을 더욱 확실히 알 수 있었다. 내 친구들과 가족의 친척들은 축출되고, 자신들의 집에서 쫓겨났다. 상류층으로 여겨졌던 이들이 국가의 적으로 공표되었다. 격분으로 인해 내 속에서는 증오와 분노가 자라갔고, 사랑이 메말라갔다. 독일인이라는 오랜 소속감은 거부감으로 바뀌었고, 시간이 지나면서 독일 내 사회주의자가 지배하는 곳의 모든 거주자들을 거부하는 데까지 이르렀다.

그래서 나는 에큐메니컬 공동체 모임에서 나의 잘못된 입장과 그릇된 태도가 죄라는 것을 고백하고 용서를 받았다. 내가 다음과 같이 말할 때 내적 동요와 함께 엄청난 자유가 몰려왔다. "작센, 작센-안할트, 튀링겐, 메클렌부르크-보르포메른, 브란덴부르크 주 그리고 동독에 사는 모든 이들의 대표님들, 부디 저를 용서해 주십시오." 숨소리조차 들리지 않는 정적 가운데 누군가 말했다.

"기쁘게 그리고 마음으로부터 용서합니다!"

2년 후 나는 헤너스도르프로 돌아갔다. 거기서 만난 두 명이 나에게 말했다. "저희를 모르실 겁니다. 그때 저희는 '용서하되 결코 잊지 말자'는 당신의 호소를 들었습니다. 우리 또한 당신을 서독에서 온 사업가이자 비싼 차를 타고 다니는 명성 있는 사람이라 여겼습니다. 당연히 당신을 불신했지요. 오늘 당신의 용서를 청합니다."

용서 전에 깨어짐이 있다. 용서로부터 화해가 나온다. 그 진실된 용서와 화해로 인해 다른 사람의 마음을 얻는 것이 가능해진다. 그런 다음에야 묵은 것을 깨뜨리는 자유가 찾아오는 것이다. 이 새로운 길 위에 선 내겐 리더십이 필요했다. 새롭게 배운 이 역할을 위해 지혜가 필요했다. 나의 의지는 사랑으로 전환되어야 한다. 나는 그 일에 성공할 수 있을까? 이를 위해 주님의 인도하심과 그분의 지혜 그리고 사랑을 구했다. 그것이 나에겐 구습을 깨는 작업이었다. 이제 나는 준비되었다! 나는 배우고, 듣고, 마음을 받고 싶다. 나는 연습하고 싶다. 장벽을 뚫고, 편견을 이기고, 관계 속에서 헌신적으로 기여하는 연습 말이다. 이를 위해 도움이 필요하다. 나의 주 예수 그리스도에게 이 도움을 구한다. 우리 주님이 그렇게 하시리라는 것을 믿을 때, 그분은 실제로 나를 용서하시고 고치시고 화해케 하신다.

알브레흐트 퓌르스트, 은행가

하나님, 사회적·개인적인 죄를 용서하기 위한 제물을 주셔서 감사합니다. 당신께서는 먼저 십자가에서 예수님의 죽음을 통해 우리를 용서하셨습니다. 자신과 동료를 대신해 우리 기독교인들이 아버지께 용서를 구할 수 있게 해주시니 감사합니다.

동독의 독재 체제에서 살았던 수많은 희생자들과 그들의 가족들이 슬픔을 극복하고 용서할 준비를 갖출 수 있도록 도와주소서. 죄를 지은 이들로 성찰케 하셔서 자신들의 행동에 대한 책임을 받아들이고 용서를 구하게 해주소서. 통일의 과정이 동독과 서독 사이의 지난 수십 년간의 상처를 치유하는 일이 되도록 도와주소서.

민주주의는 그냥 주어지지 않는다

1989년의 내 개인 달력에는 10월 21일에 다음과 같은 내용이 기록되어 있다. '트리니티 교회. 오후 2시, 선거 개혁 세미나.' 1989년 5월 7일 동독의 선거 조작이 확실해진 상황이라 이 주제가 자주 논의되었고 논쟁은 더욱 심해졌다. 10월 초, 정부 측에서 시작한 폭력적 공격으로 인해 비폭력은 민주화를 향한 길목에서 가장 우선적으로 다뤄져야 한다는 점이 분명해졌다.

저항파의 평화운동은 최근 몇 년 동안 계속 성장해 왔다. 갈수록 늘어나는 평화혁명가들에 맞선 당국의 지속적인 폭력 사용은 평화운동 시위대로 하여금 더 이상 참지 못하고 맞붙어 싸우게 만들었다.

날이 갈수록 대규모 시위는 더욱 확산돼 갔다. 이는 우리의 민주적 정당성을 더욱 강화시켜주었다. 낡고 해묵은 감정에서 벗어나 새로운 확신이 솟아올랐다. 수개월 전부터 준비해온 10월 21일의 선거 개혁 세미나는 동독의 평화혁명에 딱 들어맞는 모임이 될 것 같았다. 며칠 전의 상황이었더라면 세미나는 비밀경찰에 의해 탄압받았을 것이다. 그러나 권력을 빼앗긴 그들은 10월 21일 우리의 세미나를 그저 보고 있을 수밖에 없었다. 다음은 비밀경찰 문서를 다루는 경찰국장의 자료에서 발췌한 내용이다.

'1989년 10월 21일 요주의 인물에 대한 보고. 오후 1시-비밀경찰이 지정한 요주의 인물 집결. 오후 2시 10분-250명이 목사관에서 체포됨. 오후 10시 30분-감시 행위가 방해받다.'

비밀경찰로서는 오늘 일어난 일들에 대해 파일에 뭔가를 기록해

많은 촛불 앞에 부정선거를 규탄하는 집회의 현수막이 세워져 있다

둘 게 없었다. 무척 따분한 날이었을 것이다. 반면에 우리의 기록은 풍성하다. 바로 그날, 우리는 시대에 맞는 새로운 선거권과 다양한 선거모델에 대해 논의했다. 또한 민주적 권력구조를 위한 의견도 활발하게 나눴다.

'그룹 20'으로 시작한 것이 조금씩 커지면서 전국적인 대표단을 구성하게 됐으며 시대에 맞는 민주적인 선거법 초안도 12월까지 마련할 수 있었다. 하지만 원탁회의에서는 우리의 제안과 선거법 초안이 거부됐다. 다른 무엇보다 과거 개혁의 계기가 되었던 연합의회 선거가 젊은 통일 독일에서는 별다른 진전을 보지 못했다. 민주주의는 그냥 주어지는 것이 아니다. 모두가 지키고 가꿔가야 생명력 넘치게 작동될 수 있다.

위르겐 뵈닝거, 수석 엔지니어

167

부정선거 벗겨내기

1989년 초, 야권에서는 기존 선거방식에 대한 저항 표현에 있어서 투표만 거부할지 아니면 통치자들에게 얼마나 많은 시민들이 정치적으로 불순종하고 있는지를 보여줄지를 놓고 토론을 벌였다. 예전 지방선거에서 국가전선당(NF)에 우리의 후보를 내는 시도는 실패했는데, 그 이유는 이데올로기로 똘똘 뭉친 그리고 그와 비슷한 생각을 가진 시민들에게 공포를 조장하기 위해 연출된 선거모임 때문이었다. 그 사람들은 정말 화가 나서 모임 때마다 계속해서 우리를 밀쳐냈다. 우리는 단지 해체된 소수일 뿐이었지만 교회나 평화모임 같은 데서 계속 만났다. 그런데 우리는 그저 요주의 인물이기만 했던 것일까?

대리 투표수를 계수하는 5월 7일 지방선거 조사에서 독재에 더 이상 복종하길 거부하는 사람들이 우리들 몇몇에 불과한 것이 아니라는 점이 명백해졌다. 처음으로 우리 행위가 민주적으로 정당성이 있다는 걸 느꼈다. 놀라운 기분이었다. 우리는 선거 부정에 대해 문제를 삼아 담당자들을 고소했다. 완전히 새로워진 자신감으로 그해 여름, 우리는 민주적 플랫폼과 새로운 정당 출범을 위한 작업에 착수했다. 그 몇 주의 시간은 수많은 모임으로 채워졌다. 우선 드레스덴 인근 도시지역에 환경적으로 위험한 화학공장 설치에 반대하고 나섰다. 드레스덴 하이데 지역의 탱크 창고 건설도 반대했다. 천안문 광장을 의미하는 '천국의 평화 광장운동'을 벌였다. 그 일환으로 베스테르플라테에서 열린 추모예배에 대표단도 보냈다. 이 밖에도 새 모임들을 만들고, 진정한 민주주의 체제의 핵심인 정책과 법령들을 기획했다.

우리는 헝가리를 통해 그리고 프라하의 대사관을 통해 조국을 떠나는 사람들의 물결에 놀라지 않았다. 자신들의 선거 표가 (부정으로) 짓밟히는 걸 보고 그들은 온몸으로 항의한 것이기 때문이다. 우리는 친구이자 동지였던 이들이 떠난 것이 슬펐지만 동시에 그것은 민주적인 새로운 시작을 위해 싸우도록 우리를 격려했다.

위르겐 뵈닝거, 수석 엔지니어

문화계 인사들의 용기

라이프치히에 있는 공연장의 지휘자 쿠르트 마주어의 지도 아래 칼 마르크스 광장의 대화는 반복해서 이어졌다. 몇 시간 동안 500여 명의 참여자들이 사회주의통일당 관계자들과 정치 문제의 재구성, 개혁의 필요, 생태 그리고 도시의 발전에 관해 토론을 벌였다. 문화 영역에 속한 사람들이 중요한 역할을 했다. 마주어는 라이프치히의 모범적인 사례가 동독 전체에 방향을 제시하는 대화의 전제가 될 수 있으리라 여겼다. 어떤 사람은 대화에서 사람들의 참여를 이끌어내기 위한 첫 번째 방식으로 주간(weekly) 기관 구성을 원했다. 다양한 장소에서 예술인, 음악인, 작가 그리고 배우들이 무대에 올라 용기 있게 공개적으로 불편한 진실과 질문을 털어놨다.

심지어 감옥에서조차 수감자들이 '반정부'를 강화해 가며 대화를 요구하기 시작했다. 그 힘겨운 상황 속에서도 '노란 지옥'(사람들은 바우첸 감옥을 이렇게 불렀다)의 죄수 리더들은 욕실 문에 치약을 묻혀 다음과 같은 전단을 부착했다. "모든 종류의 권력 남용에 대항하십시오. 같이 일어섭시다. 단결합시다!" 전단에는 감옥에서조차 인간의 존엄은 보호되어야 한다는 내용들이 새겨져 있었다. 폭동의 조짐이었다.

베를린에서는 저항 그룹의 불법적 신문인 '텔레그라프'가 베를린 환경 도서관을 통해 불법으로 배포됐다. 신문은 정부의 대화 제시의 배경을 논평하며 이런 냉소적인 제목을 달았다. '가련한 자들아, 조용히 하라.' 지하 전단은 베를린 시온교회의 석탄 지하실에서 인쇄되었다. 이런 주장을 담았다. "저항세력은 개혁을 좌절시키고 사람들을 침묵시키기 위해 나서야 한다. 그렇게 함으로써 그들은 무엇보다 지금 변화에 대해 얘기하고 있는 정치인들의 과거를 폭로하고 놀라운 균형을 제공할 수 있게 되는 것이다."

당시 선거 책임자였던 에곤 크렌츠에 의한 선거조작은 통하지 않았다. 죄수들은 아직 풀려나지 못했다. 라이프치히와 드레스덴에서는 이름이 알려진 단 50명만 풀려났고 언제 선고가 내려질지 미정이었다. 저항세력은 시국의 흐름을 예의주시하고 있었다.

〉〉 각성

우리 승리 하리라

"이제라도 너희가 준비하였다가 나팔과 피리와 수금과 삼현금과 양금과 생황과 및 모든 악기 소리를 들을 때 내가 만든 신상 앞에 엎드려 절하면 좋거니와 너희가 만일 절하지 아니하면 즉시 너희를 맹렬히 타는 풀무불 가운데에 던져 넣을 것이니 능히 너희를 내 손에서 건져낼 신이 누구이겠느냐 하니"(단 3:15)

북미 노예들의 영가엔 땅과 하늘의 본향에 대한 소망, 노예에서 인간으로의 해방을 향한 소망이 한데 녹아 있다. 그리고 이 노래는 실제 구원의 부르심이 되었다. 열정적으로 기도했고 신앙과 떼려야 뗄 수 없던 땅과 하늘의 목표들은 흑인 영가에 잘 담겨 있다. 영가의 대부분은 19세기 초반의 곡들이다. 100년 후 20세기 중반에 그 영가들은 시민권리 운동에 있어 특별한 역할을 했다. 마틴 루터 킹은 그 영가들을 '운동의 추진력'이라고 명명했다. 그 운동 중에 불렀던 오랜 영가 '우리 승리하리라'는 전 세계적으로 퍼져나갔다. 자신들의 자유를 위해 비폭력 투쟁을 벌이던 흑인들은 백인들이 물대포를 쏠 때도 찬송을 부르며 비폭력 행진을 했다. 심지어 감옥에서도 이 찬송을 불렀다. 공산 동독의 가장 어두운 시기였던 1960년대에 내가 들었던 얘기다.

나는 자신에게 반문했다. '만약 시민권리 운동이 이곳에도 밀려온다면 이곳 시민들 역시 노래를 부를까? 그들은 어떤 노래를 부를까?' 독일에서는 시민 모두가 알 수 있는 노래는 하나도 없다. 심지어 그런 노래는 기억 속에도 존재하지 않는다. 하지만 시민권리 운동이 이곳에서 실제로 일어났을 때 우리는 변화와 자유를 향한 우리의 열망을 시위에서 보여줬다. 미국 노래 '우리 승리하리라' 외엔 그 어떤 노래도 부르지 않았다. 그 노래는 확실히 크리스천들의 노래만은 아니었던 것이다.

단지 작센 한곳에서만 찬송가와 유사한 노래가 하나 더 있었다. '자유는 오리라'다. 나는 그 곡과 똑같은 노래를 복음성가에서 찾았고, 그 곡을 위한 가사를 썼다. 예수님이 다시 오실 때 진짜 일어날 궁극적인 자유, 그것을 향한 갈망이 현재의 정치적 관계의 변화를 향한 열망과 연결이 됐다. 하늘의 미래를 향한 소망으로부터 땅의 자유를 향한 싸움의 힘이 나왔다.

오늘에서 돌아보면, 당시 동독에서 자유에 관한 노래가 무엇을 뜻하는지 아무도 상상할 수 없을 것이다. 수십 년 동안 매월 청년 그룹엔 3000여 명이 참여했다. 더욱이 그 갈망은 이러한 외침으로 표현됐다. "장벽 반대!" 수천 명이 합의에 따라 마치 찬송가처럼 이 노래를 따라 불렀다.

1절) 우리는 하나님의 새로운 세상을 향한 여행을 떠나고 있지. 우리는 원하지 않는 것들로부터 고통을 당해왔지. 전쟁, 고문 그리고 불평등이 여전히 존재하지만 하나님의 영광스러운 세계에는 눈물이 없다네.

2절) 하나님의 새로운 세계가 우리의 거처라네. 하나님이 약속하신 것이지. 그분은 약속을 지키시지. 그렇기에 우리는 이 세상에서 기쁘게 인내하리. 우리는 하나님의 영원 속에서 이미 기뻐하고 있지.

3절) 하나님의 새로운 세계에 우리는 소망을 두지. 거기엔 우리를 보호하기 위해 아무도 돌들을 갖추지 않지. 우리는 평화와 안전을 원해. 하나님의 새로운 시대에 이걸 경험하게 될 거야.

(후렴) 자유는 올 것이다. 그것은 영광스러울 것이다. 자유는 올 것이다. 예수께서 다시 오실 때 모든 고난 모든 장벽, 모든 고통 모든 슬픔은 사라지고 자유가 찾아 올 것이다. 예수께서 다시 오실 때.

테오 레흐만 박사, 복음전도자, 은퇴 성직자

하나님, 용기 있는 예술가들을 주셔서 감사합니다. 당신은 그들을 통해 저항하고 압제에 맞설 수 있는 창의적인 방법을 주셨습니다. 예술가들은 자신들의 선물로 다른 이들을 일깨웠습니다. 비록 그것이 자신들에겐 불이익을 뜻한다 할지라도 말입니다. 오늘날 모든 용기 있는 예술가들로 인해 감사합니다. 자유와 정의를 위해 싸우는 일에 함께하는 그들을 보호하소서.

다른 사람들을 위해, 동독과 서독에 있는 사람들 마음속 그리고 문화 속에 있는 분열을 극복하기 위해 자신을 바치고 있는 예술가들을 위해 기도합니다. 문화의 자유를 남용하는 것에서 우리를 보호하소서. 조작과 차별을 추구하는 미디어로부터 우리를 보호하소서.

다섯 개의 촛불

목사이자 내 친구인 테오 레흐만과 마이센 근처의 람페르츠발데에 있는 청년복음화운동본부로 여행하면서 동역자들의 마음은 무척이나 요동쳤다. 그들 중 한 명인 프리드센은 켐니츠에서 있었던 시위로 붙잡혔다. 경찰은 모든 사람들 중에 프리드센을 체포했다. 프리드센은 침착했지만 사람들은 흥분했다. 그의 친구 헤녹은 자신이 마지막으로 본 것은 프리드센의 처든 팔이었다고 말했다. 그의 부모가 경찰에게 아들에 관해 물었지만 소용없었다. 4주가 지났지만 그가 어디로 왜 붙잡혀 갔는지 아무도 알지 못했다.

여섯 번의 젊은이 모임 중 첫 번째 성찬예배에서 우리는 프리드센과 붙잡힌 다른 모든 사람들을 위해 기도했다. 예배당이 점점 사람들로 채워지자 밴드가 음악을 연주했다. 그러다 갑자기 연주를 멈추었다. 뮤지션 중 한 명이 악기를 내려놓더니 촛불을 집어 들었다. 그것은 낯선 광경이었다. 우리는 모두 넋을 잃은 채 어떤 일이 눈앞에 펼쳐질지 바라보고 있었다. 그가 손 마이크를 잡더니 촛불에 불을 붙이며 이렇게 말했다. "저는 드레스덴 시위에서 붙잡힌 엔엔 (NN)을 위해 촛불을 켭니다." 그가 촛불을 스피커 위에다 내려놨다. 완벽한 침묵이 흘렀다. 다른 뮤지션이 두 번째 촛불을 들었다. 그리고 불을 켜고 이름을 불렀다. 그리곤 역시 스피커 위해 촛불을 내려놨다. 그렇게 해서 5개의 촛불은 5명의 붙잡힌 사람들을 위해 타오르고 있었다.

그들은 어떻게 되었을까? 그들의 노력은 그들의 직업이나 경력에 어떤 파문을 몰고왔을까? 우리는 모르지만 분명 엄청난 파문을 일으켰을 것이다. 정부는 모든 불복종에 복수를 가했다. 예를 들어 서독의 라디오 방송국을 통해 동독에 대해 비판적인 메시지를 녹음하거나 기록하거나 배포한 사람은 누구든지 '체제 전복 선동' 혐의로 감옥형에 처해졌다. 정치적인 농담을 하는 사람도 똑같은 벌에 처해졌다.

이 다섯 개의 촛불을 통해 다섯 명의 젊은이는 시민들의 용기와 주님을 향한 믿음의 모델이 되었다. 엄청난 열정과 깊은 감동이 청년 모임의 시작에서부터 느껴졌다. 밴드는 이제 예배를 위한 연주를 시작했다. 인사 후에 나는 250여 명의 젊은이들과 20분간 노래를 불렀다. 우리는 마치 오케스트라 단원들처럼 다함께 목소리를 높였다. 예배당 벽이 울렸다. 우리의 목소리도 떨리고 있었다. 누구든지 이런 일을 경험한 사람이라면 결코 잊을 수 없을 것이다. 얼마나 많은 힘과 믿음의 확신 그리고 소망이 앞으로 수년 동안 우리에게 부어질 것인가!

둘째 날 저녁 헌금을 했는데 800마르크가 걷혔다. 프리드센과 붙잡힌 다른 이들을 위한 변호사 비용으로 쓰기로 했다. 밤 10시 30분, 우리가 교회를 떠났을 때 프리드센이 석방됐다는 희소식이 들려왔다. 다음날 저녁, 나는 설교 전에 그를 인터뷰했다. 그는 자신이 경험한 걸 들려줬다. 굴욕과 불확실 가운데서 예수님이 자신의 곁에 계신 것을 얘기했다. 설교에서 내가 주님을 따르도록 초청하자 10명의 젊은이가 앞으로 나와 머리를 숙였다.

조르그 스워보다, 작곡가

크레바스(빙하 속 갈라진 틈)

조르그 스워보다

크레바스가 나라들과 사람들을 터치했지
언제까지 지속될지는 모른 채로 우리는 독일을 위해 기도했지
우리의 분단 조국을 위해 백만 배나 무거운 우리의
죄로 인한 분단, 독일 지도자들의 망상에 의한
위대한 민족의 구성원이라는 선동에 의한 분단 말이지

가시줄과 죽음의 벽이 우리를 갈라놓았지
위협과 완전한 금지를 통해 우리는 적이 되었지
자유는 재갈 물려졌고 용기는 땅속으로 꺼져버렸지
그러나 하나님은 우리 모두가 맛볼 수 있는
새 희망으로 우리를 먹이셨지

헝가리가 가시줄을 잘랐을 때 벼락이 쳤지
폴란드의 원형탁자는 우리에게 다음 단계를 가르쳐줬지
칼날의 끝에서 기적이 일어나듯 우리가 자유를 부르짖었을 때
모든 무기는 침묵을 지켰지

우리는 그 벽이 무너지는 걸 보았지
전능의 망상이 날아가 버리는 걸 보았지
붉은 공산주의자의 날들은 사라져버리고
신인(神人)들은 도망가버렸지
하나님의 축복이 우리의 평화에 영감을 주고
기쁨, 복수를 넘어 우리를 승리케 했지

수년이 지났지만 감사와 놀라움이 여전히 남아 있네
하나님은 유럽에서 우리와 함께 역사를 기록하셨지
우리 조국이 지속적인 평화와 성장을 누리길
이것이 우리 조국 독일을 위해 기도하는 이유라네

〉〉 배경
예술가들과 평화혁명

1989년 10월 6일, 드레스덴에서는 프로듀서 볼프강 엔겔이 이미 그의 작품과 함께 새로운 역할을 해 나가고 있었다. 연주 후 배우들은 그들의 새로운 결의안인 '우리의 역할을 내려놓으며'를 읽어 내려갔다. 이틀 전, 드레스덴 시민들은 베를린 결의문을 읽었다. 배우들은 그들 자신들의 말로 동독의 극장에 있는 예술가들과 청중들의 현실을 정확하게 묘사했다. 누구는 더 이상 기다릴 수도, 기다리려고도 하지 않았다. 누구는 그들의 역할을 내려놓아야 했고, 또 다른 누구는 지금 당장 또 다른 누군가가 원하는 것을 말했다. 오래전 청중들은 그들의

트럼펫 연주자 루트비히 귀틀러와 함께 한 드레스덴 오페라하
우스 앞에서의 집회

중산층 역할을 내려놔야 했다. 연극이나 작품, 번역물 속에서 새로운
메시지를 판독하는 게 청중들의 중요한 부분이 되고 있었다. 1986년
켐니츠의 무대에 오른 하이너 뮐러의 연극 '건물'이 그런 것이었다. 잊
을 수 없던 것은 배우들이 시멘트 벽 속으로 달려가는 장면이었다. 무
대 위 벽은 단단히 서 있었다. 하지만 시간은 벽 속으로 스며들고 있
었다.

1989년 켐니츠에서 배우들이 그들의 역할을 벗어던졌다. 젊은 배
우 하스코 베버(지금은 바이마르의 독일 국립극장 감독)는 항의 결의
문을 써서 사람들에게 알렸다. 배우들과 마찬가지로 사람들도 그들

의 역할을 내려놨다. 그들은 전적인 복종이란 배역을 거부했다. 극장과 인접한 모든 공간들은 사람들로 가득 찼다. 여기서부터 사람들은 시내 중심가로 걷기 시작했다. 이것들은 개인적인 기억들의 사례들이다. 동독의 다른 도시의 많은 극장에서 비슷한 사건들이 일어났다.

보리스 그룰, 신학자

연대냐 조작이냐

　　　권력은 그 속성상 남용되기 마련이다. 쉬베린에서는 뉴포럼이 국가평의회 의장으로 선출이 유력한 에곤 크렌츠에 맞서 승인받지 않은 시위 행진을 촉구했다. 사회주의통일당은 이것을 빌미로 요원들을 같은 시간 같은 장소에 소집했다. 그들은 마이크를 들고 분노한 군중들에게 자신들의 관점을 설득하려 했다. 뉴포럼에겐 반박이 허용되지 않았다. 분위기는 전진과 후퇴를 반복했다. 사람들은 어떤 때 손뼉을 쳤다가 어떤 때는 야유를 보냈다. 그때 뉴포럼 지지자들이 시민들에게 그곳을 떠나 다른 곳에서 모임을 갖자고 외쳤다. '대규모 이주' 후 그곳엔 사회주의통일당 지역 대표들만 남았다. 뉴포럼의 5만여 지지자들은 도시를 가로지르는 분노의 행진을 벌였다. 유언비어를 통해 조작된 이야기들을 들으면서 점점 더 많은 사람들이 모여들었다. 마침내 빈 예배당에 사람들이 가득 찼다.

　　　월요기도회가 끝난 그날 저녁, 라이프치히에서 사람들은 동독에서 지금껏 없었던 거대한 자유 행진을 경험하고 있었다. 3만 명이 넘는 사람들이 그 도시 내 6개의 각기 다른 교회에 모였다. 첫 번째로 가톨릭교회가 가득 찼다. '시사 카메라'가 이것을 생중계했다. "구도심 주변 여섯 개 교회로는 이 모든 사람들을 수용하기에 역부족이다. 교통은 완전히 마비됐다." 1만 5000여 명이 참석했다. '하와이로 가는 자유 비자를', '민중 주도의 역할을'과 같은 깃발이 '사회주의통일당 통치 종식'을 촉구하는 외침과 함께 눈에 띄었다.

드레스덴에 있는 셈페로퍼 오페라하우스 앞에는 사회주의통일당 지역 의장인 한스 모드로, 시장 베르크호퍼가 평화기도회가 끝나고 시내로 쏟아져 나와 행진해 온 1만 명의 사람들에게 얘기를 하고 있었다. 모드로는 다양한 이슈를 주제로 위원회를 만들겠다고 시위자들에게 얘기했다. 거기엔 시민들뿐만 아니라 저항그룹 대표들, 정당, 교회 그리고 정부 관계자들도 참여할 것이라고 밝혔다. 드레스덴에서는 아무런 조작 없이 눈과 눈을 마주 대하는 진실한 대화가 진행됐다.

동베를린엔 수만 명의 시위자들이 정부 청사를 향해 걷고 있었다. 시장 선거 출마자들의 리스트 공개를 요구하는 청원서를 사람들이 읽어 내려갔다. 온 밤을 태울 촛불이 불을 밝혔다. 츠비카우에서는 1만 5000여 명이 모였고, 마그데부르크 1만여 명, 할레 1만여 명, 스트랄순트 4000여 명, 아이제나흐 3500여 명을 비롯해 20여 개의 도시에서 시위가 벌어졌다. 모두가 사회주의통일당에 맞선 강렬한 시위였다. 비밀경찰은 이번 주에만 전국 154곳에서 시위가 있었다고 보고했다. 지금까지의 대화에도 불구하고 거리는 조용하지 않았다.

>> 각성
거인들을 정복하라

"그 땅을 정탐한 자 중 눈의 아들 여호수아와 여분네의 아들 갈렙이 자기들의 옷을 찢고 이스라엘 자손의 온 회중에게 말하여 이르되 우리가 두루 다니며 정탐한 땅은 심히 아름다운 땅이라 여호와께서 우리를 기뻐하시면 우리를 그 땅으로 인도하여 들이시고 그 땅을 우리에게 주시리라 이는 과연 젖과 꿀이 흐르는 땅이니라 다만 여호와를 거역하지는 말라 또 그 땅 백성을 두려워하지 말라 그들은 우리의 먹이라 그들의 보호자는 그들에게서 떠났고 여호와는 우리와 함께 하시느니라 그들을 두려워하지 말라 하나 온 회중이 그들을 돌로 치려 하는데 그 때에 여호와의 영광이 회막에서 이스라엘 모든 자손에게 나타나시니라"(민 14:6~10)

그들은 위험한 정탐 임무를 부여받았다. 이스라엘의 정탐병들은 가나안의 상황을 주의 깊게 살펴야 했다. 그들이 보고했던 사실들은 틀린 게 없었다. 그 땅은 정말로 광활했고 과일은 탐스러웠다. 하지만 거주민들은 너무나 강력했다. 정탐병들은 이것을 숨길 수 없었다. 이 문제를 어떻게 할 것인가? 그들은 난제에 부닥쳤고 문제를 과장했다. 그것은 조작인가? 아니면 그들은 단지 두려움 때문에 그렇게 말했던 것인가? 침묵으로, 부정적으로, 후퇴로 귀결되는 그 두려움으로?

하지만 두 명의 다른 첩보원들이 있었다. 여호수아와 갈렙이다. 두 사람은 다른 열 명의 정탐꾼들과 마찬가지로 똑같은 사실을 보고했다. 그들은 어려움들에 관해, 가나안 정복이 무엇을 뜻하는지에 대해 잘 알고 있었다. 하지만 상황을 보는 그들의 관점은 다른 10명과는 완전히 달랐다. 그들은 가나안을 예외적인 땅으로 묘사했다. 절망적인 어려움들은 문제를 더 크게 만드는 것이 아니라 작게 만든다. 하나님의 능력의 빛으로 본다면 말이다. 하지만 이 관점을 가지고 그들은 만난(萬難)을 무릅쓴다. 백성들은 여호수아와 갈렙을 돌로 치려했다.

1989년 10월 중순부터 말까지 나는 루터란 병원에서 근무하는 젊은 리더들을 위해 동독에서 세미나를 인도해야 했다. 교육학적이고 심리학적인 질문들에 답변을 해야 했다. 하지만 당시와 같은 처절한 때에 어느 누가 이런 문제들에 천착할 수 있었을까? 지금의 상황이 곧 다룰 현안이었다. 급급함, 위태로움, 불공정함, 공포스러움, 두려움, 희망, 점증하는 변란들 그리고 동시에 주의 깊은 관찰 등. 이러다가 어떤 일이 일어날까? 이 모든 문제들이 우리 시대에 차고 넘쳤다.

거짓말도 계속해서 반복되다 보면 진실로 받아들여지기 마련이다. 우리는 이미 충분한 거짓말을 접했다. 이미 임계점을 지나 차고 넘치려 하고 있었다. 우리는 이 같은 거인들을 정복할 수 있을 것인가? 이 역사적인 기로에서 우리는 어떤 결정을 할 수 있을까? 수많은 변수를 생각할 것이다. "눈을 감고 단지 통과하는 거야." "사실 그대로 말하는 거지." "우리는 할 수 있어." 아니면 이런 것은 어떤가? "늑대와 함께 울기" "우리는 아무것도 할 수 없어." "거인들은 그야말로 거인들이지." "연대냐 조작이냐."

그 여름, 우리는 이렇게 결론을 맺었다. "과거에 머물러만 있어서는 안 된다. 이제 양심이 없는 권력에 맞서, 욕심과 차별에 맞서, 사회적 불공평과 무책임에 맞서 용기를 내어 행동하자. 기도로, 침묵으로, 때론 확신 있는 행동으로 나아가자."

이런 모든 과정을 거쳐 우리가 확신한 한 사실이 있었다. '주님은 언제나 우리와 함께 하신다'는 사실이다. 이 사실 때문에 우리는 어둠의 시대를 걷어내기 위해 용기를 낼 수 있었다.

브리기테 크라우제, 은퇴 간호사

하나님, 감사합니다. 사회적인 불공평을 바꾸기 위해 노력했던 많은 시민들로 인해 감사합니다. 비록 그들 중에 개인적으로 참여하지 않은 사람이 있다 할지라도 말입니다. 동독에서 수많은 사

183

람들이 평화적인 시위를 벌일 수 있었음에 감사드립니다. 그들이 느꼈던 엄청난 분노에도 불구하고 그들은 복수하지 않았습니다. 오늘과 마찬가지로 그때에도 권력과 집단 그리고 로비스트들에 의한 조작이 드러나게 하신 것을 감사합니다.

이 사회에서 소외된 자들과 더 세심한 연대가 일어나길 기도합니다. 또 다시 우리 그리스도인들을 목소리 없는 자들, 소외된 자들, 힘겨운 사람들 곁에 두십시오. 그 결과로 비록 우리가 한계를 경험하고 재물을 소비하게 된다고 할지라도 말입니다. 우리의 욕심에만 관심을 갖게 해서 연대를 막는 소비주의로부터 우리를 자유롭게 하소서.

거리의 총회

작센 지역 총회의 마지막 날이다. 총회는 평소처럼 축하 속에 폐회할 건지 아니면 드레스덴 시위에 참여할 것인지를 놓고 토론을 벌였다. 이것을 놓고 논쟁을 벌였을까? 아니다. 그들은 별다른 이견 없이 시위 참여를 결정했다. 사람들 속에서 그들과 함께 걸으며 그들의 짐, 그들의 무기력, 그들의 분노, 그들의 용기를 나눠지기로 결심했던 것이다.

나는 드레스덴 가두시위를 결코 잊지 못할 것이다. 경찰청 청사를 지나는데 정문엔 경찰이 달랑 한 사람밖에 없었다. 그 어떤 조롱도, 원한도, 위협도 없었다. 사람들은 외쳤다. "시위에 참여하라." 그리곤

쾨니힌발데의 교회 앞에 모인 평화 세미나 참가자들

극장을 향했다. 볼프강 베르크호퍼 시장이 연설을 하고 한스 모드로
또한 연설을 할 예정이었다. 다음이 내 차례였다. 나는 교회 원로들의
멋진 모습을 기억한다. 그들의 손엔 촛불이 타고 있었다. 난 그때처럼
그들 옆에 가까이 있어 본 적이 없다. 그날 저녁 집에 도착했을 때에
도 감동의 여운이 사라지지 않았다. 가족들과 농장에서 한참을 같이
앉아 있었다.

    누군가 창문을 두드렸다. 너무 늦은 시간이었다. 나는 마당으로
나갔다. 낯선 사람이 내게 다음날 저녁 켐니츠로 오라고 친절한 초대
를 하는 것이었다. 초대장은 지역총회 의장으로부터 온 것이었다. 그
는 나와 함께 얘기하고 싶어 했다. 갈 것인가? 나는 가기로 했다. 그날
밤 잠을 잘 이룰 수 없었다. 다음날 저녁 나는 모임엘 갔고 거기엔 관
계자들뿐만 아니라 내 친구 몇 명도 참석했다. 토론에서 우리는 만장

일치로 사람들을 거리에서 끌어올 수 있는 단 한 가지 방법은 그들의 요구를 충족시키는 것이라는 결론에 이르렀다. 하지만 관계자들은 그 일을 할 수 없었다. 그래서 논의는 빨리 끝이 났다.

나는 그 전날 저녁보다 눈에 띄게 더 실망한 상태로 집으로 차를 몰았다. 그날 밤 켐니츠에서 츠비카우로 혼자 차를 몰고 오면서 두려움에 빠졌다. 두려움은 너무나 갑자기 나를 엄습했다. 그날 나를 포함해 초대받은 사람들 중 몇 명이 지역 내 불법 감시자들로 여겨졌다는 사실을 알았기 때문이었다. 그럼에도 그 두려움은 오래 가지 않았다. 평화로운 마음을 가진 사람들이 그렇지 않은 사람보다 훨씬 많다는 사실이 깨달아졌기 때문이다. 이 같은 사실을 알게 하신 하나님께 감사드린다.

한스죄르그 바이겔, 1984년 작센 주 지역총회 회원

동독 40년, 그것으로 충분하다

쾨닉스발데에 있는 주택가에서 젊은이들이 무리를 지어 행진했다. 이내 교회로 가는 길들이 젊은이들로 메워졌다. 그때가 1989년 10월 7일 토요일 오후였다. 우리는 그런 분노의 행진을 전혀 의도하지 않았다. 우리는 1989년 가을을 위해 2년 전에 평화 세미나를 계획했다. 그리고 그날이 왔고 주제는 분명해졌다. "동독의 지나온 40년은 어떠했는가? 지금은 어떤가? 그리고 앞으로는 어떻게 될 것인가?"

2년 전 당시로 돌아가 보면 그때는 기획위원 중 어느 누구도 이런 질문들이 현실이 될 것이라고는 전혀 상상하지 못했다. 교회는 꼭대기까지 사람들로 꽉 찼다. 지역총회장인 볼커 크레스와 기민당(CDU)의 카를 오드눙이 강사였다. 참석자들은 장시간에 걸쳐 열정적으로 토론을 벌였다. 분위기는 달아올랐다. 투쟁 단체들이 퀘닉스발데 근처의 숲 옆에 서 있었다.

월요일, 우리는 있었던 일들을 교회에서 다시 정리해야 했다. 우리는 말도 잇지 못했다. 하지만 10월 9일 라이프치히 집회를 사람들에게 전했다. 우리는 귀갓길에 주택가를 지나갔다. 그런데 모든 창문마다 촛불이 타고 있는 게 아닌가! 사람들은 부끄러웠던 것이다. 동독의 40년, 그것으로 충분했다. 그 기간에 동독에는 자유는 없고, 통제는 많고, 미래는 없었다. 그들은 자신들의 삶을 인식했던 것이다. 두려움과 무기력함에도 불구하고 그것은 바뀌어야 했다. 그리고 사람들의 촛불이 그것을 증명했다. 때는 무르익었다. 씨는 싹을 틔우고 있었다.

1973년 5월, 우리가 첫 씨앗을 뿌리기 위해 땅을 고르고 있을 때다. 우리는 모든 현실에 맞서 희망 속에서 그 일을 진행해 나갔다. 퀘닉스발데 사택에서 열린 첫 번째 평화 세미나엔 26명의 젊은이가 참석했다. 그때는 감히 베를린 장벽이 무너질 거라고는 꿈도 꿀 수 없었다. 광신, 편협성, 노예근성이 만연된 사회 체제가 끝나리라는 걸 누가 감히 상상이나 했겠나.

성직자인 루돌프 알브레히트가 '무장 또는 비무장의 시민 봉사'를 주제로 얘기했다. 가을엔 또 다른 세미나가 열렸다. 그리고 매년 5월과 10월에 세미나는 이어졌다. 점점 더 많은 사람들이 참석했다. 사택으로는 더 이상 충분하지 못했다. 우리는 교회 건물로 옮겼다. 우리는 서로 귀 기울이고 또 서로 논쟁을 벌였다. 우리는 교회 내 수제 테이블에 앉아 커피를 마셨고 때론 저녁에 와인을 마시기도 했다. 와인을 마시며 이렇게들 말했다. "사람은 평화를 맛볼 수 있어야 해." 우리는 에큐메니즘의 유익을 경험했다. 한 여성이 다음과 같이 말했을 때 그 세미나가 무엇을 의미하는지를 우리는 깨달을 수 있었다. "묘목을 심자." 그것은 모든 보이는 위협에 맞서 생명은 오직 하나님이 주시며 자라게 하신다는 사실을 알려줬다. 그래서 우리는 하나님을 믿는 믿음 안에서 희망을 심기로 했다.

한스죄르그 바이겔, 1984년 작센 주 지역총회 회원

시류 편승이냐 시류 역행이냐

어제의 시위에도 불구하고 오늘 아침 에곤 크렌츠는 국가평의회 의장의 유일한 후보가 됐다. 비록 처음으로 26명이 기권하고 24명이 반대표를 던졌지만 말이다. 투표 직후 1만 2000여 명의 동베를린 주민들이 의회 건물 앞에서 시위를 벌였다. "에곤, 당신의 표는 포함이 안 돼. 사람들은 당신을 뽑지 않았어." "에곤 크렌츠 무자격" "권력자들 아웃, 노동자를 의회로" 고트프리드 포르크 감독은 크렌츠의 리더십 하에 있는 새로운 사회주의통일당이 5월 7일에 자행한 선거 조작에 대해 따졌다. 그리고 공식적인 사과를 요구했다.

사람들은 그런 격변이 일어날 줄은 감히 믿지 않았다. '동독 재건을 위한 아이디어들'이란 모토로 시작된 공개 토론에서 유명한 동독의 작가 스테판 헤임은 정치인들에게 "신뢰는 말이 아니라 행동으로 얻어지는 것"이라고 훈계했다. 그에게 동독의 변화라고 하는 것은 1945년 당시 나라 전체가 나치와 엮이지 않고 싶어 하던 그때와 닮은 꼴이었다. 하지만 교회 교사였던 뉴포럼의 배르벨 볼라이는 바로 전날 라이프치히에서 수만 명이 "우리가 국민이다"라고 외치는 것을 통해 자신의 꿈이 성취되는 것을 보았다.

그날 저녁, 새로운 여행법을 신속하게 제정하는 결정이 내려졌다. 그것은 바로 '모든 시민은 여권과 비자를 가질 권리가 있다. 지금까지는 서독이나 다른 지방에 여행을 갈 때 친척 관계나 여행 이유서를 제출해야 했는데 이제는 그럴 필요가 없다'는 것이었다. 이것은 다음날

1989년 10월 24일, 사회주의통일당(SED)의 총서기로 선출된 에곤 크렌츠.(앞줄 왼쪽) 그 옆은 인민상공회의 호르스트 진더만 회장

아침 사회주의 신문인 '새로운 독일'이 정부의 계획을 요약해서 보도한 기사의 일부다. 예전 무수한 난민들이 피난 과정에서 이 권리를 얻기 위해 엄청난 위험과 비용을 무릅쓰고 싸워야 했었다. 그들은 자유를 얻기 위해 모든 소유와 관계를 뒤로 해야 했다.

점점 더 많은 시민들이 시위에 가담했다. 바이마르에서 1만 5000여 명이 참여했다. 이어서 안클람, 뎀민, 마이닝겐 그리고 마이센 등에서 정치 변화를 촉구하는 시위가 일어났다.

권력자, 모든 이들을 위한 종

"수많은 백성을 다스리며 헤아릴 수 없이 많은 신하들을 자랑하는
자들은 귀를 기울여라. 그대들이 휘두르는 권력은 주님께서 주신
선물이며, 그대들의 주권 또한 지극히 높으신 분께서 주신 것이
다. 따라서 주님께서는 그대들의 업적을 굽어보시고 그대들의 계
략을 낱낱이 살피실 것이다. 만일 주님의 나라를 맡은 통치자로서
그대들이 정의로 다스리지 않았거나 율법을 지키지 않았거나 하
나님의 뜻에 맞게 처신하지 않았으면 주님께서 지체 없이 무서운
힘으로 그대들을 엄습하실 것이다. 권세 있는 자들에게는 준엄한
심판이 기다리고 있다."(지혜서 6:2~5)

민주사회의 정치인들은 말할 것도 없고 군주사회의 왕 역시 모든
것의 최고 통치자가 아니다. 하나님 홀로 모든 권력을 나눠주신다. 내
가 장관과 총리였을 때 나는 사무실에 가톨릭 성인 얼굴이 그려진 그
림을 비치했었다. 그의 이름은 거지 세인트 안토니. 그는 내가 지닌
한 줌의 권력은 아무것도 아니며 나는 오직 하나님이 주신 것을 잘 관
리하는 청지기라는 사실을 늘 상기시켜 주었다. 모든 권력과 권위는
하나님께로부터 부여받은 것이다. 따라서 정부 지도자들은 그분 앞
에 정직하게 서야 한다. 하나님은 심판대에서 그들에게 권세를 갖고
정의롭게 통치했는지, 아니면 자신의 욕망을 달성하는 수단으로만 사
용했는지에 대해 물으실 것이다.

동독의 시대가 거의 저물 무렵, 통치자들은 어떠한 정통성도 부여

받지 못했다. 에곤 크렌츠가 국가평의회 의장으로 새로 선출되었지만 달라진 건 아무것도 없었다. 무엇보다 조작된 선거의 처리 문제가 남아 있었다. 에곤 크렌츠는 모든 조작의 책임을 져야 했다. 왜냐하면 그는 여전히 구동독 체제를 상징하는 한 인물이었기 때문이다.

억압체제가 무너진 후 점점 더 많은 사람들이 시위에 나섰고, 또 어떤 이들은 동독을 탈출했다. 유명인들이 비판 목소리를 높여갔다. 고트프리드 포르크 주교는 새로운 사회주의통일당이 선거조작에 대해 사과해야 한다고 요구했다.

무엇보다 나에겐 이런 격변의 시기에 복음주의 교회가 기여했던 것이 아주 인상적이었다. 복음주의 교회들은 "모든 권력은 국민의 것이다"라는 사실을 넘어 그 권력이 하나님으로부터 부여된 것이라는 사실을 알리고, 전파하는 데 결정적 역할을 했다. "모든 권력은 국민의 것"이라는 것은 일반적인 민주사회의 모토다. 하지만 유대인들을 포함한 크리스천들에게 있어 모든 권력은 하나님께 부여받고 인정받는 것이다. 그래서 권력에는 그 권력을 주신 하나님께 대한 책임이 수반된다. 결국 권력을 부여 받았다는 것은 모든 사람들의 종이 된다는 뜻이다. 동독의 변화 과정에서 이 사실이 분명해졌다.

권터 벡스타인, 전 루터파 기독교사회주의동맹(CSU) 정치인

〉〉 고백
하나님께 나아가는 문은 활짝 열려 있다

1991년 여름, 우리는 한 뉴스를 접했다. 비밀경찰이 지녔던 우리

에 관한 파일 정보에 대해 접근을 허락한다는 거였다. 아내와 나는 켐 니츠로 차를 몰았다. 우리는 파일 더미로 가득 차 있는 방으로 안내되었다. 중간 크기의 방 가운데에는 테이블이 있었다. 테이블 뒤에는 사람들이 있었는데 모두 과거로의 여행을 하고 있는 이들이었다. 분위기는 상기되고 흥분되어 있었다. "있을 수 없는 일이야! 있을 수 없는 일!" 내 옆에 있는 누군가가 중얼거렸다.

우리는 서류들을 꼼꼼히 읽어 내려갔다. 그 많은 파일들을 다 읽으려면 최소 이틀은 필요할 것 같았다. 우리를 기다린 건 비밀경찰이 불법으로 수집한 우리에 관한 정보, 행동계획과 집행, 우리를 관찰한 세부 원고 등 약 4000쪽 분량의 보고서였다.

우리는 '수집가'라는 범죄 명으로 규정되어 있었다. 아주 공감 가는 이름이었다. 우리에 대한 파일을 만든 당시의 비공식 요원들 또한 그들의 이름을 갖고 있었다. 이번에 우리는 그때 그들이 진짜 누구였는지를 알게 됐다. 그 이름들을 보며 특별히 고통스러웠던 것은 교회 내 전문적인 일꾼, 자원봉사자들이 실제 스파이로 활동했었다는 사실 아었다.

끊임없는 질문들이 솟구쳤다. 그들은 어떻게 범죄자가 되었을까? 협박을 받았던 것일까? 그들 스스로가 희생양이었을까? 베를린 장벽이 무너진 직후 나는 한 승용차 앞에 비공식인 요원 '프리드헬름'이 걸어가는 모습을 보았다. '재판관'이란 이름으로 불린 그는 1989년 12월 23일 자살했다.

또 다른 한 요원은 나를 만나 말하고 싶어 했다. 우리는 약간 거리를 두고 마주보며 앉았다. 그는 자신의 죄를 인정했다. 그는 나와 우리 공동체를 위험에 빠뜨렸던 것을 미안해했다. 나는 예수의 이름으로 그를 용서해 주었다. 나는 손을 그의 머리에 얹고 축복해 주었다.

한 죄인이 자신의 죄를 고백할 때 우리 마음속뿐만 아니라 하늘나라에도 기쁨이 퍼져간다.

사람들은 끊임없이 나에게 물었다. 어떻게 이것이 가능하고, 이런 상황에 처할 때 어떤 느낌인지에 대해서. 나는 다만 주기도문에 대해서만 얘기할 수 있을 뿐이었다. 주기도문은 이렇게 가르치고 있다. "우리가 우리에게 죄지은 자들을 용서해 준 것같이 우리 죄를 용서해 주옵시고." 그 용서의 행위를 통해 우리 크리스천들은 사람들의 부러움과 존경을 받았다.

파일엔 '프랑크 지글러'란 이름도 있었다. 나는 용서하기 위해 그를 찾아갔다. 내가 두어 문장을 읽어나가기도 전에 그는 내게 말했다. 그 어떤 것에 대해서도 자신은 미안하지 않다고. "내가 헌신했던 그 제도는 정말 좋은 것이었어요…." 그와 계속 얘기하는 것은 더 이상 의미가 없어 보였다. 나는 인사를 나눈 뒤 그와 헤어졌다. 나는 그에게 내 전화번호를 알려주었다. 지난 몇 년간 우리는 한두 번 더 얘기를 나누었다. 언젠가 우리 가운데 진정한 화해의 강물이 흐르리라. 하나님께 나아가는 문은 항상 활짝 열려 있다. 심지어 비밀경찰의 스파이들에게조차도.

에버하르트 하이세, 은퇴 집사

>> 배경

비밀경찰

베를린 장벽이 무너진 지 얼마 지나지 않은 1989년 12월 4일 월요 시위에서 비밀경찰의 지역 책임자인 호르스트 뵘은 비밀경찰의 파일 인멸에 대한 언론 보도를 최소화하고 시위자들을 누그러뜨리려고 안간힘을 썼다.

같은 날, 베를린의 원탁회의를 통해 경찰의 파일 인멸을 금지하는 정부 선언이 나왔다. 다음날 오전 9시 쯤, 나는 네 명의 동료들과 함께 지역 경찰 책임자인 니페네거 경위를 찾아갔다. 나는 그에게 경찰이 파일들을 파기한 것은 동독의 형법을 어긴 범죄행위라며 항의했다.

나중에 '그룹 20'의 이름으로 헤르베르트 바그너와 나는 드레스덴 경찰 총장을 만나 법적으로 집회 등록을 마쳤다. 집회는 오후 5시에 비밀경찰의 건물 밀집지역에서 있을 예정이었다. 드레스덴 라디오 방송국이 그 너머에 있었다. 우리는 시위자들에게 바우츠너 거리에서 만나자고 외쳤다.

오후 1시 쯤, 경찰과 검사들이 모임 장소에 도착했다. 이미 수백 명의 시위사들이 선 채로 대기하고 있었다. 우리는 지역 비밀경찰 책임자와 만났다. 그는 파일들을 봉인하고 비밀경찰 요원들을 철수시키겠다면서 시위자들 역시 그곳을 떠나도록 설득했다. 파견된 검사들은 이 제안을 수용할 것을 권했다. 우리는 지역 비밀경찰 요원들, 검사들 그리고 시위자들과 함께 조사 그룹을 만들었다. 건물들을 조사하고 파일들을 안전하게 지키려 한 것이다.

오후 4시 쯤, 위험한 상황이 발생했다. 수백 명의 사람들이 건물 마당으로 몰려 온 것이다. 헤르베르트 바그너는 분노한 시위자들을 진정시키려 했다. 사람들이 계속해서 밀려드는 게 마치 폭력을 쓰려는 것처럼 보였을 수도 있었다.

마당 안엔 많은 무장 경찰들이 배치되어 있었다. 그들은 시위대가 폭력을 사용하는 때를 심각한 위험으로 간주할 태세였다. 그 순간에 어떤 돌발 상황이 야기될지 몰랐다. 긴장을 진정시키기 위해 나는 군중들에게 누구든지 폭력을 조장하는 사람들이야 말로 진짜 비밀경찰 요원이라고 말했다. 평화를 향한 열망으로 가득 찬 시위자들에게 "15분 내로 마당을 떠나자"고 했다. 그들은 기꺼이 그렇게 했다. 그러고 나서 우리는 건물 안의 흥분한 경찰들에게 시민들이 정말로 평화를 원하고 있다고 말했다. 자칫 무기가 사용될 수 있었던 일촉즉발의 상황은 그렇게 마무리됐다. 나중에 시위자들이 그 건물을 접수했다. 모든 비밀경찰 요원들은 그 건물에서 떠날 것을 요청받았다. 실제로 그들은 떠났다.

장벽은 무너졌지만 적어도 12월 6일까지는 아슬아슬한 상태가 지속됐다. 진정한 독일 통일을 위한 협상이 계속 이어졌다.

아놀드 바츠, 1989년 시민 권리 운동의 주역, 1998년 독일 국회의원

지금 바로 민주주의를

무거운 긴장감이 온 나라에 팽배해 있었다. 에리히 밀케는 모든 치안부대가 어떤 사안에 대해서도 신속히 대처할 수 있도록 명령을 내렸다. 그는 특히 모두가 무기를 휴대하라고 명령했다. 도시들에는 많은 예비부대가 구축됐다. 동베를린에서 열린 기자회견에서는 경찰총장인 프리드헬름 라우쉬가 동독 건립 40주년 경축 행사에서 시위대가 브란덴부르크 문을 거의 부수려 했다는 이유로 시위대를 고소할 것을 밝혔다. 또다시 폭력적인 경찰들을 옹호하고 나선 것이다.

몇몇 극단적인 정당 관련자들은 지금의 신 브란덴부르크에서처럼 시위자들이 사회주의통일당 당원들과 연계되는 것을 막으려 했다. 하지만 성 요한교회에서 열린 평화를 위한 기도회 이후 열린 '희망의 행진'에서 2만여 명의 시위대로 인해 그 같은 시도는 초라하게 실패하고 말았다.

신 브란덴부르크 지역의 정당 대표인 요하네스 켐니처는 시위가 중단될 수 있도록 대화를 요구했다. 하인츠 한 시장은 시민들에게 '토요토론'을 제안했다. 그것은 상호 고발을 무마하기 위한 것이기도 했다. 드레스덴에서는 한스 모드로가 뉴포럼의 대표자들과 대화를 통해 새로운 정치 해법을 찾는 등 뭔가 새로운 시도들이 나오기 시작했다.

귄터 샤보브스키는 라디오(ARD) 인터뷰에서 여전히 시위를 엄청난 위험으로 봤다. 그리고 시민권 대표자들과의 대화가 이미 상당히 진행된 상황인 만큼 시위자들 돕기를 중단하라고 교회에 요구했다. 하지만 동베를린 시민들은 시위 중단을 거부했다. 희망과 변화의 목소리는 더욱 확산되어 갔다. 이날 저녁, 예나와 할버슈타트를 비롯해 30개 도시에서 1만여 명이 외쳤다. "지금 바로 민주주의를! 아니면 영영 민주주의는 없다!" 시위자들은 지나가는 시민들에게 시위 참여를 호소했다.

앞으로 변화의 가능성이 전혀 없을 것으로 예상한 사람들은 대사관을 거쳐 인근 폴란드와 체코, 헝가리로 탈출하기 위해 필사의 노력을 기울였다. 서독의 난민 캠프는 완전 만원이었다. 서독에 있는 체육관이나 전시홀은 연합국으로부터 들어온 1000여 개의 간이침대를 지닌 긴급구호 단지로 변모했다.

>> 각성
좁은 길을 걷는 자들의 연대

"이르시되 미혹을 받지 않도록 주의하라 많은 사람이 내 이름으로 와서 이르되 내가 그라 하며 때가 가까이 왔다 하겠으나 그들을 따르지 말라"(눅 21:8)

예수님의 제자들은 장래에 무슨 일이 일어날지 알고 싶어 했다. 성전의 영광과 파괴에 대한 예수님의 불길한 언급이란 관점에서 봤을 때 그들은 '언제 이런 일들이 일어나고 그것들이 일어날 때 무슨 징조가 있는지' 알고 싶어 했다. 설교 도입 부분에서 예수님은 속임수에 대해 즉시 경고하셨다. 우리는 종종 "대중은 결국 승리한다"라고 말한다. 그리고 때로 이렇게 생각한다. "그렇게 많은 사람들이 말한다면 진실임에 틀림없어." 혹은 권위 있는 사람들이 무언가를 강하게 주장한다면 평범한 사람들로서는 그들과 감히 논쟁할 수 없다. 만일 그 주장이 종교적인 동기에서 나온 것일 때엔 아무도 막을 수 없다. 정치제도가 종교적 색채를 입을 때 상황은 심각해진다.

예수님은 너무 쉽게 믿는 것에 대해서도 지적하신다. 이 세상에서는 너무나 자주 어떤 목적을 이루기 위해 속임수가 사용된다. 그것들은 종교적·정치적 외피를 입는 경우가 많다. 종종 속임수와 종교, 속임수와 정치는 분리할 수 없게 되기도 한다. 그러므로 이 시대를 제대로 살기 위해서는 분별이 필요하다. 악한 것들의 실체를 인식할 수 있어야 한다. 그래야 거짓되고 사악한 것들에게 속아 넘어가지 않게 된다.

속임수가 만연되는 사회에서 선은 오용된다. 다수란 이름을 통해서 거짓이 신실을 가린다. 사람들은 가짜뉴스에 미혹된다. 권력자들은 이런 상황을 교묘히 이용한다.

예수님은 단호하게 "그것들을 따르지 말라!"고 말씀하신다. 절대로 시류에 편승하지 말 것을 당부하신다. 오히려 시류에 역행해서 진리의 좁은 길을 가라고 하신다. 그분 스스로 그 길을 가셨다. 우리는 예수님의 길을 따라야 한다. 하지만 그 길을 걸어가기 위해서는 용기가 필요하다. 너무나 확신 있고, 너무나 강력하고, 너무나 권위적이고, 너무나 멋있게 보이는 사람들을 따르지 않기 위해서는 기꺼이 그 대가를 지불할 강한 의지가 있어야 한다. 그들을 따르지 않을 때, 그들은 자신들의 힘으로 당신에게 고통을 가할 수 있다. 우리는 홀로 그 고통과 압박을 견딜 수 없다. 그래서 좁은 길을 가는 사람들의 연대가 필요하다. 속임수를 꿰뚫어보며 분별하는 사람, 진리를 따르려는 강한 의지와 용기를 지닌 사람만이 시류와 상관없이 진리의 길을 갈 수 있다. 이것은 1989년 동독의 평화혁명에서도 증명된 사실이다.

아스트리드 아이힐러, 국립 강사

많은 시민운동 대표자들과, 감옥에 갇히면서까지 시류를 거슬러 진리의 길을 걸었던 동독 크리스천들의 용기로 인해 감사드립니다. 권력자들의 속임수를 올바로 분별하며 거리에 나서 진리를 외친 수많은 사람들로 인해 또한 감사를 드립니다. 당신이 그들을 보호해 주셨습니다. 그럼으로써 역사의 흐름이 바뀌어졌습니다. 찬양과 영광을 돌립니다.

하나님, 우리들이 이 세상에 만연된 속임수와 조작의 신호들을 올바로 분별할 수 있도록 도와주십시오. 그럼으로써 우리로 하여금 이 세상 풍조를 맹목적으로 따르지 않게 하소서. 진리의 말씀으로 속임수의 실체를 인식할 수 있게 하소서. 그래서 우리가 모든 시류와 발전을 맹목적으로 따르지 않게 하소서. 세계 각처에서 진리의 좁은 길을 걷다 갇힌 자들과 함께 해 주십시오. 그들과 연대하며 도울 수 있는 창의적인 길을 열어 주소서.

>> 고백

촛불의 힘은 강력했다

1989년 10월, 오레 산에 다양한 사람들이 모였다. 무엇이 그들을 움직였을까? 그들은 어디에서 온 것인가? 누가 그들의 두려움을 사라

드레스덴의 슈타지 감옥

지게 한 것인가? 비밀경찰은 여전히 암약하고 있었다. 전투부대는 항상 대기상태였다. 베이징에서 수천 명이 죽은 '중국식 해법'은 여전히 현실적 위협이 되고 있었다. 그런 가운데 사회적 지위와 소속 교회가 다른 사람들이 오레 산에 함께 모여 첫 번째 평화기도회를 준비하고 있었다.

우리가 속한 '녹십자' 같은 환경단체 회원들뿐 아니라 감리교, 재림교회, 자유교회, 루터교회, 가톨릭교회에 속한 크리스천들이 모였다. 기도와 하나님의 말씀은 거기에 참석한 모든 사람들의 두려움을 온데간데없게 만들었다. 이 세상을 사는 크리스천들은 말씀에 기초해 정치적인 행동도 해야 한다는 사실을 깨닫게 되었다.

우리는 숙고하고 토론하고 기도했다. 그리고 과감한 연대를 통해 행동하기로 결정했다. 1989년 11월 4일, 오레 산의 감리교회에서 평화기도회를 열기로 했다. 밤늦게까지 포스터를 제작했다. 포스터를 뿌리는 것 외에는 사람들을 초대할 다른 방법이 없었다. 얼마나 사람들이 모일지 몰랐다. 그러나 11월 4일, 예배가 시작되기 훨씬 전에 300석 좌석이 꽉 찼다. 좌석을 채울 정도가 아니라 엄청난 군중들이 밀려와 교회 마당과 근처 도로를 가득 메웠다. 분위기는 최고조로 올라갔다. 군중들은 다 함께 목청껏 노래를 불렀다. 어떤 일이 벌어질지 예측하기 힘들었다. 우리는 설교와 기도, 광고를 통해 '비폭력'을 강조했다. 그럼에도 긴장감은 높아졌다. 우리는 모두 걷기 시작했다. 촛불이 밤을 밝혔다.

무려 1만여 명이 움직이고 있었다. 사람들의 얼굴은 흥분과 격정으로 가득했다. 그들은 지금 올바로 걷는 법을 배우고 있었다. 그들은 한 목소리로 "우리가 국민이다!"라고 외쳤다. '두려워 말라'고 적힌 깃발도 보였다. 이윽고 우리는 정부 중앙청사에 도착했다. 나는 두려움에 사로잡혔다. 저 컴컴한 창문 뒤에서 어떤 일이 벌어질 것인가? 사람들이 돌을 던지지는 않을까? 우리는 위험을 직감했다. 정부 건물을 향해 돌을 던지면 전투부대원들의 총구는 불을 뿜을 것이다. 우리는 아무런 피도 흘리지 않게 해 달라고 간절히 기도했다.

기적이 일어났다. 그 많은 군중들이 고양된 분위기 속에서 시위를 벌였지만 어떤 폭력도 없었다. 그들은 촛불만 켜고 걸었다. 촛불 시위는 정말로 하나님이 주신 아이디어였다. 한 손에 촛불을 들고 다른 손으로 돌을 던진다는 건 불가능했다. 우리는 정부 청사 앞에 도착해 촛불을 바닥에 내려놨다. 폭력은 없었다. 오히려 평화의 광채가 가득했다. 피곤에 지쳐, 그러나 깊은 행복감에 젖은 가운데 우리는 집으로 돌아갔다.

두 번째 평화기도회는 성 안넨교회에서 열렸다. 역시 예배당에는 사람들로 발 디딜 틈이 없었다. 수천 명이 교회 마당에 서서 기도에 동참했다. 예배가 끝난 뒤, 눈이 오는 추운 날씨였는데도 불구하고 끊임없는 촛불 행렬이 도시 전체를 뒤덮었다. 촛불의 힘은 강력했다. 전체주의 체제의 붕괴가 시작된 것이다. 놀라운 일들이 줄줄이 일어나기 시작했다. 기적과 같이 국경이 열렸다. 우리는 시위를 계속했다. 아내는 깃발 제작을 위해 침대보를 기부했다. 우리는 그 침대보로 만든 깃발을 시위대 맨 앞에 세웠다. 거기엔 이렇게 쓰여 있었다. '이제 시작이다. 우리의 진정한 목표를 결코 잊지 말자!'

에버하르트 하이세, 명예집사

정권의 희생자들

특별히 전쟁 후 첫째 달에 수만 명이 극도로 열악한 환경의 특별 캠프에 수감됐다. 약 12만 3000여 명의 독일인들이 1945년부터 1949년까지 10개 특별캠프에 감금됐다. 그들 중 4만 3000여 명이 숨졌다. 756명은 교수형에 처해졌다. 1950년엔 바우첸, 부첸발트 그리고 작센하우젠에 있는 마지막 특별캠프가 해체돼 동베를린 감옥으로 사용됐다. 1만 5000여 명은 석방됐지만 또 다른 1만 513명은 러시아에 의해 유죄로 판정돼 계속 감옥에 갇혔다.

1951년 베르다우에 있는 19명의 고등학생들이 일어났다. 그들은 나치즘에 맞서 저항하다 처형된 숄 한스와 소피(스스로 '흰 장미'라고 부름) 남매의 사례를 공부하며 나치즘과 스탈린주의가 닮았다는 점을 발견했다. 그들은 발터 울브리히트(분단 당시 동독의 국가평의회 의장-역자 주)의 정책이 스탈린주의에 기반한 무신론적 사회주의 건설이라

203

는 점을 파악하고 무척 실망했다. 그것은 다시 나치즘으로 가는 것과 같았기 때문이었다. 그들은 저항하기로 결정하고 스탈린주의의 실상과 동독의 현실을 고발했다. 그들의 저항은 '동독 재건에 반한 행동'이라는 판결을 받았다. 청소년들은 2년에서 15년 형을 선고 받았다. 나중에 석방된 후 이들 대부분은 서독으로 망명했다.

비록 동독 헌법은 신앙과 양심의 자유, 종교 행위의 자유를 보장하고 있었지만 실제로 교회 활동은 철저히 방해받았고 활동적인 크리스천들은 위협을 당했다. 1957년 11월 28일, 목회자이자 철학 교사였던 지그프리드 슈무츨러 박사가 감옥에 갇혔다. 대학교회에서 그가 인도하는 젊은이 예배는 사람들로 넘쳤다. 발터 울브리히트 정권은 그것을 몹시도 못마땅해 했다. 슈무츨러 박사는 사람들을 그릇되게 선동한다는 죄목으로 5년형에 처해졌다. 작가 에리히 로에스트도 1957년부터 64년까지 감옥살이를 해야 했다.

1961년 8월 13일 베를린장벽이 들어선 이래 조용히 동독을 떠나기 위해 비자를 신청했던 사람들은 정치범이 되었다. 그들은 비애국적인 간첩활동 혐의로 투옥됐다. 단지 국경을 넘으려 했다는 이유로 말이다. 많은 젊은 양심적 크리스천들과 여호와의 증인 신도들은 군입대를 거절했다. 이는 22개월에서 26개월 동안 수감되는 걸 의미했다. 이밖에도 농담을 했다는 이유로, 불법 집회에 참여했다는 이유 등으로 많은 사람들이 체포되어 감옥살이를 해야 했다. 그들은 감옥에서 각종 고문과 구타를 감내해야 했다. 그들은 모두 정권의 희생양들이었다. 사람들은 이런 엄혹한 상황이 영원히 지속될 줄 알았다. 그러나 보이지 않는 곳에서 무언가가 일어났다. 변화는 기적과 같이 찾아오기 시작했다.

하랄드 브레츠슈나이더, 1989년 지역 청년 담당 목사, 하이란트교회협 명예회원

대화가 시작되었다

　　로스토크에서 열린 목요 평화기도회는 라이프치히의 월요 기도회와 흡사했다. 10일 전, 성 게오르그교회의 기도회에 450여 명이 참석했다. 이들은 손에 촛불을 든 채 성 마리엔교회 근처까지 걸어갔다. 수백 명의 사람들이 그 시위를 두려움과 비아냥거림으로 지켜봤다. 신 브란덴부르크에서 그들은 1500여 명으로 거리 시위를 시작했지만 가톨릭교회에서 3000여 명이 참석한 가운데 끝이 났다. 10월 19일 로스토크에서는 성 마리엔교회에서 사람들로 가득찬 가운데 예배를 마치고 5000여 명이 성직자 요아힘 가우크와 함께 시내를 걸었다.

　시위 행렬은 점점 불어나 1만여 명이 되었고 보위부대 건물 앞에 섰을 때는 모두들 촛불을 들고 있었다. 다음 목요일에 경찰들이 이 모든 사람들을 어떻게 다룰지는 아무도 확신할 수 없었다. 시위대는 당국 책임자인 아더 암토르 대령이 군대에게 다음과 같이 경고했다는 사실을 알지 못했다. "어떤 일이 있어도 총격은 안 된다. 만약 우리가 총을 쏜다면 이 사람들을 모두 죽음으로 내모는 것이 된다. 우리 손가락으로 살상을 해선 안 된다."

　월요일에 처음으로 시 공무원들이 로스토크에 있는 정부 청사에서 토론을 위해 시위자들과 면담했다. 헤닝 쉬라이프 시장은 며칠 전의 반응과는 비교가 안 될 정도로 늘어난 시민들의 시위의 권리를 인정했다.

한스 모드로와 드레스덴 시장 볼프강 베르크호퍼가 10만 여명의 시민들 앞에서 이야기 하고 있다

그날 저녁, 10만여 명의 시위자들이 드레스덴에 모였다. 대화가 속도감 있게 이뤄졌다. 군중 대표자들은 다음 날 시의회에 참석해 발언할 수 있도록 허락을 받았다. 그때 대표자들은 10월 첫날부터 시작해 시위자들을 향한 정부의 폭력적인 행동과 관련된 168개의 증거들을 시의회에 제출했다.

심지어 귄터 샤보브스키조차 드레스덴의 한스 모드로의 사례를 따랐다. 그는 배르벨 볼라이, 젠스 라이 같은 '뉴포럼' 주창자들을 만났다. 대화가 시작되었다. 정부와 시민들 간의 '소리 장벽'이 제거가 된 것이었다. 샤보브스키는 그날 저녁의 대화를 아주 낙관했다. 대화 참여자들은 동독의 정치 제도에 대한 공적 변화를 요구했다. 이제 민주주의를 향한 타는 목마름은 몇 모금의 물로는 해소될 수 없는 지경에 이르렀다.

언어의 재발견

"그때에 의인들은 자기 아버지 나라에서 해와 같이 빛나리라 귀
있는 자는 들으라"(마 13:43)

누군가가 언어를 발견하고 그것을 공개적으로 말할 수 있는 자유
를 얻는 것은 혁명의 첫 번째 성과물이다. 동독에서 이데올로기는 그
마지막 성채를 잃고 사라져 버렸다. 아무도 그 이데올로기를 원하지
도, 방어하려고 하지도 않았다. 심지어 그들 이념의 주창자들마저도
말이다. 진리의 말들이 승리를 거뒀다.

이제 더 이상 사람들은 교리를 얼마나 따랐느냐에 따라 평가되지
않았다. "허가받지 않은 것은 결코 현실이 될 수 없어." 사람들은 예전
엔 이렇게 말했었다. 하지만 지금은 진부한 것이 되어버렸다. 과거에
사람들은 진리를 말하기 위해서는 극도로 조심하며 풍자나 난해한 그
림 등을 사용해야 했다. 하지만 이제 사람들은 거리낌 없이 진리를 말
하기 시작했다. 진리가 문을 활짝 열어젖혔다.

이런 변화에 대해 사람들이 느꼈던 기쁨과 환희는 필설로 설명하
기 힘들다. 그동안 막혔던 언어가 뚫렸다. 언어를 되찾은 사람들의 이
야기를 듣는 것은 너무나 벅찬 일이다. 시위대 안에서는 온갖 언어들
이 튀쳐나왔다. 시위자들은 모두 시인과 같았다. 그들은 참으로 낭만
적이었다. '그룹 20'의 드레스덴 대표자들은 시 지도자들과 이야기할
때, 그들을 부끄럽게 만들었을 정도로 화려한 그러나 진실 가득한 언
어를 구사했다.

1989년 10월, 젊은 여성 카를라 쿤디쉬는 나에게 직접 쓴 시를 주었다. 그것은 사람들이 자신의 언어를 발견하고 자유를 찾았던 한 예에 불과하다.

89년 10월의 상황에 대하여

그것은 우리의 마음에서 떨어져 나갔다
돌은 거기 놓여 있었다
거기에 그걸 둔 사람이 누군지
분명 지혜롭지 못했다
새로운 상황은 공격적이었다
더 이상 조용하지 않았다

따라서 그 돌은
우리의 무력감에서 우리가 스스로 각성할 때까지
거기에 그대로 있어야 했다
시시포스가 그랬듯이
우리 또한 그 길을 따라 계속
그 돌을 굴릴 것이다

프랑크 리히터, 1989 드레스덴 돔 교회 목사, 작센 주 정치교육센터 디렉터

하나님, 모든 저항과 위험을 맞설 수 있도록 우리를 도와주셔서 감사합니다. 지금도 여전히 대립하고 있는 정당들 사이에 중재자들을 주셔서 대화하게 허락해 주심을 감사드립니다. 당신의

도움으로 그동안 목소리를 내지 못했던 자들이 소리를 낼 수 있게 되었습니다.

어떤 경우에도 대화가 끊어지지 않게 하시고 비폭력을 통해 문제를 해결하게 저희를 도우소서. 대화를 깨부수려는 모든 음모와 공격으로부터 우리를 보호해 주십시오.

불의와 폭력에 대한 400가지의 기록

1989년 10월 8일 예배 후, 교인들이 드레스덴에 있는 성 십자가교회의 제의실로 와서 우리가 자신들을 도와줄 수 있는지 물었다. 친구, 배우자, 자녀 등 여러 명이 며칠째 행방불명이라는 것이다. 경찰은 어떤 요청에도 묵묵부답이었다. 그들이 얘기하고 있는 동안 몇 사람들은 울기 시작했다. 누군가 뭔가를 해야 했다. 그날 저녁, 돌아오는 월요일에 시의 청년 사택이 붙잡히고 실종된 사람들의 가족과 친척들을 위한 정보와 활동 사무실이 될 것이라고 발표되었다. 그 사무실은 오전 8시부터 자정까지 문을 열게 된다고 했다.

처음에 가장 중요한 일은 그저 듣는 것이었다. 처음 몇 날 동안 많은 사람들이 자신들의 경험과 두려움에 대해 얘기했다. 우리는 지원을 제공하는 것뿐만 아니라 그들의 말에도 귀를 기울였다. 신뢰할 만한 변호사들, 몇몇 정신과 의사도 참여했다. 우리는 실종자들의 이름을 수집했고 그들이 풀려났을 때 어떤 일이 발생할지에 대해 글로 적어두라고 요청했다. 우리는 이 간증들을 모아서 책임 있는 사람들이 설명할 수 있도록 했다. 우리는 이 과정에서 믿을 수 없는 공포와 슬픔, 분노 그리고 나중엔 기쁨과 감사를 경험했다.

다음 몇 주 내에 체포, 심문 그리고 학대에 대한 거의 400개에 이르는 보고서가 제출되었다. 10월 한 달 동안 드레스덴에서만 1300명이 넘는 사람들이 체포되었다. 그들과 함께 개인적인 보고서들도 기본적인 인권을 요구했던 사람들이 공산주의적 제도에 의해 무가치하고 잔인하게 다뤄졌다는 증거가 되었다.

오랫동안 누군가 무자비한 독재와 관련된 증거를 인멸하기 위해 음모를 꾸밀지도 모른다는 걱정을 우리는 하고 있었다. 우리는 할 수 있는 한 최대로 '보존'하기 위해 조직적으로 움직였다. 교회 지도층은 우리가 이들 정보를 모을 수 있도록 공식적으로 권한을 위임해 주었다. 복사본은 다른 장소에 보관했다. 오후 8시 이후 청년 사택에서는 한 사람만 일하는 것이 아니었다. 이런 이유로 관리자 지머가 시의회에 경찰과 보안부대의 폭력적인 행태에 대한 기초자료가 되는 168개의 보고서를 제출한 것은 정말로 대단한 일이었다. 보고서를 제출하면서 그는 한 구절을 인용했다. 한 젊은이가 심문을 당할 때 무릎을 꿇고 만약 심문관이 듣고 싶은 말을 하지 않으면 죽도록 얻어맞을 것이라는 위협을 받았다는 것이다. 그들은 사회주의는 뭔가 다를 것이라고 상상했었다. 그러나 현실은 참혹했던 것이다. 그 현실의 변화가 이제 시작되었다.

마르틴 헤커, 1989년 드레스덴 복음주의 루터교회의 청년 담당 목사,
2004년 라이프치히 책임자

"우리가 국민이다!"

작센에서 만들어진 구호인 "우리가 국민이다!"가 들불처럼 번져갔다. 이 슬로건에서 나는 1989년에 그 문장을 만든 사람들이 생각지 못했던 뭔가를 읽을 수 있었다. 한때는 정부의 규제에 따라 제한적으로 살던 사람들이 이제 자신들의 권리를 인식하며 스스로를 책임 있는 사람들이라고 선언하고 있다. 만일 당신이 지휘권을 지닌 국민이라면 당신의 행동에 당신이 책임을 지면 된다. "우리가 국민이다!"는 모든 교실에 걸려야 한다. 이는 인간다움과 온전한 시민의 권리를 위해 싸웠던 사람들이 외칠 수 있는 아름다운 표현이다. 이 문장은 모든 사람들의 기억 속, 즉 집단적인 기억 속에 자리 잡아야 한다.

다시 그때로 돌아가 보면 "우리가 국민이다"라는 표현과 함께 이중적인 메시지가 작센에 휘몰아쳤다. 첫째, 그들이 제대로 통치하지 못했기 때문에 통치권을 얻지 못했다는 메시지다. 둘째, 그들은 사람들의 대표로 자유롭게 선출되어 사는 것을 연습하기 위해, 그리고 이 권리와 함께 자신들을 옭아매기 위해 권력의 방으로 들어가도록 격려를 받았다는 것이다.

수천 명의 정당인들이 이 표현에서 나온 권력을 느낄 수 있었다. 새로운 책임감은 전염성이 강했다. 많은 당 하부 구성원들은 사임으로 맞섰다. 그들은 국민의 반대자이자 적으로 기능하는 지배계급 정당의 일원이 되고 싶어 하지 않았던 것이다. 다른 이들은 곧 이념의 숲 속에 있는 반동의 요새가 급습을 당할 거고, 옛 핵심그룹은 쓰러져 결국 정당에서 축출될 것이라는 걸 알았다.

슬로건이 주는 강력함이 있다. "우리가 국민이다"라는 슬로건과 함께 모든 것이 빠르고 좋은 쪽으로 진행됐다. 시위운동으로 말미암은 혁명이 일어났던 것이다. 최고였고, 또 최고이길 원했던 것이 이렇게 기적처럼 아무런 폭력도 동반하지 않은 채 전개됐다.

요아힘 가우크, 1989년 로스토크의 성직자, 2012년 독일 대통령

자유의 날이 도래했다

40년 만에 자유의 날이 도래했다! 시의회는 여전히 수감 중이던 2000여 명을 사면하는 일반 결정을 내렸다. 이들은 피신하려다 붙잡힌 사람들, 전혀 폭력의 의도가 없었음에도 지난 몇 주 동안의 시위와 관련해 유죄를 받은 사람들이다. 늦어도 월요일까지는 모두 석방되기로 했다. 하지만 많은 수감자들은 풀려나 동독에 살기보다는 서독으로 가고 싶어 했다. 그래서 그들은 석방을 거부했다.

그럼에도 사면을 위해서는 자격이 필요했다. 왜냐하면 주 변호사인 귄터 벤드란트는 '불법 월경 폐기'를 부인했기 때문이다. 그에 따르면 국경은 두 나라에 의해서가 아니라 두 체제에 의한 분리로 만들어진 것이기에 특별한 보호가 필요하다는 것이다.

프라하에서는 난민들이 몇 주를 기다린 끝에 드디어 대사관을 떠날 수 있었다. 지난 4주 동안 체코슬로바키아 한 곳을 통해서만 1만 4000여 명이 서독으로 탈출했다. 바르샤바 대사관에 있던 2400여 명의 난민 중 1500여 명이 떠났고, 나머지는 앞으로 3일 내에 떠나기로 되어 있었다. 친척 방문을 위해 서독에 도착한 성직자 스테펜 라이헤는 현지 언론을 통해 동독 시민들이 현재 있는 곳에 머물며 초창기 변화의 주체가 되어야 한다고 강조했다.

하지만 시민들은 모든 과정이 여전히 제대로 진행될 것인지에 대해 회의감을 가졌다. 그들은 정치인들로부터 너무 많이 속아왔던 것이다. 크리스토프 스티어 감독은 메클렌부르크 루터교회들의 총회를

213

요구했다. 정치인들에게 지난 모든 과오에 대한 책임을 물리고 완전한 민주적 변혁을 불가역적으로 만들기 위해서였다.

한 마디의 유감 표현도 없이 목회자 협의회는 10월 3일부터 11월 1일까지 체코슬로바키아로의 여행 금지 조치를 해제해 버렸다. 그것은 점점 격화되는 긴장을 해소하기 위한 조치였다. 그것은 또한 제한된 여행 자유를 허용하는 것으로 새로운 정치가 펼쳐지고 있다는 증거 가운데 하나였다.

그래서 금요일 저녁, 30명이 넘는 시민들이 뉴포럼 모임에 참여하도록 선발되었다. 그들이 올린 깃발에는 '우리는 마침내 행동을 보고 싶다'라는 문구가 쓰여 있었다. 반복되는 대화는 더 이상 시민들을 만족시키지 못했다. 이제는 귀스트로(2만여 명), 데사우(1만 5000여 명), 사알펠트(1만여 명), 올베른하우(4000여 명), 파침(4000여 명), 라우흐함머(3500여 명), 그로스래센(1500여 명) 등 작은 도시에서도 사람들이 거리로 쏟아져 나와 더 많은 자유와 정당 해산까지를 요구했다.

켐니츠에서는 시장과 저항그룹 대표단의 첫 대화가 열렸다. 하지만 저녁엔 평화기도회가 끝난 뒤 1만여 명이 다시 거리로 나왔다.

>> 각성
소망의 말들이 세상을 바꾼다

"많이 친 후에 옥에 가두고 간수에게 명하여 든든히 지키라 하니 그가 이러한 명령을 받아 그들을 깊은 옥에 가두고 그 발을 차꼬에 든든히 채웠더니 한밤중에 바울과 실라가 기도하고 하나님을

찬송하매 죄수들이 듣더라"(행 16:23~25)

1989년 10월 27일, 한 신문 기사가 퍼져나갔다. 잘 모르는 사람들에겐 그것이 기쁨의 소식처럼 들렸다. 동독 의회가 공화국을 탈출하려다 투옥된 모든 죄수의 사면을 선포한 것이다.

하지만 그 사면과 관련된 자들은 어디에 있든 그냥 감옥에 남는 걸 선택했다. 그들은 감옥에 더 머물고 싶어 했다. 그들은 '동독이라는 커다란 감옥'에서 깨어나는 것보다는 차라리 현실의 감옥에서 신세계의 꿈을 꾸고 싶어 했다. 그들은 형기를 마친 후, 서독으로부터 몸값이 지불된 뒤(서독의 동독 양심수 석방 정책이었던 '프라이카우프'를 말한다-역자 주) 풀려나길 바랐다. 그 때문에 그들은 모든 위험을 무릅썼다.

이 뉴스는 나에게 신약의 이야기 한 토막을 떠올리게 했다. 두 명의 중요한 죄수 바울과 실라는 냉혹한 현실을 소망으로 이겨냈다. 심하게 고문당한 뒤에도 그들은 감옥에서 찬양하며 기도했다. 그러자 갑작스런 지진이 발생해 모든 감옥 문들이 활짝 열렸다. 하지만 두 사람은 감옥에 그대로 남았다. 그리고 기도하고 노래했다. 그들은 행동으로 다른 죄수들, 심지어 간수들이 전능자를 믿도록 했다.

여류 시인인 에바 스트리트마터(1930-2011)는 감옥을 모티브로 아름답고 의미심장한 시를 남겼다. 나는 특히 다음과 같은 그녀의 시를 좋아한다. "누군가 노래할 때 그는 단지 영혼으로 노래해선 안 된다네/ 누군가 노래할 때 그는 인력과 죽음의 힘에 맞서 노래해야 한다네." 때론 말은 노래하거나 기도할 때 진정한 의미를 보여준다.

그녀의 또 다른 시도 있다. "모든 진실한 말은 만난(萬難)을 무릅쓰게 하는 것/ 그런 말들은 출애굽 후 내내 하늘로 이어진 사닥다리로 우뚝 서 있지/ 그런 이유로 절반의 진실은 중요하지 않아/ 전적인 진실과 자유, 그것이 목표라네/ 둘 다 하나님께로부터 오는 선물이지."

항상 그리고 어디서나 담대한 소망들을 묶고 억제하려 하는 '끌어 당김'에 맞서 바울과 실라가 노래했던 멜로디에 당신의 채널을 고정하라. 그리고 모든 새로운 시작을 두려움으로, 모든 자유를 무기력함으로 바꿔놓으려 하는 죽음의 문화에 맞서라.

그런 소망의 말들이 세상을 바꾼다. 누가복음 첫 부분에서 젊은 목수의 신부가 부른 노래처럼 말이다. "권세 있는 자를 그 위에서 내리치셨으며 비천한 자를 높이셨고"(눅 1:52)

이들 말에 대한 진실은 단지 라이프치히나 플라우엔 거리에만 해당되는 것은 아니다. 루터가 말한 대로 하나님은 우리 인생의 감옥 문을 여시고 거기에 갇힌 죄수들을 풀어주신다. 이것은 내게 마치 1989년 10월 27일의 그 신문 기사에 대한 해설처럼 들린다. 하나님의 기적은 명확한 말들로부터 시작된다. 우리는 듣고, 노래하고, 보는 것이 사라질 수 있다는 것을 잘 알고 있다. 하지만 하나님의 자유는 그렇지 않다. 그것은 마치 죽음이라는 중력에 맞서 끊임없이 불리는 부활절 노래 가사와 같다.

마티아스 스토크, 성직자

하나님, 아무 잘못 없이 투옥됐던 동독의 정치범들을 해방시켜 주심을 감사드립니다. 불공평하게 붙잡혔던 시민운동의 대표자들과 많은 나라에서 종교적으로 핍박받고 잘못 고발된 순전한 사람들을 위한 우리의 기도에 응답해 주셔서 감사합니다.

이들 죄수들이 당신이 참 위로자이시며 영혼의 구원자이심을 알게 하소서. 그들을 온갖 해악에서 보호하시고 이 땅에 정의를 베풀어 주십시오. 그들에게 수갑이나 밧줄보다 더 강력한 내면의 자유를 허락하시옵소서. 그럼으로 그들이 어떤 고통 속에서도 좌절하지 않고 해방의 날을 소망하게 해 주소서. 정의를 구부리는 자들을 낱낱이 드러내십시오. 희생자와 가족들의 원통함을 신원해 주시옵소서.

>> 고백
떠나려는 열망과 머물라는 호소

조국과 교회의 분단 기간에 많은 동독인들은 다음과 같은 질문에 직면했다. '떠날 것인가 아니면 머물 것인가?' 자유의 제한, 서독으로의 여행 금지, 교회 종사자들의 자녀에 대한 불이익, 다른 종류의 삶에 대한 갈망은 많은 동독인들로 하여금 그들의 삶의 터전을 떠나 서독에서 새 출발을 하려는 열망을 갖게 했다.

1984년 국가 교회의 사회사업부문 위원장이 되었을 때 나는 이주 부문의 책임자였다. 나는 이미 동독의 사람들과 많은 접촉을 하고 있었다. 내게는 특히 동독과 서독 간에 다리를 놓는 것이 중요한 일이었다. 위원장으로서 나는 통상부 장관과 함께 모든 통상 관련 일의 책임을 맡았다.

우리는 동독의 교회와 그 직원들에 대해 (돈의) 이체가 아닌 (물건의) 배송을 통해 도움을 주었다. 나는 많은 교회와 사회사업 종사자들로부터 동독인들의 탈동독 열망을 알게 됐다. 하지만 나의 공식적인 직위 때문에 어느 누구도 개인적으로는 도울 수 없었다.

한 동독의 정형외과 의사는 오랫동안 서독 여행 허락을 얻기 위해

켐니츠의 카스베르크에 있는 슈타지 감옥

기다렸지만 허사였다. 그의 지원서는 계속해서 거절됐다. 이유는 서
독으로 간 정형외과 의사들이 충분히 동독으로 돌아오지 않았기 때문
이었다. 나는 그가 속한 교회가 서독의 파트너 교회의 총회에 도움을
요청해보도록 제안했다. 그 의사는 결국 여행 허락을 받았고 서독에
서 열린 총회에 참석한 지 며칠 후에 다시 동독의 병원으로 돌아갔다.
그는 서독에 머물고자 하는 유혹을 이겨낸 것이다.

　떠나려는 사람들은 달이 갈수록 늘어났다. 그들로 인해 점차 거대
한 탈출 행렬이 만들어졌다. 더욱더 많은 의사들과 간호사들, 그리고
장애인 돌보미들이 서독 여행으로부터 돌아오지 않았다. 그래서 동
독의 복음주의 교회들은 교회 내 젊은이들과 동역자들에게 동독에 머
물 것과 교회의 기대를 저버리지 말 것을 당부했다.

하지만 이 같은 급박한 호소는 잘 먹히지 않았다. 그만큼 자유에 대한 욕구가 컸기 때문이다. 이것은 동독의 다양한 지역에서 평화혁명이 일어났던 이유이기도 하다. 지금 그때를 돌아보면 하나님의 특별한 섭리를 감사하지 않을 수 없다.

'머물 것인가, 떠날 것인가?' 이 질문에 대해 동일한 답변은 있을 수 없다. 누구나 저마다의 독특한 상황을 안고 있었다. 각 개인들이 갈등과 고통, 때로는 죄의식 가운데 스스로 답변해야 했다.

동독과 서독의 책임 있는 사람들은 이구동성으로 동독의 교회만이 이 거대한 변화를 감당할 수 있다고 말했다. 우리는 동독을 떠나려는 사람들이 하나님의 섭리를 인정하며 그 자리에 머물러 있기를 호소했다. 분명, 하나님이 그 자리에 두신 이유가 있을 것이기 때문이다. 그러나 '머물 것인가, 아니면 떠날 것인가'에 대한 최종적인 결정은 전적으로 개인이 감당해야 할 몫이었다.

칼 하인츠 노이캄, 은퇴 목사

>> 배경

탈 동독 러시

1945년부터 89년까지 대략 450만여 명의 시민들이 점령된 지역과 동독에서 탈출했다. 베를린 장벽이 만들어지자 그 흐름은 멈춰졌다. 하지만 이미 390만여 명이 서독으로 넘어간 상태였다.

1961년부터 1989년까지 57만여 명이 동독을 떠나 서독으로 넘어갔다. 그 전에 그들은 실업 상태이거나 비밀경찰의 감시를 받거나 투옥된 상태였다. 50만여 명이 공식적으로 넘어갔고, 3만 8000여 명이 불법적으로 탈출했다. 3만 3755명이 서독의 프라이카우프 정책에 의해 인도됐다. 베를린 장벽이 만들어지고 그것이 처음 열리기까지 공화국(동독)을 탈출하려 했다는 이유로 7만여 명이 투옥됐다.

그토록 많은 사람들이 조국을 떠났다는 것보다 더 심각한 문제는 그들 중 상당수가 젊고 잘 교육받은 사람들이라는 점이었다. 그들 중 일부는 또 다른 독일(서독)의 밝은 면에 지나치게 영향을 받기도 했다. 많은 이들은 사회적으로 안정된 위치에 있었음에도 불구하고 모국을 떠났다. 그 이유는 그들이 이 땅에서 점점 보다 나은 삶을 살 것이라는 희망을 상실했기 때문이다.

동독의 지도자들은 떠난 사람들을 아쉬워하는 것은 적절하지 않다고 말했다. 하지만 우리 모두에게 그들은 소중한 사람들이었다. 인간적인 측면뿐 아니라 경제적·문화적·감정적으로 그들의 떠남은 국가적 손실이었다. 정부는 한동안 침묵했다. 기껏해야 확신 없고 교훈적인 멘트만 반복할 뿐이었다. 탈동독이라는 문제에 대한 심각한 이유와 해법을 토론하는 공적인 모임 같은 것은 아예 없었다. 동독을 떠난 몇 사람들이 다음과 같이 말했다. "우리 자신을 위해서라면 그냥 머물렀을 것이다. 하지만 우리의 자녀들을 위해서는 그럴 수 없었다. 왜냐하면 우리 자녀들은 동독에 계속 머무르겠다는 결정으로 인해 긴 세월 동안 고통을 받아야 하기 때문이다."

쿠르트 샤르프 주교는 교회 직원들의 석방과 더 나은 조건을 위한 협상을 벌였다. 1962년에 교회 대표와 변호사들, 보겔(동베를린)과 스탄게(서베를린) 사이에 협상이 벌어졌다. 수감자 중 한 그룹과 물자가 맞교환되었다. 서독 정부가 행동을 취하기 시작한 것이다. 마침내 1964년부터 1989년까지 3만 3000여 명의 동독 수감자들이 버스에 태워진 채 서독으로 옮겨졌다. 약 25만 명이 서독의 가족들을 만나러 여행가는 게 허락되었다. 그 대가로 이 기간에 343만 마르크 분량의 공산품, 천연자원, 식료품 등이 서독에서 동독으로 들어갔다.

이것은 물론 엄격한 비밀이 유지된 채 진행되었다. 그 덕분에 여러 정치적 이유로 수감되었던 동독인들이 생각보다 빨리 감옥에서 석방되었다. 서독 정부는 석방을 위해 동독에 물자를 제공했던 것이다. 그것은 동독 경제에 상당한 보탬이 되었다.

하랄드 브레트슈나이더, 1989년 지역 청년 목사, 하이란트 교회협 명예회원

진리와 함께 고난을

라이프치히에서 온 지도자들이 특별한 모임에서 처음으로 자아비판을 했다는 것은 도무지 상상하기 어려운 일이다. 그들은 그 모임에서 "우리는 진짜 문제가 무엇인지를 감추거나, 정당의 유익을 위해 속내를 숨겼다"고 고백했다. 심지어 구색정당들은 한 걸음 더 나아가 비판을 허용했다. 자유민주당(LDP) 기관지인 '더 모닝'은 뉴포럼 공동 설립자의 기사를 보도했다. 롤프 헨리히는 인터뷰에서 뉴포럼이 언급하고 있는 문제에 관해 자유롭게 이야기했다. 그는 이 격변의 시기에 인내를 요구했다. '베를린 신문'과의 인터뷰에서 드레스덴 시장 볼프강 베르크호퍼는 "정부는 시위가 보여준 있는 그대로의 현실을 수용해야 한다"고 다시 한번 확인해 줬다. 그는 시위는 사람들이 일상생활에서 중대한 변화가 일어났다는 걸 느낄 때에만 중단될 수 있을 것이라고 내다봤다.

플라우엔에서는 노르베르트 마르틴 시장이 이제는 정기적으로 열리게 된 토요 시위에서 4만여 명의 시위 참가자들에게 연설을 했다. 그라이츠에서는 6000여 명이 참가한 가운데 처음으로 '공인된' 시민들의 저항 운동이 일어났다. 지금까지 시위는 항상 불법이었다. 자발적이든 계획된 것이든 공인받지 못했다.

70명의 유명 예술가, 작가, 과학자들이 베를린 리디머 교회에서 '이성의 잠듦에 맞서서'(against the sleep of reason)란 주제로 회동했다. 그것은 다음과 같이 보도되었다, "행동을 통한 정치적 신뢰의 회복, 10월 첫 주에 발생한 비밀경찰의 공격에 대한 조사위원회 구성, 권력에 대한 진정한 나눔, 권력 통제 등이 거론되었다. 베를린 장벽은 이제 단지 관세 장벽으로만 남아 있었다."

유명 배우 울리히 뮤흐는 출판사 전 대표이자 작가로 장기간 복역한 발터 얀카를 다뤄 동독에서 금서가 된 그의 저서 '진리와 함께 고난을'(Difficulty with the Truth)을 독일 극장에서 처음으로 낭독했다. 75세의 고령인 얀카는 뮤흐의 낭독 후에 이렇게 말했다. "때론 침묵은 거짓과 동의어다. 침묵을 깨뜨리는 행위 자체에 많은 대가가 지불이 되어야 할 때, 그 침묵은 거짓과 동의어로 비쳐질 수 있다."

크리스타 볼프는 그날 저녁 이렇게 자기 비판적인 언급을 했다. "우리는 우리 자신의 '진리와 함께 고난을'이 무엇인지 알아보아야 한다. 그럴 때 우리는 부끄러움의 이유를 찾게 되며 참회하게 된다. 자, 이제 우리 자신을 속이지 말자. 사회 변화가 일어나기에 앞서 우리 각자는 스스로 질문하며 자아비판을 해야 한다. 그렇게 하지 않으면 우리의 행동은 단순한 대중요법이 되거나, 쉽게 오용되거나, 심한 위험에 빠지게 될 것이다."

>> 각성

위선을 넘어서

"화 있을진저 외식하는 서기관들과 바리새인들이여 회칠한 무덤 같으니 겉으로는 아름답게 보이나 그 안에는 죽은 사람의 뼈와 모든 더러운 것이 가득하도다"(마 23:27)

연속되는 "화 있을진저"라는 말에서 예수님은 당시의 종교 지도자들의 민낯을 드러내신다. 겉모습에서 그들은 내면생활의 실체와 부합하지 않는 자신들의 상(像)을 보여주고 있다. 예수님은 이것을 '젠체하기' 또는 '위선'이라고 부르셨다. 시인 하인리히 하이네는 이에 대해 또 다른 비유로 말했다. "그들은 물을 마시는 것을 가르치면서도 몰래 와인을 마시지."

예수님은 본질적으로 외식하는 사람들을 비판하신다. 그들은 십계명을 일상의 모든 영역에 실천하도록 했다. 이 법 중 어느 하나라도 무시하는 것은 결코 그들에게 용납될 수 없었다. 이것은 실제로는 굉장히 명예로운 일이자 교회가 온전히 의도한 일이기도 하다. 단지 가르치는 것과 살아가는 사이에 괴리만 없다면 말이다.

이러한 괴리는 오늘날 교회와 정치, 사회에도 존재한다. 교회 돈으로 대저택을 짓는 성직자들, 박사학위를 이용해 실제 그렇지 않으면서 그런 사람인 것처럼 행세하는 정치인들, 도덕적인 권위를 가진 것처럼 행세하면서 세금 납부는 회피하는 유명인들…. 그들은 모두 물을 마시는 걸 가르치면서도 몰래 와인을 마시고 있는 사람들이다. 자기는 하지 않으면서 다른 사람은 하라고 요구하고, 실제 그렇지 않으면서 좋게 보이고 싶어 하는 사람들 말이다.

그러므로 예수님이 선포하신 "화 있을진저"는 서기관들과 바리새인들을 일깨우는 말이다. 아마도 그들은 자신들 속에 있는 이러한 괴리를 깨닫지 못했을 것이다. 왜냐하면 사람들이 모두 내 주위에 있는 것과 똑같은 행동을 하게 될 때 나는 단지 다수의 의견에 흡수되는 것이니까. 그때는 나의 위선을 가려내는 것이 아주 어렵게 된다. 이런 이유로 예수님의 "화 있을진저"란 말은 수십 세대에 걸쳐, 심지어 오늘날까지도 울려 퍼지고 있다.

젠체하기와 가르치려 하는 자세는 개인과 교회, 사회를 병들게 한다. 그것들은 또한 사람들을 맹인으로 만들어 자신의 본 모습을 보기 어렵게 만든다. 만약 예수님이 "화 있을진저"란 말을 단지 높은 지위에 있는 사람들에게만 한 것이 아니라면 나는 어떻게 말하며 살아야 할까? 나는 나의 소신을 견지하기 위해 얼마나 많은 비용을 지불해야 하는 것일까?

모든 독일인들을 위한 격변의 역사는 자신들의 소신 때문에 불이익을 기꺼이 감내하려고 했고, 때로는 생명까지도 내놓았던 용기 있는 남자와 여자들로 인해 만들어졌다. 복음서의 가르침처럼 내면과 외면이 일치된 삶을 살았던 용기 있는 사람들의 이야기는 오늘을 살아가는 나와 우리들이 어떻게 살아야 하는지에 대해 강한 도전을 준다.

크리스토프 스티바, 독일침례교단 총무

하나님, 진리가 밝히 나타나고 위선이 드러날 수 있도록 도와주셔서 감사합니다. 그 드러남을 통해 개인과 사회 전체가 참된 진리의 자유를 경험하게 해주소서. 우리로 하여금 우리 자신의 위선을 발견하고 고칠 수 있는 용기를 주십시오. 당신만이 진리이십니다. 거짓의 밧줄에 묶인 자들을 자유케 해주시기 원합니다. 진리를 저버리는 수많은 사람들 뒤에 숨지 말게 하시고 우리를 가르치려 드는 그릇된 구조들을 박차고 일어나게 용기를 주시옵소서.

두려워하지 말라

1989년 10월 28일, 젊은이들이 교회 신문 검열에 대한 항의와 언론 자유를 요구하며 거리로 몰려나갔다. 교회 신문들에 대한 국가 차원의 끊임없는 간섭 때문이었다. 나중에 비밀경찰 파일을 다루는 임무를 맡았던 마리안네 비르틀러는 이렇게 기억했다. "체포될 경우 우리 중 몇이 마늘을 가져다주고 다른 사람들은 초콜릿을 가져다줬다. 첫 번째는 심문 때 가져다줬고 두 번째는 감옥에 있을 때 해결책으로 가져다줬다."

10월 7일, 동독의 수도 베를린에서는 공화국 창건 기념일을 맞아 연례적인 군사 퍼레이드가 열렸다. 당시 수천 명이 서독으로 탈출했기에 국가적으로 무기력감이 느껴졌다. 베를린에서는 "두려워하지 말라"라고 적힌 전단지들도 등장했다. 누가 봐도 교회 신문에 대한 참을 수 없는 검열에 대항해 시위에 나설 것을 촉구하는 것이었다. 동독에서 이것은 엄청난 사건들이었다. 잠재적인 투옥의 위협뿐 아니라 엄청난 수의 경찰과 비밀군대에도 불구하고 젊은이들은 동베를린에서 열린 복음적인 교회 지도자 모임에 참석하는 데 성공할 수 있었다.

200여 명의 시위대들은 거기서부터 국립 언론 사무소를 향해 행진하고자 했다. 하지만 불과 몇 걸음 가지 못해 제복을 입은 사람들이 시위대 중 몇 명을 때려 땅에 쓰러뜨렸다. 바이센 시에서 온 사회 사업 부문 담당인 마리오 샤타는 경찰차의 침대에 눕혀진 첫 번째 사람이었다. 경찰차는 그를 태워 어디론가 멀리 사라졌다. 그때 수많은

한 음악 밴드의 공연에 많은 사람들이 모여 있다

시위대가 차 앞에 서서 그를 풀어줄 것을 촉구했다. 경찰이 머뭇거리자 그들은 외쳤다. "우리 모두를 감옥에 가두든지 아니면 모두를 석방하라!" 경찰과 비밀군대는 무지막지했다. 10분쯤 아니면 20분쯤 지났을 때, 마침내 그들은 공황 상태가 되었다. 그 중 한 명이 외쳤다. "너희 모두를 감옥에 집어넣겠다!" 그는 시위대원들을 경찰차에 밀어 넣기 시작했다. 하지만 그들은 자발적으로 이미 차에 타고 있었다. 이러한 결정이 어떤 결과를 가져올지는 아무도 몰랐다. 대부분 성인들이었던 50명이 넘는 사람들은 이런 식으로 도시의 감옥에 들어갔다.

50명이 넘는 수감된 사람들이 곧 풀려났다는 사실은 석방을 교섭한 교회의 협상력에 대한 대중의 신뢰를 돈독하게 했다. 당시 동독에 있었던 서독의 관련자들은 엄청난 어려움에도 불구하고 시위대와 함께 행진을 하면서 큰 역할을 했다. 따라서 서독의 언론들은 시위를 자세히 다뤘다. 3일 후 열린 독일 연방의회 모임도 큰 화제를 모았다.

비록 동독에서는 정부의 허락을 받지 않은 시위는 절대 금지되긴 했지만 많은 사람들이 시위에 대한 연대 의식과 교회 언론에 대한 검열을 반대한다는 것을 보여줬다. 1988년 정부 검열 후 주간 신문 '더 처치'는 5판 이상 인쇄되는 것이 불허되었다. 부활절에는 삭제된 글이나 문장들이 표시되었다. 삭제된 글의 반복된 주제는 평화, 인권, 환경보호 같은 것이었다. 이는 사회주의통일당이 복음주의 교회와 사람들의 사회정치적 참여를 얼마나 반대했는지를 보여준다. 1988년 2월에 열린 평화와 정의, 환경보호를 위한 첫 번째 동독 전국 모임 이후 정부와의 갈등은 폭발 직전에 이르렀다. 젊은이들은 시위대에서 작은 역할만 감당한 것이 아니었다. 그들도 주역이었다. 그들은 이듬해 발생한 평화혁명에도 어느 정도 참여했다. 그런 엄청난 일이 발생할 거라고는 아무도 상상하지 못하던 때에 말이다.

베티나 뢰더, 편집자

>> 배경

평화혁명에서 언론의 역할

1989년 가을의 평화혁명은 많은 '어머니들과 아버지들'을 낳았다. 그들 중 하나가 바로 텔레비전이나 라디오를 통해 동독 사람들에게 도달할 수 있었던 서독의 언론이다. 약 20명의 서독 특파원들은 정부 부서로부터 공식 승인 받은 뉴스들을 다뤘다. 그들은 동독의 국경을 따라 지역 방송뿐만 아니라 ARD(독일 방송사들의 협의체), ZDF(독일 TV 채널2), 독일의 국제 라디오 방송, RIAS(미국이 운영하는 라디오 방송) 그리고 SFB(자유 베를린 방송)를 통해 확실한 동독발 뉴스들을 제공했다.

동독에서 이들 언론들은 보도와 함께 동독 사람들이 서독 사람들에게 잊히지 않는 데도 기여했다. 그들은 서독에서 열리는 행사들을 동독에 알렸다. 반대 활동들에 관한 정보와 함께 관련된 사람들이 보호를 받을 수 있도록 했다. 국제 영역에서 동독은 개방된 나라로 여겨졌다. 이것이 바로 사회주의통일당이 '시민으로서 자신들의 권리를 요구했다는 이유만으로 동독 사람들이 경찰과 군으로부터 폭력을 당했다는 보도'에 민감하게 반응했던 이유다. 당시 시민들은 의견을 가질 권리, 투표할 권리, 시위할 권리를 요구했다.

동독의 교회 신문들도 1980년대에는 이전보다 훨씬 많은 양의 신문을 발행하면서 사람들의 여론 형성에 영향을 끼쳤다. 대부분 한 번에 2만 부가 채 안 되게 발행된 이들 신문들은 동독에서 유일하게 허락받은 자체 독자를 가진 정기간행물들이었다. 이들 신문들은 매주 출간 때마다 특정한 글을 수정하거나 지우려는 언론통제와 싸워야 했다.

그때는 사람들이 교회 신문을 복사해 돌려 보았다. 환경이나 인권 관련 단체들은 교회의 일원으로서 정기적으로 복사 기계를 사용할 수 있었다. 보통 전단지는 '교회 내에서만 사용할 것'이라는 글이 들어간 상태에서 배포될 수 있었다. 인쇄 허가는 공식적인 교회 저널이나 문서에만 허락되었던 것이다. 1980년대 말에 이들 교회 전단지는 수백 개의 풀뿌리 단체들과의 소통에 너무나 중요한 도구가 되었다. 전단지를 통해 그들은 정치, 사회 문제들을 서로 토론할 수 있었다.

궁극적으로 사회 평화 사역에 참여할 것인지와 같은 교회 내 토론 뿐만 아니라 위원회와 교회 기구, 강연, 설교, 총회 토론은 사람들의 입이나 출판을 통해 퍼져나갔다. 계속해서 전달되거나 복사되는 이러한 원고가 없었다면, 교회의 주간 잡지와 서독 특파원들이 없었다면, 새로운 동독을 위한 시위를 이끌었던 1989년 가을의 여러 활동들 상당수는 시작조차 하지 못했을 것이다.

　사회주의통일당이 교회와 특파원들에게 분명한 자유를 주려고 했는지 여부는 여전히 의문이지만 어찌됐든 교회와 단체들은 계속해서 자유를 위한 주장들을 사람들에게 전하며 그에 따른 권리를 요구했다. 80년대에 교회에 기반을 두지 않은 풀뿌리 단체들뿐만 아니라 복음주의 교회들도 더 많은 정의와 평화 그리고 건강한 환경을 위해 용기 있게 일어섰다. 오늘날에도 제대로 기능하는 미디어는 전제적인 권력의 주장에 맞서 자유에 기초한 민주적 구조를 세우는 데 지대한 역할을 하고 있다.

한스 위르겐 뢰더, 전 동독 특파원, 동베를린 edp 국가 서비스 편집장

저항운동의 재평가

　　시간이 가면서 동독의 모든 곳에서 관료들과 시민들 간에 공개적인 토론회가 열렸다. 토론회는 켐니츠의 시청에서 때로 7시간 동안 계속되기도 했다. 베를린에서는 최고위층이 시민들의 질문에 답변하는 이런 식의 이벤트가 시청 앞 광장에서 붉은 법원청사 앞 광장으로 옮겨졌다. 2만여 명이 참석했다. 이 모임에서 경찰청장인 프리드헬름 라우쉬가 처음으로 비밀군대의 시위대 공격을 공개적으로 사과했다. 귄터 샤보브스키는 시위대에게 자유롭게 시위할 수 있는 권리를 부여했다. 하지만 그것으로 충분하지 않았다. 모임 시작과 함께 베를린 장벽 때문에 죽어간 사람들을 위한 1분간의 묵념 시간이 있었다. 그때까지 이것은 동독에서 상상도 할 수 없는 일이었다.

　　"우리는 문제 해결을 위해 자신의 생명을 지불한 사람들을 잊지 말아야 합니다. 그들의 외침을 세상에 들려주기 위해 지뢰 매설지역에서, 총포 속에서, 슈프레 강에서 익사하면서까지 자신을 바쳤던 이들을 말입니다." 한 연설자의 당부였다. 정당에 의해 저질러진 범죄에 대한 그 어떤 인정도 뒤따르지 않았다. 하지만 참석한 책임 있는 지도자 앞에 한 용기 있는 시민이 마이크를 잡고 그들의 죄상을 열거했다.

　　이번 주일, 아침 예배 후 많은 시위가 여러 도시에서 일어났다. 격변의 분위기는 고조됐다. 베를린 사회복지센터에서 '민주 궐기'(DA·Demokratischer Aufbruch)가 창립되었고 볼프강 슈누어가

231

의장으로 선출되었다. 이날 저녁 '시사 카메라'의 편집장인 클라우스 쉬크헬름은 앞으로 빠르고 신뢰할 만한 보도를 하겠다고 약속했다. 동독 TV에서는 경이로운 일이었다. 아침엔 서베를린 시장인 발터 몸퍼가 동베를린을 방문해 귄터 샤보브스키와 동독 복음주의 교회의 만프레드 슈톨페를 공식적으로 만났다. 그는 또 반체제 인사 배르벨 볼라이의 집에 있는 뉴포럼을 방문했다. 이는 동독 정부 차원에서 저항운동이 엄청난 재평가를 받고 있다는 것을 의미했다.

정직을 위한 용기

"만일 우리가 우리 죄를 자백하면 그는 미쁘시고 의로우사 우리
  죄를 사하시며 우리를 모든 불의에서 깨끗하게 하실 것이요"
(요일 1:9)

한 사람이 판사 앞에 서 있다. 그는 물건을 훔친 혐의로 고소된 사람이다. 그는 조사에서 밧줄을 훔쳤다고 자백했다. 다만 그 밧줄에 소 한 마리가 묶여 있었다고 말하는 것은 빼먹었다. 하지만 그의 행태가 이상한 것은 아니다. 그런 일은 날마다 일어난다. 문제들은 용인되고 범죄는 용납된다. 단지 당위성만 있다면 말이다. 나중에 그는 이렇게 덧붙였다. "저는 제 자신을 용납합니다." 마치 자신이 그런 판정을 내릴 수 있는 것처럼 말이다. 그러나 누군가 죄가 있을 때 그는 그 자신에게 죄가 있다고 한 그 사람에 의해서만 용납될 수 있다. 인생 전체를

잘못 산 어떤 사람이 스스로 그것을 인정한다는 건 가장 힘든 일이다.

올바르지 않은 주인(동독 체제)을 전적으로 섬긴 지난 40년도 마찬가지다. 날마다 진실을 거부당하고 거부한 채 살았는데 지금 그것을 인정하라고? 그것은 정말 힘든 일이다. 사도 요한은 그의 편지에서 잘못된 방향으로 산 것을 죄라고 지칭했다. 그는 "우리는 용납 받아야 한다"면서 오직 하나님만이 그 일을 하실 수 있다고 했다. 우리는 그분에게 어떤 것도 숨길 필요가 없다. 그분은 모든 사람을 아신다. 그분은 우리의 밝은 면뿐 아니라 어두운 면도 아신다. 어느 누구도 그분 앞에선 가면을 쓸 필요가 없다. 그분은 모든 사람을 사랑하신다. 그분은 그것을 단지 말로만 하시지 않았다. 그분은 자신이 십자가에 못 박히기까지 사람들을 사랑하셨다. 십자가 위에서 예수님은 세상의 모든 죄를 스스로 담당하셨다. 그분은 모든 사람의 짐을 짊어지고자 하신다. 그런 그분이야말로 우리의 과거를 용서하실 수 있다.

1989년 11월 9일, 한 여성이 시청 모임에서 울며 말했다. "저는 18세 때부터 사회주의통일당 당원이었어요. 하지만 이제 무엇을 믿어야 하는 건가요?" 그 어떤 경우에도 그녀가 믿을 수 있는 것은 용서하시고 사랑하시는 예수님이다. 예수님은 용서의 하나님이시다. 그분은 우리의 죄를 감당하시고 그것을 바다 깊숙한 곳에 던져 버리셨다. 그리고 거기에다 다음과 같은 사인을 하셨다. '낚시 금지.' 우리는 예수님이 용서하신 죄를 다시 꺼낼 필요가 없다.

이같이 예수님은 우리 죄를 완전히 용서하셨지만 우리가 해야 할 한 가지가 있다. 정직한 마음으로 우리가 지은 죄들을 하나하나 부를 수 있는 용기를 가지는 것이다. 하나님께 우리 죄를 고백하는 것은 물론 필요하다면 다른 사람들에게도 정직하게 죄를 고백하는 것이다. 용기를 내어 우리가 밧줄만 훔친 게 아니라 소까지 훔쳤다는 것을 기꺼이 인정해야 한다.

비밀경찰인 슈타지를 이끌었던 에리히 미엘케가 죽었을 때 배르벨 볼라이는 이렇게 말했다. "한 가지는 분명하다. 에리히 미엘케는 천국에 가지 못할 것이다." 하지만 그가 사도 요한의 말을 진지하게 여기고 그 말씀대로 따랐다면 그는 천국에 갈 것이다. 하나님은 우리에게 자유를 주셨다. 우리가 용기 있게 과거에 지은 죄를 제거했을 때, 자유롭게 미래로 걸어 나아갈 수 있다. 어떻게 자유의 길을 갈 수 있는가? 우리 어깨의 짐을 내려놓을 때, 즉 하나님이 우리 인생의 짐을 짊어지실 때, 우리는 자유롭게 걸을 수 있다. 그분은 그렇게 하실 수 있고, 또한 그렇게 하실 것이다. 그분은 모든 사람이 자신에게 오기만을 기다리고 계신다.

라이너 딕, 작센·바이에른 YMCA 명예 사무총장

하나님, 당시 많은 동독과 서독 교회들이 파트너가 되게 하시고, 오늘날에도 여러 교회들이 제 3세계에서 그런 파트너십을 갖게 해 주셔서 감사합니다. 용서를 바라는 우리의 진정한 요청에 응답하셔서 우리를 죄에서 자유케 하심에 감사를 드립니다. 예수님의 용서를 받은 우리가 이제는 모든 관계를 올바르게 정립하게 도와주십시오.

주님, 이 땅의 불의를 밝히 드러내 주십시오. 그것은 종종 정의로 가장하며 우리를 쇠약하게 만듭니다. 불의를 용납하지 않으며 실수를 하더라도 무서운 결과를 가져오기 전에 그것들을 고칠 수 있게 해 주십시오.

통일은 우연이 아니었다

젊은 시절부터 나에게 독일의 분단 극복과 통일은 가장 중요한 정치적 목표였다. 1969년부터 1990년까지 독일에 대한 모든 문제를 다룬 연방부서에서 일한 6년 뒤, 나는 독일 의회 의원이 되었다. 여기서는 항상 독일 내부 문제(서독과 동독은 독일통일을 '내부 문제'로 여겼다. 그래서 그 일을 관장하는 정부 부처도 우리처럼 통일부가 아닌 내무부였다-역자 주)나 관련된 일들을 다루었다. 국민의 뜻에 반해 조국을 강제적으로 분단시키는 것은 부자연스럽고 공평의 기본원칙과도 상반되는 일이라는 게 나의 분명한 소신이었다. 더욱이 통일을 옹호하는 데 있어서 깊은 도덕적인 책임감(그 책임감은 근본적으로는 기독교 신앙과 연관된 것이었다) 같은 걸 느꼈다. 국가주의는 통일의 부르심과는 무관했다. 하나님은 정의를 다루는 것뿐만 아니라 서로를 인도적으로 다루는 데서도 책임감을 갖도록 우리를 이 나라에 두셨다. 우리는 또한 자유와 민주주의 그리고 정의로운 법을 위해 행동하도록 도전을 받았다. 나는 국가의 일원이 된다는 것은 하나님의 숙제를 부여받는 것을 뜻한다고 이해한다. 이런 경우, 애국주의자는 항상 열린 마음을 가져야 하며 동시에 언제나 자신이 속한 나라 사람들을 위해 일해야 한다. 또한 다른 나라들과의 평화로운 공존에 헌신해야 한다.

구동독에 속했던 우리가 격변이 일어나기 이전을 정직하게 되돌아보면 많은 시민들, 심지어 기독인들조차 독일의 분단 상황에 순응하고 있었다는 것이 분명하다. 몇몇 지식인 서클들은 국가사회주의자들(나치)의 범죄를 옹호하며 두 독일 국가의 존재를 도덕적으로 방

예술가들의 연합 행사 모습

어하려고 했다. 그들은 또 '평화는 두 독일을 무조건 인정하는 것'이라는 어처구니없는 전망을 내놓기도 했다. 이 모든 거짓 판단들은 어리석게도 격변 전후에도 몇 주 동안 반복되었다.

그러나 우리는 "모든 국가의 국민들에게는 각자의 양심과 생각에 따라 정부 구조를 스스로 선택할 권리가 있다"는 고르바초프의 말을 기억해야 한다. 그가 그렇게 말한 지 2년 후, 독일의 상황은 극적으로 바뀌었다. 두 개의 독일은 하나가 되었다. 이것은 '역사의 우연'에 의한 결과물이 아니다. 독일의 통일은 절대로 우연이 아니다. 하나님이 선물로 주신 것이다. 하나님이 계획하셨다. 하나님이 세계 역사를 움직이셨다. 그리고 우리에게 책임 있는 국민, 스스로 정부를 선택할 권리가 있는 시민으로서 행동할 기회를 주셨다. 동독 사람들은 하나님이 입안하신 계획을 모범적으로 수행했다.

디터 하크, 박사, 1969~1990년 독일 의회 의원

동서독 교회의 연대

1961년 베를린 장벽이 설치된 후 갈라진 하늘 아래서도 동서독의 교회와 목회자들은 협력을 통해 특별한 교회 공동체를 지속했다. 1961년 이후 동독 정부가 동독 국가 교회에게 서독 국가 교회와의 분리를 요구했을 때도 양 진영의 교회들은 연합 규정에 근거, 긴밀히 협력하며 하나 됨을 추구해 나갔다.

하지만 이들 특별한 공동체는 동독 권력에게는 눈엣가시였다. 동독 정부는 오랫동안 그 공동체를 대화 파트너로 인정하지 않았다. 이같은 정부와의 갈등은 동독 교회 내에서는 첨예한 논쟁거리였지만 동서독 교회들은 연합의 원칙을 견고히 지켜나갔다. 또한 동서독 교회의 협력과 교류가 각 교회가 각각 해외 교회와 관계를 맺는 것과 동일시되지 않도록 하는 데 세심한 주의를 기울였다. 그래서 그들은 양측의 관계를 전 세계 교회 연합 운동을 지칭하는 '에큐메니칼'로 부르지도 않았다.

1949년 8월 30일에 '동서독 후원회'가 만들어졌다. 동서독 교회들은 국가 교회뿐 아니라 개 교회 차원에서도 사회복지부, 청년 후원회 등을 만들어 협력을 강화시켜 나갔다. 서독 교회와의 협력은 동독 교회에겐 교회 사역을 뛰어넘는 소중한 영적·물질적 가치를 제공했다. 이들 협력은 동독의 경제·사회 발전에도 큰 기여를 했다.

석탄과 커피 꾸러미, 교회 리모델링을 위한 용도의 구리 못을 실은 기차들, 책과 자동차, 교회 병원을 위한 현대식 의료 기자재 등이 서독 교회를 통해 동독 교회로 전달됐다. 이런 물자 중 상당수는 동독 내 양심적 죄수들을 석방시키는 대가로 지불되었다. 이런 물질적 지원뿐 아니라 동서독 교회의 교류에서 가장 의미가 큰 것은 양 진영의 크리스천들이 함께 모일 수 있었다는 사실이다. 이들은 각자의 체제 하에서 어떻게 믿음을 삶에 투영하며 살 수 있는지에 대한 성경적 해답을 얻기 위해 치열한 토론을 벌였다. 이것이 동독 교회가 세계 교회의 흐름에서 고립화되거나 소외되지 않게 하는 데 큰 도움이 되었다. 이들은 동독을 악마시하고, 서독을 신화화하는 것을 막았다. 동서독 교회의 교류는 양 진영에 하나님의 은총을 동일하게 받는 사람들이 살고 있으며 하나님의 사랑은 변함없이 인간이 만든 국경을 넘어 흐른다는 것을 알려줬다.

교회를 통해 이뤄진 이들 특별한 공동체는 동서독 사람들이 분단의 때에도 서로를 향한 눈을 떼지 않도록 해줬다.

하랄드 브레트슈나이더, 1989년 지역 청년 목사, 하이란트 교회협 명예회원

정직이냐 거짓이냐

오늘 '시사 카메라 2'가 라이프치히 월요 시위를 생중계했다. 또 다시 25만여 명이 거리로 쏟아져 나왔다(야당은 35만 명이 넘었다고 말했다). 시위대의 주된 요구는 집권당의 일당 독재 포기였다.

10월 한 달에만 18만 8180명이라는 믿을 수 없는 숫자의 사람들이 이민 비자를 신청했다. 예전 이민 비자신청에는 강력한 규제가 따랐었다. 일부 사람들은 자신이 속한 지역의 변화를 추구했다. 그들은 더 이상 침묵하지 않고 자신들이 당했던 모욕을 거론하거나 비자신청에 대한 제재 완화를 촉구하며 정치권을 압박했다.

'민주 궐기'(DA)는 기자회견을 갖고 원칙들을 발표했다. 베를린의 성직자 라이너 에펠만과 할레의 프리드리히 쇼르렘머는 1990년 5월 선거에서 '민주 궐기'가 정당으로 인정받게 될 것이라고 분명히 약속했다. '양 독일의 적극적인 상호 교류'가 그들의 주요 의제 중 하나였다. 다른 많은 시민운동들처럼 그들도 기업들에게 환경에 대한 관심을 요구했다. 중공업이 위치한 지역에서는 심각한 환경오염과 악취가 주민들에 의해 감지되고 있었기 때문이다. 하지만 정부는 그때까지 관련 데이터를 공개하지 않고 있었다. 켐니츠에서는 시위자들이 시의 지도자들에게 환경 관련 데이터를 내놓으라고 요구했다. 그들은 마침내 모든 대도시에서 스모그를 규제하는 법을 제정할 것이라는 약속을 받아냈다. 마그데부르크 지역의 차량운행 관리원은 즉각 재앙과 같은 사실들을 처음으로 공개하기 시작했다. 할레와 코트부스의 월요기도회 다음날 저녁, 환경보호는 5만여 명의 시위자들에게 커다란 이슈가 되었다.

월요기도회와 시위는 또 다른 절정을 향해 달려가고 있었다. 50만명이 넘는 사람들이 자유를 촉구하는 50개의 주요 이벤트에 참여하기 위해 거리로 몰려나왔다. 할레에서는 처음으로 경찰들이 '비폭력'이 적힌 띠를 두르고 나왔다. 거의 매일 열린 대형 집회에서 단 한 건의 폭력 사태도 발생하지 않았다는 것은 지금도 기적으로 남아 있다.

〉〉 각성
너희는 거짓말하지 말라

"너희는 도둑질하지 말며 속이지 말며 서로 거짓말하지 말며"
(레 19:11)

나는 윤리나 도덕을 중시하는 사람은 쉽게 거짓말하지 않는다는 것을 확신한다. 많은 사람들이 뻔뻔한 이기심을 비롯해 다양한 이유로 거짓말을 한다. 선의의 거짓말, 자발적인 거짓말, 필사적인 거짓말, 이상과 이념을 위한 거짓말, 제도를 위한 거짓말 등. 거짓말은 하면 할수록 점점 더 깊이 거짓말하는 사람을 옭아맨다. 거짓말은 결국 모든 것과 모든 사람을 정당화하는 제도가 되어버린다.

에바와 에르빈 스트리트마터는 동독의 문학 아이콘과 같은 이들이다. 산더미 같은 범죄로 점철된 나치 시대가 끝나자 그들은 확고한 사회주의자가 되었다. 그러나 동독에서 20년 생활한 후, 그들은 이상과 현실 간의 괴리가 얼마나 큰지를 깨닫게 됐다. 그럼에도 그들은 여전히 그 제도로부터 이익을 얻는 사람들 부류에 속해 있었다. 내면적으로는 둘 다 그 제도와는 거리를 두고 있었지만 말이다. 공개적인 싸움이나 이중적인 삶을 깨뜨리는 것은 엄두를 내지 못했던 것이다.

시인인 에바 스트리트마터는 그것을 다음과 같이 묘사한다. "삶에 대해 우리는 전혀 아는 게 없어. 왜냐하면 모두가 덧칠을 하고, 미화하고, 숨기고, 거짓말하려는 욕망을 갖고 있기 때문이지. 그렇기에 재앙은 우리 가까이에 있고, 우리와 함께 끊임없이 일어난다네. 우리 사회주의자들은 드라마와 사람들의 운명에 대해서는 침묵하지. 왜냐하면 그것은 우리의 유토피아에 맞지 않으니까. 인간이 되면 지배하기가 너무 어려우니까."

"우리 사회주의자들은… 침묵하지"라는 문장은 다음과 같이 읽는 게 훨씬 이해하기 쉽다. "우리 교회, 정당, 클럽에 있는 사람들은 침묵하지…" 이상적인 운동을 위해서 유토피아는 현실에 머리 숙이지 않는다는 것은 진실이다. 그래서 거짓말이 시작된다. 그리고 그 거짓말들은 제도가 된다. 동독에서 그러한 거짓말들은 엄청난 불의로 연결됐다. 서독과 이념 대결을 벌이던 동독은 그 불의를 거짓말을 통해 정당화하려 했다.

거짓의 제도와 서로 마음에 뭔가를 숨김으로써 생기는 속박은 오직 진리로만 깨어질 수 있다. 사도 요한의 말처럼 진리는 우리를 자유케 한다. 1989년 가을의 원탁회의는 진리를 향한 발걸음이었다. 그 자리에서 진지한 토론과 격려, 경청, 거짓의 폭로 등이 이뤄졌다. 그것은 변화를 위한 발판이었다. 새로운 기회였다. 오늘날에도 진리를 향한 공개적인 토론이 필요하다, 이는 교회에서도 필요하다. 정치적·이념적으로 반대편에 서 있는 사람들에게 외면적으로는 미소를 보이지만 사실은 철저히 외면하는 현상이 교회에서 비일비재하다. 우리는 정직해야 하며 어떤 경우에도 서로로부터 진리를 기대해야 한다. 그렇지 않을 때, 거짓은 번창하게 된다.

지금 또다시 우리는 개인적인 관계에서도 서로 진지하게 토론하고 경청하며 진리로 나아갈 원탁회의를 필요로 한다. 파트너, 친구, 동료와 함께 앉아 이야기하는 원탁회의 말이다. '좋은 이유들'이라는 명분으로 진리가 감춰질 때, 거짓은 얼마든지 제도의 일부가 될 수 있다는 사실을 기억해야 한다.

울리히 에거스, SCM 출판사 회장

하나님, 동독의 사람들이 수년 동안 월요기도회를 비롯한 각종 모임에서 진실한 만남을 가질 수 있었음을 감사드립니다. 우리는 기도의 능력을 믿고 함께 기도했으며 당신은 우리 기도에 신실하게 응답해 주셨습니다. 주님께 감사와 영광을 돌립니다.

오늘날 이 나라에 언론의 자유를 주셔서 감사합니다. 사람들이 뉴스를 만들 때 '어떻게 진리를 전할 수 있을까?'에 대한 질문에 진지하게 응답하게 해 주십시오. 정직하지 않음으로 불이익을 받게 될 것이라는 사실을 깨닫게 해 주셔서 감사합니다. 가정에서, 기관과 회사에서, 각종 모임에서 '정직의 문화'가 형성될 수 있도록 도와주십시오. 정치와 경제, 사회, 문화계뿐 아니라 교회에서도 잃어버린 신뢰와 믿음이 다시 회복되도록 인도해 주소서.

장벽은 저절로 무너지지 않았다

1986년, 할아버지 생신을 축하하기 위해 서독을 방문했을 때, 나는 거기에 눌러앉을 수 있는 기회를 가질 수도 있었다. 하지만 난 그렇게 하지 않기로 결심했다. 왜냐하면 당시 나는 예전보다 더욱 정치적 사명을 가진 성직자로서의 내 직무를 잘 이해하고 있었기 때문이었다. 나는 부르심과 불의에 저항할 수 있는 용기를 지니고 있었다.

베를린 장벽은 저절로 무너지지 않았다. 장벽이 무너진 것은 우연이 아니었다. 그것은 빌리 브란트 서독 총리의 동방정책과 자유를 향한 동독인의 열망이 어우러져 이뤄졌다. 또한 구 소련의 미하일 고르바초프의 개혁·개방 정책이 기폭제가 되었다.

그런 여러 내적·외적 요인이 어우러졌지만 분명한 것은 변화를 위해 우리는 궁극적으로 저항해야 했다는 점이다. 서독에 남거나 서독으로 이주하는 동독 시민들이 많아질수록 우리는 동독에 남아 있는 것이 더 가치 있는 이유를 더 많이 제시해야 했다.

상당수 동독 교회들은 동독의 제도에 저항했다. 놀랍게도 수천 개의 교회와 협력 기관들이 독일의 현재와 미래에 대해 진지하게 고민했다. 교회 간의 교류를 통해 우리는 수많은 서독의 동역자들을 얻을 수 있었다. 그들과 더 확대된 질문에 대한 답을 찾으려 노력했다. 신앙에 기초해 동역자들과 평화와 정의, 환경보호에 대해 논의했다.

동독의 비밀경찰은 체제를 위협하는 모든 것에 대해 대비했지만 우리의 기도와 촛불은 생각조차 못했다. 월요 시위 후에 드디어 일이 터졌다. 귄터 샤보브스키가 "베를린 장벽을 넘어가도 된다. 지체 없이, 즉시"라고 말실수를 하자 사람들은 용기 있게 교회에서 뛰쳐나와 촛불을 들었다.

장벽은 스스로 무너지지 않았다. 우리가 그것을 무너뜨린 것이다! 우리는 동서독에 적용되는 새로운 헌법 23조에 따라 1990년 10월 3일 독일공화국에 참여했다. 무너지고 있었던 구소련은 독일 통일에 동의하지 않았지만 역사의 흐름을 거스를 수는 없었다. 통일 이후에도 동서독 갈등은 지속되었지만 역사는 정해진 수순대로 흘렀고 세계화는 시작되었다. 그 세계화의 흐름 속에서 독일이 감당해야 할 역사의 몫이 있었다. 2008년 금융위기가 고통스럽게 끝난 후 독일에 부여된 임무는 민주주의의 가치를 견지하는 가운데 자본에 대한 새로운 국제질서를 세우는 것이었다.

1980년대 말, 동독에서 일어난 일은 단순히 세계의 동쪽 일부에서의 사건이 아니다. 모두에게 영향을 미친 역사적 사실이었다. 그 사건 이후 동독과 서독뿐 아니라 세계의 모든 나라들이 전적으로 새로운 길을 가야 했다. 우리는 혁명을 했다고 생각하지 않지만 돌이켜보면 그것은 진짜 혁명이기도 했다. 왜냐하면 이전에 없었던 새로운 뭔가가 만들어졌기 때문이다.

스테펜 라이헤, 성직자, 브란덴부르크 의회 대의원

원탁회의

원탁회의는 유일한 토론그룹으로 거기엔 다양한 동독 정치 그룹이 참여하고 있었다. 예를 들어 1989년 10월 6~9일, 사람들이 지역의 정의, 평화, 환경보호를 위해 거리로 나섰을 때, 정치인들은 그들을 폭력적으로 진압하는 어떤 행동도 할 필요가 없었다. 특별히 프렌츠라우어 베르크가 베를린에서 전시한 그림은 그야말로 성경적이었다. 마치 예수님이 다음과 같이 말씀하시는 것 같았다. "너희는 우리를 잡으려고 몽둥이와 물대포 그리고 불도저를 가지고 왔다. 그러나 우리는 다른 누구도 아닌 너희의 형제요 자매, 평화로운 목적을 가진 같은 나라의 시민들이다."

경찰과 비밀군대가 겟세마네교회 주위에서 했던 모든 것은 '평화혁명'이란 말에 어울릴 만큼 그렇게 평화롭지는 않았다. 몇 사람들은 잔인하게 폭행당했으며 붙잡혀서 몇 시간 동안 심문을 받기도 했다. 사람들은 겁에 질렸지만 자신들에게 닥친 잔인한 일들을 공개적으로 알렸다. 이런 공개야말로 모든 비밀경찰이 가장 두려워하는 무기다. 오늘날에도 마찬가지다. 이날들의 기억은 많은 사람들을 분노하게 했고 행동하도록 도전했다.

동독에서 처음으로 조사위원회가 열렸다. 커다란 정부 건물의 한쪽에는 동독의 지도급 멤버들이 앉았다. 그들은 그때까지도 여전히 두려움을 모른 채 자신들이 지금의 '사소한' 위기를 충분히 통과할 수 있을 거라 믿고 있었다. 다른 쪽엔 정의를 세우고야 말겠다는 강철 같은 의지를 가진, 격렬한 시위를 벌일 수 있는 시민들이 앉았다. 이들

1989년 12월 6일 베를린의 디트리히 본회퍼 하우스에서 열린 원탁회의

모두가 한 테이블에 앉았다. 이것은 민주적 문화로 가는 첫걸음을 내
딛는 일이었다. 폭력이 아닌 상호 존중으로 갈등을 다루는 법을 배웠
고 또 계속해서 배워야 하는 문화 말이다. 이것은 모두에게 힘든 작업
이었다. 이름과 얼굴을 언론에서만 접할 수 있었던 그 유명한 사람들
은 성직자이자 모임의 리더인 나와 악수를 하기 위해 손을 내밀어야
했고 이를 통해 겸손을 연습해야 했다. 내가 테이블의 정중앙에 앉았
을 때 "내 원수의 목전에서 내게 상을 베푸시나이다"라는 시편 23편의
말씀이 내게 임했다.

　모든 폭력은, 특별히 평화적인 의도를 지닌 시민들에 맞서는 폭력
은 악한 것이었다. 권력은 이러한 폭력으로부터 멀찍이 떨어져 있어
야 한다. 이것은 오직 투명함, 이해 그리고 자신의 실수를 인정할 때

에만 가능하다. 그러나 정치집단의 지도급 사람들이나 책임 있는 베를린 법원 사람들은 사태 해결을 위한 그 어떤 움직임도 보이려 하지 않았다. 그 대신 무시, 진압, 연막탄 그리고 편협한 마음자세가 분위기를 지배했다. 많은 손들이 테이블 귀퉁이들을 붙잡고 있어야 했다. 말 그대로 테이블들이 이 방을 날아다니지 못하도록 말이다. 거리에서 우리에게 진실이었던 것들이 조사위원회의 원탁회의에서 더 많이 시행될 필요가 있었다. 비폭력 말이다. 누군가 진리의 권리를 집행할 때 폭력은 훼방꾼이 된다. 그것은 민주적인 독일로 가는 여정에 있어서 힘든 인내의 시험이었다. 하지만 결국 우리는 하나님의 놀라운 인도하심을 찬미하는 노래를 올리게 된다.

마르틴 미카엘 파사우어, 명예감독 (베를린)

화해와 겸손

　　"만약 우리가 정치적인 수단을 통해 군중들을 원위치로 돌려놓는 데 성공하지 못한다면 비상사태도 배제할 수 없다."

　에리히 미엘케가 사인한 여러 명령의 초안들 중에는 보안부대를 파견해 시위대를 막는 것도 포함돼 있었다. 어제의 시위 덕분에 지난주만큼이나 많은 사람들이 거리로 몰려나왔다. 비밀경찰은 현황보고에서 시민들의 시위를 '반 사회주의적인 집단운동'으로 호도했다. 대화를 통해 '거리의 압력'을 핵심 정치세력이 통제하는 방(원탁회의)으로 옮기려는 전략은 통하지 않았다. 왜냐하면 정치인들은 더 이상 시민들을 지배할 수 없었기 때문이다.

　보안부대는 보안부대의 건물 보호를 위해 화학 살포제를 포함해 가능한 모든 수단을 사용하라는 지시를 받았다. 군중들이 다가오자 그들은 메가폰을 잡고 종이에 적힌 문장을 읽어갔다. "경고한다! 경고한다! 이 거리를 떠나라! 너희는 우리가 폭력을 사용하도록 자극하고 있다!" 보안부대의 벽이 무너져 시민운동 단체가 군대 정보센터를 뚫고 들어가 스파이로부터 입수한 정부 문서들을 가지고 나오는 게 가능해졌다.

　1988년, 교육부장관의 선언 이후 동독 사회의 군사화를 비판하는 벽보를 게재했다가 동베를린 카를 폰 오시에츠키 학교로부터 쫓겨난 4명의 학생들은 계속 공부를 할 수 있게 되었다. 그동안 많은 학교에서 정당에 동조하지 않은 학생들이 억압, 불이익, 배제, 추방을 당했었다. 시위와 함께 화해를 위한 움직임이 교육계를 중심으로 일어났다. 마르고트 호네커 교육부 장관(호네커 서기장의 부인)이 화해의 기자회견에 참석하지 않은 것은 이상한 일이었다. 결국 며칠 후, 이 사무실에서 30년 동안 자리를 지켰던 그녀의 사임 소식이 알려졌다.

이날 저녁 18개 도시에서 시위가 벌어졌다. 유서 깊은 비텐베르크에서는 7개의 논제가 법원건물 문에 걸렸다. 튀링겐 주 서부의 공업도시인 노르트하우젠에서는 교회의 반대세력과 뉴포럼이 시위를 계속할 것인지 여부를 놓고 논의를 벌이고 있었다. 화요일 저녁처럼 매주 수천 명이 공개적으로 시위를 벌였다. 그것이 도시 관료들과의 대화의 장을 만들었다.

>> 각성

영원의 추구

"그들이 주를 앙망하고 광채를 내었으니 그들의 얼굴은 부끄럽지 아니하리로다"(시 34:5).

사람은 부끄러워할 때 얼굴이 붉어진다. 하지만 겸손은 결코 나쁜 것이 아니다. 사람은 일이 잘못될 때, 겸손하게 된다. 20세기 프랑스 최고의 가수인 에디트 피아프는 'Non, je ne regretted rien'(아뇨 난 아무것도 후회하지 않아요)라고 노래했지만 사실 사람들은 언제나 후회한다. 후회하며 겸손의 자리로 내려 간 사람들의 이야기가 더 설득력이 있다. 특히 유명인은 실패한 관계, 깨어진 경력, 삶의 모순을 드러냄으로써 자신의 진정성을 증명할 때가 많다. 아무 문제도 없었던 사람보다는 아주 잘못 살았던 사람이 자신의 행실을 고백할 때에 더 신뢰가 가지 않는가?

오늘날 사람들은 비굴해지지 않기 위해 온갖 노력을 다한다. 그럼에도 삶을 살다보면 많은 부끄러운 순간들과 만나게 된다. 그런 순간들이 주는 유익이 있다. 겸손이다. 부끄럽고 후회스러운 순간들을 통해 겸손을 배운다. 크리스천들은 이 세상 사람들에게 영원에 대한 감각을 일깨워줘야 하는 존재들이다. 그것이 쉽지는 않다. 세상은 영원을 일깨우는 사람들로 하여금 부끄러움과 두려움을 느끼게 만든다. 그럼으로써 대다수 사람들이 영원을 갈망하는 것이 아니라 현재에 집중해 살게 만든다.

한 크리스천이 영원에 대한 이야기를 하면 사람들은 그에게 '극보수', 혹은 '근본주의자'라는 프레임을 씌워 스스로 부끄러워하게 만든다. 그러나 우리가 영원 가운데 계시는 주님을 바라볼 때, 결코 얼굴을 붉힐 필요가 없다. 우리는 부끄러워 숨지 않아도 된다. 영원의 주님을 만나게 되면 겸손한 가운데 부끄러움과 모욕, 수난을 기쁘게 견딜 수 있다. 성경 속 선지자들을 비롯해 아시시의 성 프란치스코, 나치 독일의 모든 영적 거장들이 영원을 추구하다 그런 모욕과 수난을 당했다. 무엇보다 우리 주님은 영원의 가치를 위해 십자가에서의 모든 고난을 지셨다.

한 번도 자신들 속에 있는 결함을 발견하지 못한 사람들은 1989년, 거리에 쏟아져 나왔던 사람들의 고백으로부터 아무것도 배울 수 없다. 겸손하게 촛불과 기도로 촉발된 1989년의 혁명과 그 혁명이 주는 의미를 되새겨야 한다. 그 혁명은 영원을 추구하는 겸손한 사람들에 의해서 이뤄졌다. 그들이 아니었다면 결코 혁명은 일어날 수 없었

다. 그래서 그날의 의미는 우리 기억에서 결코 사라질 수 없고, 사라
져서도 안 된다.

요하네스 하틀 박사, 아우스부르크 기도의집 리더

하나님, 부끄러움을 드러내고 저주하는 대신 그것을 덮을 수
있는 힘을 가진 당신의 사랑에 감사드립니다. 더 이상 예수님의
복음을 부끄러워하지 않고 생명의 근원되는 복음에 관해 다른
사람에게 말할 수 있게 하신 것을 감사합니다.

자유 그리고 하나님의 가치와 명령을 위해 우리로 일어서게 하
소서. 굴욕을 당한 사람들이 가치 있는 공동체에 참여할 수 있도
록 새로운 기회를 주소서. 부끄러움을 모르는 자들이 자신과 다
른 사람의 가치를 존중하는 법을 발견하도록 도우소서. 우리가
주류 물줄기를 거슬러 헤엄칠 때, 사회 변두리로 밀려난 사람들을
위해 일어설 때, 결코 부끄러워하지 않고 오직 주님의 마음으로
행동하게 하소서.

〉〉 고백
권력과 진리, 하나님의 섭리

나는 1989년 10월 21일 가을 주교회의에서 이 주제에 관해 말했었
다. "우리나라엔 사회적·정치적 원인으로 고통을 짊어진 많은 사람들
이 있다. 따라서 나는 우리나라의 사회적·정치적 고충에 대해 얘기를

해야겠다."

권력에 관하여: 작금의 갈등 국면에서 정부는 "권력에 대한 도전은 거리의 젊은이들과 함께 사회 불안의 주요 원인이다. 우리는 그런 도전에 꿈쩍도 하지 않을 것이다. 이것을 간과해선 안 된다"라고 말했다. 이에 대해 우리는 답한다. "우리는 지금의 사태를 심각하게 받아들인다. 권력을 지닌 사람들은 일들이 진행되는 걸 결정하고 그 결과에 대해 책임을 진다 … 매일 발생하는 사례를 보면 권력은 최고위층에 의해 운영된다. 그래서 최고위층은 권력의 행사에 대한 책임을 져야 한다."

더 많은 민주주의와 자유를 위해 거리로 나갔던 젊은이들은 권력에 의해 정신적·육체적으로 심각한 처벌을 받았다. 얼마나 많은 사람들이 이 나라를 떠나고 있는지 알고 있는가? 사실 그것은 특별히 놀라운 일은 아니다. 그들은 지금의 권력자들에게 진저리를 내고 있는 것이다.

권력은 불가피하게 존재하지만 항상 위험하다. 권력을 지닌 자들은 자신들이 다스리는 사람들에게 의도적으로 가까이 가야 한다. 내부에서만이 아니라 대중들의 비판을 받아들여야 한다. 권력은 위로부터 내려오는 것이다. 모든 권위자들은 사실 하나님의 종이다. 그래서 권력이 있는 자들은 하늘의 하나님을 생각하며 섬기는 자리에 나가야 한다.

진리에 관하여: 도덕적 가치가 없는 정치는 좀처럼 목표에 도달하기 어렵다. 그럼에도 불구하고 한 나라의 정치를 윤리적으로 감시하는 일은 필요하다. 정치가 거짓을 조장할 수 있기 때문이다. 오랜 기

1987년 라이프치히에서 열린 평화 세미나에서 요하네스 헴펠 감독이 강연하고 있다

간 동안 한 쪽만을 주장하는 반쪽 진리, 선별되고 불명확한 사실들이 국가 주도의 언론에 의해 퍼뜨려질 때, 시민들의 불신은 높아갈 수밖에 없다. 소문과 농담성 이야기 속에서 사람들의 공격 본능은 강해지고 동시에 체념도 확산된다. 우리는 어떤 경우에도 진리를 추구해야 한다. 거짓을 버려야 한다. 성경의 이 말씀들을 기억하라. "오직 너희 말은 옳다 옳다, 아니라 아니라 하라 이에서 지나는 것은 악으로부터 나느니라"(마 5:37)

"그런즉 거짓을 버리고 각각 그 이웃과 더불어 참된 것을 말하라 이는 우리가 서로 지체가 됨이라"(엡 4:25)

하나님의 섭리: 섭리의 교리는 보좌에 앉으신 하나님이 그의 백성뿐 아니라 그의 백성이 아닌 사람들도 자비롭게 인도한다고 주장한다. 하나님의 섭리란 측면에서 기독인들에게 믿음은 저항과 굴복 사이에서 옳은 길을 찾고자 하는 씨름의 결과로 주어진다. 본회퍼는 이

땅에 하나님의 섭리가 작동되지 않는 곳이 없다고 말했다.

그 섭리 하에서 그는 옳은 길을 위해 행동했다. 그가 작사한 '놀랍게 보호하시는 인애하신 능력으로 우리는 다가올 것을 두럼 없이 기다리네'는 여유롭게 평화로운 저녁을 보내는 사람의 평범한 작품이 아니다. 하나님의 섭리를 믿으며 생명을 걸고 치열하게 투쟁하며 세상을 바꾸려 했던 한 신실한 신학자의 신학적 고뇌 가운데 나온 위대한 결과물이다.

요하네스 헴펠 박사, 1971-1994 작센 복음주의루터교회의 지역 감독

>> 배경

책임 있는 권력

누구든지 마르크스주의의 강령에 질문을 던지면 동독의 대화 파트너 자격을 상실했다. 나는 이 같은 선고가 틀렸다고 생각했다. 그것은 성경 말씀이나 역사적 경험에도 위배되는 것이었다. 나는 권력에 대한 질문을 하나님의 능력과 관련지어 대부분 대답할 수 있었다.

"칼을 쳐서 보습으로"라는 모토를 적은 책갈피와 패치를 가지고 수십 년 동안 평화를 지켜왔다는 이유 때문에 루터교세계연맹의 청년 코디네이터인 알프 이드란트는 나에게 1984년 부다페스트에서 열린 연맹 청년 모임에서 '동서독 관점에서의 평화와 정의'를 주제로 얘기해 달라고 요청했다.

그 주제는 나로 하여금 권력을 책임 있게 다루는 것이 무엇인지를

돌아보도록 했다. 이것이 내가 구약의 선지자들을 깊이 연구한 이유다. 내가 내린 결론은 다음과 같다.

1. 권력은 하나님의 선물로써 사람들은 그것을 책임감을 가지고 다뤄야 한다.
2. 권력을 책임감 있게 다루는 것은 정치인이나 과학자들만이 아니라 모든 개인들도 마땅히 수행해야 할 일이다.
3. 권력의 남용은 하나님의 심판과 공동체의 파괴를 가져온다.

사람에게는 권력, 이기적 욕심과 욕망을 무책임하게 다룬 죄가 있다. 이것은 사회를 무너뜨리는 결과를 가져오고, 사람들을 부패하게 만든다. 선지자 미가와 아모스는 분쟁과 불평등의 원인이 권력을 무책임하게 다룬 데 있음을 지적한다.

"그들이 침상에서 죄를 꾀하며 악을 꾸미고 날이 밝으면 그 손에 힘이 있으므로 그것을 행하는 자는 화 있을진저 밭들을 탐하여 빼앗고 집들을 탐하여 차지하니 그들이 남자와 그의 집과 사람과 그의 산업을 강탈하도다 … 근래에 내 백성이 원수 같이 일어나서 전쟁을 피하여 평안히 지나가는 자들의 의복에서 겉옷을 벗기며"(미 2:1, 2, 8)

"너희는 흉한 날이 멀다 하여 포악한 자리로 가까워지게 하고"(암 6:3)

나는 부다페스트 모임에서 이같이 권력에 대한 질문에 답했다. 젊은이들은 자신들의 상황이 분명하게, 또한 용기 있게 언급된 데 대해 고마워했다. 내 원고에 기초해 그들은 연맹 총회 결의문을 작성했다. "우리는 연맹 회원들에게 다음과 같이 요청한다. 교회의 존재가 필요하다는 요구만큼이나 도움을 바라는 젊은이들의 크고 작은 목소리에 귀를 기울여 주길 바란다. 우리는 다음과 같은 것들을 애통해한다.

- 배고픈 자들의 고통을

- 희망 없는 사람들의 침묵을
- 사찰을 받아온 사람들의 공포를
- 매 맞는 자들의 울부짖음을
- 옥에 갇힌 자들의 쇠사슬을

우리는 증언한다. 생명을 향한 우리의 눈에 보이는 열정은 하나님의 위로하시는 복음에서 솟아난 것임을. 그 복음의 사역에서 요청되는 것들은 다음과 같다.

- 힘없는 자들의 희망
- 힘 있는 자들에 대한 책망
- 들으려 하지 않는 자들에 대한 경고
- 자포자기한 사람들에게 주는 자유
- 약한 자들의 힘"

라디오와 TV 방송국이 나를 괴롭혔다. 그들은 나와의 인터뷰를 원했다. 하지만 내가 동독에 돌아왔을 때 나는 마치 문둥병자와 같은 취급을 당했다. 국경수비대는 그들의 상관들에게 내가 재입경할 수 있는 공식 허락을 받았는지 물었다. 지역 감독인 요하네스 헴펠 박사는 주정부 비서인 클라우스 기시에게 왜 나의 소위 '가짜 평화주의적 언급'을 막지 않았는지에 대해 해명해야 했다.

국가안전부는 교회 리더십들에게 나를 지역 청년 목사직에서 해고하라고 압력을 가했다. 그들의 기도가 성공하지 못한 것을 하나님께 감사드린다.

하랄드 브레트슈나이더, 1989년 지역 청년 목사, 하이란트 교회협 명예회원

고르바초프와 에곤 크렌츠

취임 차 모스크바를 방문하기 전날 저녁, 에곤 크렌츠는 개혁과 관련해 기자들에게 다음과 같이 말했다. "우리는 개혁자들의 정당입니다. 개혁자들은 사람들의 의견을 기쁘게 받아들입니다 … 우리 당은 진리의 관점으로 모든 것을 봅니다. 진리에 관한 것이라면 나는 기꺼이 싸울 준비가 되어 있습니다." 그는 강력한 소련 공산당에 맞서 다음과 같이 장담했다. "우리는 어떻게 그들의 개혁이 성공적일 수 있었는지 배우고 있습니다. 하지만 우리는 또한 어떤 부분이 성공하지 못했는지도 배우고 있습니다."

회담 말미에 크렌츠는 모든 문제에 있어서 고르바초프와 일치시키겠다고 밝혔다. 하지만 그가 제시한 '새로운 동독'의 청사진은 그저 관례적인 정도에 그치고 말았다. 요약하면 이렇다. '고르바초프와 크렌츠는 오늘 회담에서 다음과 같이 강조했다. 즉, 양국의 공산주의자들은 마르크스-레닌당의 정치적 전위 역할을 좀 더 질적으로 나아질 수 있도록 하기 위해 적합한 형식이나 방법을 추구하고 실험하는 과정에 있음을 강조했다.' 이후 진행된 기자회견에서 크렌츠가 보여준 모습은 그가 여전히 편파적 견해를 가지고 있다는 사실을 잘 보여줬다. 그에게 시위는 동독인들의 삶을 좀 더 아름답게 하기 위한 방법이었다. 독일인들은 사회주의통일당이 도입한 변화들 그리고 그 변화들이 돌이킬 수 없이 진전되는 것을 지지할 것이다. 베를린 장벽의 설치 이유는 여전히 건재하며 통일에 대한 질문은 논쟁의 여지가 없다.

하지만 러시아 방문의 주목적은 소련 경제 지원에 관한 급박한 필요였다. 에곤 크렌츠는 소련이 동독에게 했던 약속들을 상기시켰다. "어떤 면에서 동독은 소련연방의 자식이다. 소련은 자신이 동독이란 아이의 아버지임을 인정해야 한다." 그러나 지금은 고르바초프 자신이 도움을 필요로 하는 상황이었다. 동독에 35만 명의 군인을 파견하지 않는 대신 동독 리더십이 양보하도록 스스로 중재자 역할을 함으로써 서독으로부터 외화와 경제적 선물을 보상받으려 했다. 이것이 고르바초프가 크렌츠에게 여행 규제를 완화하라고 조언한 이유다. 두 독일간의 문제는 고르바초프의 관심사가 아니었다. 고르바초프는 외화를 가지고 여행하는 동독인들에게 서독의 화폐가 제공되지 않아 발생하는 동독의 문제에 대응하지 않았다. 단지 기존에 약정된 천연자원만큼은 지속적으로 제공한다는 확신 정도만 주었는데 이마저도 소련 경제 상황으로 볼 때 점점 더 어려워지고 있었다.

그날 오후까지 8000여 명의 동독인들이 국경을 넘었다. 이미 오전 10시까지 프라하에서는 300명이 넘는 사람들이 서독으로 가기 위해 여행 등록을 마쳤다.

》 각성

연합의 길

"여호와께서 이르시되 패역한 자식들은 화 있을진저 그들이 계교를 베푸나 나로 말미암지 아니하며 맹약을 맺으나 나의 영으로 말미암지 아니하고 죄에 죄를 더하도다 그들이 바로의 세력 안에서

스스로 강하려 하며 애굽의 그늘에 피하려 하여 애굽으로 내려갔
으되 나의 입에 묻지 아니하였도다."(사 30:1~2)

　사람들 사이에 언제나 연합은 존재한다. 하나님께서는 유대 민족
과 연합(조약)을 맺으셨다. 연합은 함께 살아가기 위한 길잡이이며
개인들의 삶에도 도움을 준다. 마침내 우리를 잘되게 한다.(신 6:3)
이 오랜 연합은 "네 이웃을 네 몸과 같이 사랑하라"고 하신 예수 그리
스도의 명령을 통해서도 확인된다. 이 말씀을 지키고 그대로 살아낸
다면 우리의 결혼, 가정 그리고 사회에서도 평화로운 삶은 가능해진
다. 오늘 우리는 어떤 연합을 맺고 있는가? 우리는 어디로부터 도움
과 번영을 기대하는가?

　이사야 선지자는 하나님께 조언을 구하지 않고 인간끼리 연합한
이스라엘의 지도자들에게 경고한다. 하나님 없는 모든 연합은 하나
님께 대한 불신임 투표라고 말이다. 수백 년 동안 독일은 기독교 국
가로 하나님과 연결되어 있다고 사람들은 알고 있었다. 그러나 이 사
실이 우리가 그분 없이 맺는 모든 연합으로부터 자동적으로 우리를
보호한다는 것을 뜻하는 것은 아니다. 국가사회주의(나치)는 하나님
의 이름을 '섭리'로 대체했다. 우리는 국가사회주의에 의해 눈이 가려
졌다. 압도적 다수는 이런 범법 정부에 자기 자신을 의탁했다. 그 결
과로 나치는 하나님의 선택받은 백성을 제거하고 다른 나라들을 싸
워 이기는 것을 계획했다. 하나님의 징벌이 없을 리가 있겠는가. 전
쟁, 파괴, 폐허로 수많은 국가에서 수백만 명의 사람들이 죽어갔으며
엄청난 고통을 겪었다. 승리를 거둔 권력들(미국과 소련)의 결정으로
인한 깊은 단절은 조국을 갈라냈다. 서독은 느리지만 분명하게 자유
시장경제가 작동되는 선진 경제국가로 발전했고, 정치·군사적 연합을

통해 자유로운 유럽의 일원이 되었다. 반대로 동독은 무신론의 소비에트연방국가에 흡수되었다.

이제 하나 된 통일독일이라는 선물이 우리에게 주어졌다. 우리는 수많은 기도가 응답되는 기적을 체험했다. 서로 간의 거리감은 우리가 생각했던 것보다 훨씬 컸다. 그 때문에 다시 연합하는 데 오랜 시간이 걸렸다. 우리의 하나 됨은 헌법에 따라 이뤄진 것이다. 이 일로 인해 나는 감사를 드린다. 헌법의 첫 문장은 이렇게 되어 있다. '하나님과 사람들에 대한 책임감으로…' 이 고백은 우리와 연합을 맺자고 하신 하나님의 제안에 대한 응답이다. 이것은 단지 정치인들만이 아닌 우리 모든 시민들에게 책임이 있음을 말하는 것이다. 우리 모두 매일 연합 가운데 살게 하소서. 주님, 저희를 도우소서.

알브레히트 퓌르스트, 은행가

하나님, 우리의 빈번한 불성실과 죄악에도 불구하고 우리와 사랑의 연합을 맺어주시니 감사합니다. 동독이 바르샤바조약에서 나올 수 있도록 해 주신 것을 감사하며, 1956년과 1969년 프라하에 부대가 배치되지 않게 해주신 것도 감사합니다. 또한 우리를 거짓된 연합으로부터 보호해 주시고 그 연합으로부터 자유롭게 해주신 것을 감사드립니다.

우리 사회뿐만 아니라 나라와 나라 사이에서도 평화의 연합을 이룰 수 있도록 도와주소서. 서로를 신중하게 대하는 법을 가르쳐 주소서.

더 이상 장벽 뒤에 가둬둘 수 없다

고르바초프와 그의 역사적인 개혁 프로그램 '페레스트로이카'로 인해 한때 서독으로부터 반체제 인사로 취급됐던 우리에게도 새로운 시대가 동트고 있었다.

1989년 중반, 나는 본 주재 소련 대사관으로부터 전혀 생각지도 못한 방문을 받았다. 대사관 3등 서기관이 정부 소식을 가져온 것이다. 그들은 더 이상 나를 조국의 적으로 여기지 않을 것이며, 내가 가고 싶어 하는 곳이라면 그곳이 어디든 나는 초청받을 수 있고 거기서 살거나 내 집을 삼아도 된다고 알려줬다. 나는 끓어오르는 격정을 억눌렀다. 누가 '빅 브라더'를 믿을 수 있겠는가? 우리 같은 러시아 태생의 동독인들은 입양된 국가로부터 너무나 빈번히 버림을 받았으니까.

나의 러시아 쪽 파트너는 헤어지면서 얼굴에 미소를 띤 채 이렇게 말했다. "여기도 곧 변화가 일어날 겁니다. 글라스노스트(개방)는 원하면서 사람들을 장벽 뒤에 가둬둘 수는 없습니다. 장벽은 무너져야 합니다." 그 사람도 베를린 장벽을 생각하고 말했던 것일까? 그것을 물어볼 순 없었다. 나 스스로도 국경이 느슨해질 것이라고는 믿지 않았다. 빌레펠트에 있는 내 사무실에서는 몰래 성경책을 반입하는 계획을 지속하고 있었다. 그 당시 나는 엄청난 분량의 성경과 문학서적들을 선박 편으로 핀란드를 경유해 에스토니아로 보내려던 중이었다. 1985년 때처럼 소련의 22개 도시에서도 지하 성경학교들이 세워졌다. 그들도 기독교 및 문학 서적이 필요했다. 나는 불청객에게 이것

'10일간의 평화기원운동' 참여자들이 촛불을 들고 비폭력을 호소하고 있다

을 말할 수도 없었고 말하려고도 하지 않았다. 그런데 모스크바에도 온기가 돌고 있었다. 과연 이 온기는 분단된 독일로도 퍼져갈 수 있을까? 우리의 삶도 바뀔 수 있을까? 그제야 나는 친절한 러시아인에게 이렇게 대꾸했다. "당신 말이 맞았으면 좋겠습니다."

마침내, 그의 말이 틀리지 않았음이 증명되었다. 두세 달 뒤 베를린 장벽이 무너진 것이다. 1989년 비 내리는 11월이 되어서야 나는 소련 대사관의 말을 믿게 되었다.

요하네스 라이머, 교수

'평화의 선견자' 미하일 고르바초프

동독의 평화, 인권, 환경단체들은 모스크바에서 온 개혁자이자 소련의 대통령인 미하일 고르바초프가 자신들 편임을 알고 있었다. 고르바초프의 정치, 사회 프로그램은 이미 많은 사람들이 신뢰하고 있었다. 그들 역시 독재체제에서 민주적인 사회주의로의 개혁인 페레스트로이카를 원하고 있었다. 그들은 또한 공공성과 단순성, 민주적인 통제를 뜻하는 글라스노스트를 옹호했다.

처음으로 야당이 5월 7일 선거를 장악했다. 그리고 선거 조작이 있었음을 입증해 냈다. 그 결과로 선거 조작에 항의하는 시위가 일어났다. 글라스노스트는 평화혁명의 중요 요소가 되었다.

1989년 6월, 본을 국빈 방문한 고르바초프는 어떻게 하면 세계의 긴장을 완화할 수 있는지에 대한 자신의 구상을 설명했다. 유럽뿐 아니라 전 세계를 갈라놓는 철의 장막을 무너뜨리자는 결정이 내려졌다. 제한적인 주권만 인정하는 이른바 '브레즈네프 독트린'이 과거의 사회주의에 속한 것이라는 것을 고르바초프는 본에서 다시 한번 확인시켜 주었다. 장벽과 관련한 고르바초프의 예언은 특별한 관심을 끌었다. "베를린 장벽은 장벽을 세우게 한 조건들이 무효화된다면 사라질 것이다."

대부분의 동독인들은 자유로운 서독 여행을 포함해 더 많은 자유를 갈망하고 있었다. 고르바초프는 이런 열망에 날개를 달아주었던 것이다. 동독의 적극적인 반대에도 불구하고 소련연방은 독일인들이 원하는 민주주의를 향한 절차에 일체 관여하지 않는다는 것이 고르바초프의 정책이었다. 이것은 독일사회주의통일당 관료들을 두렵게 했지만 저항그룹에게는 용기를 주었다.

10월 7일, 단상에 오른 고르바초프는 호네커 옆에 서서 동독 건립 40주년을 기념하는 행진을 지켜보고 있었다. 이와 동시에 수천 명이 "고르비, 고르비"를 외치면서 민주적인 개혁을 요구하는 시위를 벌였다. 그들은 귀청이 터질 듯한 큰 소리로 글라스노스트와 페레스트로이카를 요구했다. 고르바초프는 이 일이 있기 전 사회주의통일당의 리더에게 다음과 같이 말해 주었다. "너무 늦게 깨닫는 사람은 평생 심판을 받게 될 거요." 고르바초프가 공항으로 가던 길에 보안부대가 시위대를 폭력적으로 진압했다.

이틀 뒤, 수만 명이 손에는 타오르는 촛불을 든 채 라이프치히, 할레, 베를린 그리고 다른 도시에서 시위를 벌였다. 여기에는 어떤 정치단체의 개입도 없었다. 평화혁명의 승리였다. 그 승리는 평화의 선견자인 고르바초프 없이는 가능하지 않았는지도 모른다.

게르하르트 토마스, 명예 편집장

몰락이냐 지원이냐

자기비판을 할 줄 아는 독일노동총연맹의 신임위원장 아넬리스 킴멜은 노동조합이 지금까지 해 온 일들을 면밀히 조사해보겠다고 약속했다. 많은 사람들이 조합에 등을 돌렸다. 최근에는 동독 미디어조차 주요 노조원들의 부패 혐의를 다뤘다. 부정한 돈으로 자신의 호화로운 빌라를 지은 금속산업노동조합(IG) 위원장인 게르하르트 넨스티엘 같은 경우가 대표적이다.

직무유기로 인해 구색정당의 위원장 하인리히 호만(민족민주당)과 게랄드 괴팅(기민당)도 예상보다 일찍 퇴진했다. 구색정당인 자유민주당의 슈토프는 내각 전체는 물론 국가평의회 의장까지 모두 사퇴할 것을 요구했다. 그리고 자신이 속한 정당의 위원장을 의회 의원 후보로 추천했다.

오늘 있을 동베를린 사법부 기자회견에서는 부패혐의와 직권남용이 늘고 있는 것과 관련해 발표가 있을 예정이다. 익명의 고발이라 주의가 요구됐다. 로스토크에서는 뉴포럼 위원들이 사회주의통일당의 대표, 비밀경찰 대표들과 처음으로 만났다. 그렇지만 아직까지 명확한 토론 주제는 잡히지 않았다.

작센에서는 더 많은 진전이 있었다. 작센 신문에서는 경찰청장 빌리 니페네거가 "경찰도 과거의 폭력적인 충돌에서 교훈을 얻고자 한다"고 선언했다. 그는 심지어 시위대에게 큰 소리가 나는 스피커를 사용할 수 있게 할 것이며, 그들과 대화하는 모임을 만드는 등 자신들이 양보한다는 것을 분명히 보여주겠다고 했다.

서로 짐을 지라

"너희가 짐을 서로 지라 그리하여 그리스도의 법을 성취하라 만
일 누가 아무 것도 되지 못하고 된 줄로 생각하면 스스로 속임이
라"(갈 6:2~3).

거의 모든 사람들이 할 수 있는 일이 있다. 자기 양을 우리로 데려
오는 일이다. 그리고 어떤 상황에서도 자신에게 이익이 되는 것을 찾
아내는 일이다. 그러고 보면 삶은 내가 이루는 것이 아니라 다른 사람
이 치른 희생으로 성립되는 것만 같다. 이외에도 우리는 다른 사람을
내 편으로 끌어들이려고 노력하기도 한다.

사도 바울이 있던 2000년 전의 교회 안에서도 이런 일들을 찾아볼
수 있다. 바울은 이교도나 유대교 배경을 가진 사람들, 노예와 자유인
등 거의 아무런 관계가 없는 완전히 다른 사람들과 함께 했다. 바깥세
상에서는 예우할 자를 예우하고 그렇지 않은 사람들은 그저 잊히고
만다. 교회 안에서도 이렇게 우열을 가려내려는 유혹을 떨쳐내기가
정말 쉽지 않다.

사도 바울은 "자신이 아무것도 아니면서 대단한 사람인 것처럼 생
각한다는 것은 자신을 속이는 것"이라고 주장한다. 하나님께는 우리
모두가 똑같다. 똑같이 사랑받고 귀히 여김을 받았으며, 누구에게나

회개와 용서가 필요하다. 누구든지 이것을 이해하는 자는 자신을 너무 낮춰 비굴해지거나 스스로 높이는 일을 하지 않을 것이다. 이것을 이해하는 사람은 누구나 타인의 재력과 상관없이 그들이 자신과 똑같은 눈높이의 사람들이라는 걸 알게 될 것이다.

누구든지 그리스도께서 모든 인간의 짐을 지신다는 것을 이해하는 자는 다른 사람들의 짐을 져주는 사람이 될 수 있다. 이렇게 될 때 우리는 더 이상 자신이나 타인을 속일 필요가 없다. 그 대신 무거운 짐을 지고 있는 사람들을 도울 수 있다.

예수 그리스도의 교회는 세상과 다른 것이어야 한다. 세상에서 빛을 발해야 한다. 누구든지 자신의 짐에 압도당한 사람들은 자유를 경험해야 한다. 예수 그리스도께서 우리를 위해 가장 큰 짐을 져주신 분이기 때문에 그분의 사람들인 우리도 예수님의 법대로 서로의 짐을 나눠져야 하는 것이다.

이것이 이전에 동독에서 있었던 권력 남용에 대한, 그리고 지금도 남아 있는 타인을 희생시켜 나의 이익을 얻으려는 부정직에 대한 반대의 길이다. 오늘날에도 당원이나 재력 있는 자들, 조사관이나 결정권자는 물론이고 우리 모두가 이 위험에 노출되어 있다. 나 자신의 이득을 위해 타인을 돕는 것 자체가 기만이다. 그 기만 행위는 지금도 계속되고 있다.

에크하르트 페터, 복음주의 공동체 리더

하나님, 당신은 불의를 축복하지 않으십니다. 그렇기에 부패한 정치인들과 당원, 리더들이 당신 앞에서 버틸 수 없습니다. 부패를 폭로해주시고 부패의 뿌리인 탐심과 탐욕, 시기와 아집이 노출되비 해주셔서 감사합니다.

하나님, 우리에비 보수를 바라지 않고 도울 수 있는 자유를 주옵소서. 우리를 주님의 자비하심으로 물들여 주소서. 우리에비 타인의 이익을 위해 내 이익은 포기하는 기쁨을 주십시오. 부패와 권력의 남용에 희생된 자들의 상처를 치유해 주소서.

테오 레흐만 인터뷰

Idea(I) : 레흐만 씨, 6월 17일에 어디에 계셨죠?

L : 당시 저는 19살이었고 라이프치히 소재 신학교에 다니고 있었습니다. 라틴어 시간이었습니다. 사랑하는 선생님이 키케로에 대해 얘기하고 있었는데 그때 건설 노동자들이 도심으로 행진하는 것을 보았습니다. 나는 신학교를 나와 시위대에 합류했습니다. 거리에서 역사적인 일이 일어나고 있고 사람들이 그 일에 자신의 목숨을 내던지고 있는데 나만 라틴어 단어를 외우고 있는 것은 있을 수 없다고 생각했습니다.

I: 시위는 어떻게 진행되었나요?

L: 몇몇 구호는 신랄했습니다. 예를 들어 한 포스터에는 "뾰쪽한 수염과 배, 안경은 우리가 바라던 바가 아니다"라고 적혀 있었습니다. '뾰쪽한 수염'은 동독의 국가원수 발터 울브리히트를 상징한 것이며, 배는 사회당 당수 빌헬름 피크, 그리고 안경은 오토 그로테볼 동독 수상을 의미했습니다. 우리는 "자유선거와 내각

의 사임을 요구한다"라고 외쳤습니다. 나는 하루종일 외쳐서 목이 쉬고 말도 거의 할 수가 없었습니다.

I : 그날 결국 참혹하게 마무리가 되었죠….

L : 탱크가 왔고 우리를 향해 총이 발사되었죠. 신학교에서 그날 아침 보았던 내 옆에 있던 학교 친구는 총을 맞았습니다. 사람 몸에서 피가 분수처럼 뿜어져 나오는 것을 난생 처음 보았습니다.

I : 총이 발사될 것이라고 예상했었나요?

L : 나는 그들이 정말로 쏠 것이라고는 생각도 못 했어요. 그때까지 사회주의자들은 완전히 다른 방법을 쓰고 있었거든요. 교회 청년사역, 즉 '젊은이 교회'(YC)를 불법적인 기관과 동일시해서 탄압하는 식이었죠. 포스터로 기독교인들을 경고했고 많은 사람들이 체포되었어요. 그러나 그것들 모두는 이데올로기 싸움이었습니다.

I : 6월 17일 이후에도 서독이 아무런 조치를 취하지 않은 것이 당신에게 엄청난 실망감을 주었나요?

L : 러시아가 탱크로 밀고 들어오는데 서독이 무엇을 할 수가 있었겠습니까? 군사적인 정면충돌은 미친 짓이었을 거예요.

I : 동독을 떠날 것을 염두에 뒀었나요?

L : 전혀요. 나에게는 내가 태어나고 자란, 그리고 성직자가 된 이 땅 동독이 내가 있어야 할 곳임이 분명했거든요.

I : 당신도 1989년의 붕괴를 경험했지요?

L : 그 시위에서 나는 1953년에 외쳤던 구호처럼 "우리는 자유선거와 내각의 사퇴를 요구한다"고 외쳤어요. 그런데 나는 죽도록 두려웠습니다. 그들이 총을 쏠 수 있다는 것을 알았기 때문입니다. 내 주변 젊은 친구들은 그것을 몰랐죠. 그 친구들은 6

월 17일의 경험이 없었으니까요. 그런데 이번에는 성공해야 했습니다. 그리고 성공했습니다. 하나님께 감사를 드립니다.

I : 대화에 응해주셔서 감사합니다.

기독교 주간 잡지 IdeaSpektrum이 은퇴목사이자 복음주의자인 테오 레흐만과 인터뷰했다.

평화를 위한 국가 변혁

1952년 7월, 사회주의통일당은 사회주의를 강화하고 확립할 것을 결정했다. 이 시기에 특별히 교회 청년 사역이 활성화되었는데 이것은 동독이 무신론 국가라는 현실을 말해주는 것이다. 내무부 장관인 슈토프는 교회 본연의 임무에만 종사하도록 교회를 제한하는 것이 불가능하다는 것을 알고 있었다. 결과적으로 정치국은 1953년 1월 27일 '청년 교회'를 해체하기로 결정했다.

젊은 기독교인들이 감시를 당했고 수련회는 취소되었으며 전시관은 철거되었다. 청년 사역자들은 음해를 당해 투옥되었다.

이데올로기 전쟁은 더 심해만 갔다. 청년 교회(YC)의 표지인 '지구 위의 십자가'를 그의 옷에서 떼어내지 않은 사람은 누구나 학교에서 퇴출되었다. YC를 포기하지 않는 사람은 고등학교나 대학을 떠나야 했다. 수련회나 야외 집회는 금지되었고 수련회 센터는 몰수되었다. 70여 명의 교회 종사자와 목회자들은 체포되었다.

학생 목회자인 지그프리드 슈뮤즐러 박사는 이에 대항하여 용감하게 싸웠고 수년간 감금당해야 했다. 당국에 의한 이런 조치들로 수

1953년 6월 동독의 민중 봉기 모습

천 명이 조국을 떠났다. 교회와 경제를 위한 투쟁으로 촉발된 유혈사태는 결국 성치적 위기로 귀착되었다.

1953년 3월, 스탈린이 죽은 후 소련 정부는 참사를 피하고 싶어 6월 초에 울브리히트와 그로테볼에게 사회주의 확립을 확고히 하겠다는 결정을 무효화하라면서 완전한 자유화를 요구했다.

이미 6월 10일, 주교는 '정부가 헌법 체계 안에서 교회에 자율권을 줄 것이며 이전의 많은 제재를 무효화한다'는 소식을 들었다. 그러나 지금까지 내세워왔던 규범을 더 강화시키겠다는 생각은 철회하지 않았다. 그리고 이것이 바로 독일인들이 1953년 6월 12일부터 22일까지 즉각적이고 혁명적인 시위를 일으킨 이유다. 약 100만 명의 시민들이 시위에 참여했다. 초기 시위 점화는 정부 청사까지 항의하는 행진을 벌인 건설노동자들이 촉발했고, 다른 많은 사람들도 이 행진에 동참했다.

울브리히트와 그로테볼이 거부했을 때 사람들은 그들의 퇴진을 요구했고 700여 개의 도시와 마을에서 폭동이 일어났다. 6월 17일, 소련 탱크가 공격을 해왔다. 경찰과 소련 군대가 총을 쏘기 시작하자 폭동은 실패로 돌아갔다. 6월 18일과 19일에는 18명의 시위대가 군법회의에 회부됐고 시위를 억제하기 위한 방법으로 총살형을 시행했다. 그렇게 해서 60~80명의 시위대가 죽었다. 또한 10~15명의 비밀경찰도 죽었다. 적어도 6000여 명의 사람들이 체포되었고 1800명 정도가 징역형을 받았으며 2명은 사형선고를 받았다. 수천 명이 서독으로 피신했다.

7월 11에는 청소년부가 YC와 자유독일청년당과 토론을 준비했다. 청년당원장인 에리히 호네커와 그후 그의 아내가 된 마르고트 화이스트가 이 당에서 가장 유명한 대변인이었다. 거기서는 YC가 청년단체가 아니지만 교회 내의 또 다른 삶을 보여주는 부서라는 것을 명확히 했다. 그 이후로 YC에 내려진 더 이상의 조치는 없었다.

하랄드 브레트슈나이더, 1989년 지역 청년 목사, 하이란트 교회협 명예회원

떠날 것인가 머물 것인가

프라하 주재 독일 대사관에서는 계속해서 새로운 일들이 생겼다. 이틀 사이에 4000여 명의 난민들이 몰려왔다. 아이들이 딸린 엄마들만이 건물을 잠자리로 쓸 수 있었다. 동독 대사관은 서독으로 가기 위해 체코슬로바키아 국경을 넘는 모든 사람들이 기존 동독시민권을 말소한다는 증명서를 제출해야 한다는 방침을 분명히 하고 있었다. 그렇지만 그날 저녁, 4500여 명이 증명서류 없이도 재입국 허가까지 얻어 떠날 수 있다는 예상치 못한 발표가 나왔던 것이다. 전례가 없던 일이었다. 그리고 그날 밤, 사람들은 체코슬로바키아로 가는 국경을 기습했다. 헝가리 국경을 넘는 것은 허락도 되지 않았을뿐더러 이틀 전까지만 해도 동독시민권을 가지고 비자 없이 여행할 수 있었던 이웃국가를 경유해 서독으로 가는 것도 이제 허락되지 않았기 때문이다.

사회주의통일당 지역 의장인 한스 모드로는 에곤 크렌츠와 그의 내각을 강하게 비판하면서 전방위적으로 동독의 변화를 이끌 수 있는 새로운 리더십이 필요하다는 성명서를 발표했다. 그날 밤 모드로는 동독 TV카메라 앞에 서서 참모들의 인사 변동을 발표했다. 보위부대와 비밀경찰 국장인 에리히 미엘케가 젊은 리더들에게 자리를 내주고 물러나야 했다. 그러자 크렌츠가 헌법재판소 도입, 다수의 민간인 군인들이 요청한 행정 개혁, 깊이 있는 경제개혁 등 전방위에 걸친 개혁안을 발표했다. 그는 연설에서 자신이 오늘날까지 변화를 머뭇거린 것에 대해 정당화하기도 했다. 며칠에 걸쳐 경찰은 온 경찰력을 동원해 시위주동자들과 뉴포럼 관계자들, 다른 여러 저항운동 그룹의 계획을 알아내려고 혈안이 되어 있었다. 10개의 새로운 운동, 7개의 저항운동 그룹에서 전단지를 발행했는데 여기엔 사회주의통일당 리더의 요구안을 철회할 것과 조속한 자유투표제, 모든 분야에서의 자유권 등을 요구하는 내용이 담겼다.

국민들도 도전을 받아 이러한 요구사항이 이뤄질 수 있도록 스스로 할 수 있는 활동들을 전개하기 시작했다. 로마가톨릭이 우세한 아이스펠트에서는 시민들이 교회 예배 후 거리로 나가지 않고 짐머로데에 있는 국경 울타리로 가서 수비대의 발포 명령에도 불구하고(물론 아무도 총을 쏘지 않았다) 직접 60개의 촛불을 울타리에 꽂는 위험을 감수하기도 했다.

〉〉 각성

신뢰

"여호와를 의뢰하고 선을 행하라 땅에 머무는 동안 그의 성실을
먹을거리로 삼을지어다"(시 37:3)

"태양만 비춰준다면 돌도 데워지기 마련이라네." 이것은 1989년 10월 13일 첫 뉴포럼 공개 모임이 있었던 켐니츠의 루터교회와 그 주변에 모인 4000여 명의 사람들이 불렀던 노래 가사다.

역사의 주인이신 하나님에 대한 희망과 동시에 연약한 무릎으로 나는 그날 밤 사회를 맡았다. 토론을 제공하는 안전한 문은 활짝 열

려 있었다. "내가 가진 희망으로부터 무언가 전달되기를 바랍니다." 나는 기대감과 흥분에 차 있는 군중들에게 인사했다. 그것은 고요한 기다림이나 침묵이 아니었다. 믿음에서 나오는 정직한 행동은 사람들의 마음을 움직이기 마련이다. 나 자신이 소망의 하나님에 의해 빚어지고 인도되는 것이야말로 매일매일 나에게 필요한 것이었다. 그러고 나서 놀라운 일들이 일어났다. 하나님이 말씀하시고, 나는 믿음의 발걸음을 내딛고, 그분의 인도하심을 깨닫고, 마침내 문이 열리게 되는 것이다.

이런 변화무쌍한 일들이 벌어지는 동안 누군가가 말했다. "동독에 머무는 것은 국민의 임무다." 정말 쉽지 않은 얘기다. 이런 생각은 오늘도 마찬가지다. 주님을 소망하는 것, 그것이 바로 내 조국이 필요로 하는 것이다. 우리는 다 같이 흥분한다. 우리는 소망과 축복의 통로다. 우리는 그분의 인도하심을 지속적으로 구한다.

시편을 노래한 다윗은 오랜 기간 불확실한 상황을 경험했다. 그럼에도 불구하고 그는 부르심을 확신했다. 그는 그 확신을 굳게 부여잡고 있었다. 그는 자신의 이익을 위해 기회를 사용하지 않기로 작정했다. 자신을 보호하시고 동시에 잘못된 결정을 하지 않도록 지키시는 주님 안에서의 소망이 이것을 가능케 했다.

너무나 유명한 아브라함이 부르심에 순종한 이야기는 우리를 불안하게 한다. 그러나 거기엔 비밀이 있다. 하나님은 신뢰할 만한 분이시다. 나는 그분을 전적으로 신뢰할 것이다. 그분은 나를 따뜻하게 초대하신다. 우리 마음속에 이 신뢰를 가질 때 우리는 파격적인 믿음의 길을 걸어갈 수 있다.

디터 커이허, 은퇴목사

하나님, 난민들을 보호해주시고 그들이 이 모양 저 모양으로 도망갈 수 있도록 도와주서서 감사합니다. 또한 떠나지 않고 머무르라는 소명을 듣고 자신이 서 있는 그 자리에서 변화를 위해 일했던 많은 사람들로 인해 감사드립니다. 오늘날 자유롭게 여행할 수 있음에 감사하고 유럽 안에서의 자유에 대해서도 감사드립니다.

바라건대 정치인들이 오늘날 이주민의 홍수 속에서 선한 결정을 할 수 있도록 도우소서. 가난한 사람들이 자신들의 가정을 지킬 수 있도록 창의적인 방법을 가르쳐 주소서. 도망간 자들을 정죄하는 것으로부터 지켜주시고 익숙지 않은 것에 대한 두려움을 떨쳐내게 하소서.

바이마르에서 온 편지

1989년 9월 18일, 독일의 유명 신문인 'FAZ'에 '바이마르에서 온 편지'에 관한 기사가 실렸다. 이 편지를 가지고 동독의 기독교민주연합(CDU·기민련) 의원 4명은 당과 사회 내부의 개혁을 시작하려 했다. 마르틴 키르흐너, 고트프리드 뮐러, 크리스티네 리베르크네트, 마르틴 훈은 30개 조항으로 된 자유와 참여를 요구했다.

그 편지에도 나와 있듯이 기독교 신앙과 기독교적 인간론에 깊게 뿌리내린 모습은 내가 그들을 신뢰할 수 있는 초석이 되었다. 그래서 나도 헤센의 기민련 사무총장직을 맡아 동역하게 되었다. 1989년 11

프라하의 독일 대사관에 있던 동독 피난민들이 특별기차를 타고 서독에 들어오고 있다

월 2일 괴팅스가 사임한 후에 헤센의 기민련과 개혁주의자들의 첫 번째 공동회의뿐만 아니라 동독의 기민련을 향한 개혁의 길이 뚫렸다. 우리는 1989년 11월 9일 동독의 베를린-브란덴부르크에 있는 복음주의 루터교회에서 회의를 열었다. 장소와 참석자들의 관점에서 본다면 우리 모임은 교회가 사회개혁의 항해를 시작하는 일이 일어난 것이나 마찬가지다. 그러나 우리가 선택한 그 날이 역사적인 날이 될 줄은 아무도 상상하지 못했다.

1989년 11월 8일, 헤센의 기민련 대표단이 내 지시에 따라 서베를린으로 비행기를 타고 건너갔다. 11월 9일 아침, 우리는 여행 비자와 헌법 같은 금지품을 들고 동베를린으로 운전을 해 갔다. 1시경 모임이 시작되었다. 동독 기민련에서는 두 명(마르틴 키르흐너와 고트프리드 뮐러)의 바이마르 편지 서명자가 참석했다. 크리스티네 리베르크네트는 기독민주청년당 창설을 돕고 있어서 불참했다. 그 외에도 우리는 동독의 기민련 임원인 로타르 드 마이치어를 만났는데 그는 전화통화로 내게 마르틴 키르흐너가 기독민주당의 대표가 될 거라고 말해주었다.

동독 기민련과 개혁 절차를 다루면서는 기독교의 인간론이 중요한 역할을 했다. 마이치어는 기민련이 자정(自淨)하고 있다고 봤다. 그는 '가치 위기'의 관점에서 당 내부와 동독 상황을 묘사했다. 그는 공급 재앙(즉 경제 위기)만이 사람들을 거리로 내몬 힘이라는 인식에는 반대했다. 그의 판단으로는 정당 사람들과 정부는 자유와 단순한 법의 지배, 정치적·개인적 참여와 자결권을 원하고 있었다. 우리는 개인의 자유가 양쪽 독일 당의 연합보다 우선되어야 한다는 것, 그것은 책임감이 따르는 자유라는 데 신속히 동의했다. 사도 바울도 "형제들아 너희가 자유를 위하여 부르심을 입었으나 그러나 그 자유로 육체의 기회를 삼지 말고 오직 사랑으로 서로 종노릇 하라"(갈 5:13)고 하지 않았던가.

오후 4시경 우리는 집을 향해 출발했다. 저녁 7시 조금 넘어서 헤센 라디오 방송에서 우리가 회담에서 나눈 것들을 방송했다. 그런데 바로 직전 방송 사회자는 정부 소식통으로부터 귄터 샤보브스키가 동독의 단기 여행을 허가한다는 말을 듣게 되었다. 베를린 장벽이 무너지기 시작했다. 나 역시도 TV에서 샤보브스키의 기자회견을 처음으로 보게 되었다. 그 날 저녁 독일과 유럽 및 전 세계가 좋게 변화될 것이라는 게 너무나 명확했다.

프란츠 요세프 융 박사, 독일 국회회원, CDU·CSU 대표의장

서독의 역할

폴란드의 솔리다르노시치(자유노조) 운동, 헝가리의 독립, 고르바초프의 페레스트로이카와 글라스노스트, 미국의 굳건한 자세, 동독에서의 엄청난 난민과 시위가 없었다면 통일은 없었을 것이다. 만약 정부가 역사적인 역할에 대한 기회를 제때 붙잡지 못하고, 그 당시 주어진 역사적인 기회를 포착하지 못했다면 과거에 있었던 발전은 전혀 다른 양상으로 바뀌었을 것이다. 이 독일의 정치적 신념은 동독 시민들의 의지와 결부된 것이었다. 정당은 시위대의 요구와 그와 비슷한 정부의 요구 사이에 끼어 있었다.

내가 1989년 4월 서독 총리실 장관으로 동독의 협상 파트너가 되었을 때 1년 반 후에 독일이 통일을 이룰 거라고 예측한 사람은 아무도 없었다. 이후 몇 달이 흐르는 동안 처음으로 동독체제의 경제·정치적 위기와 당권의 급격한 상실, 국제개발과 시민들의 저항을 무시한 완고함이 드러났다. 하룻밤 사이에 동독은 무너졌다. 9월에는 난민들이 독일 대사관에 출입할 수 있게 되었다. 10월 18일 호네커가 몰락하고, 12월 3일까지 상대적으로 짧은 임기를 지낸 에곤 크렌츠, 11월 9일의 장벽의 붕괴, 그 후 독일 총리 헬무트 콜의 드레스덴의 프라우엔 교회 연설, 그리고 그로부터 두어 주 후 동독은 붕괴됐다.

거듭 우리는 겸손과 온유, 그리고 감사함으로 통일의 주제에 접근해야 한다. 헬무트 콜은 그의 비망록에다 이렇게 썼다. "1989년 가을, 독일 통일로 가는 길은 마치 황무지를 지나는 것 같았다. 무릎까지 차버린 물속에 서 있는데 안개가 시야를 가렸다. 우리가 알고 있는 것이라고는 이 세상 어딘가에 굳건한 발판이 있을 것이라는 것뿐이었다. 하지만 어디에 있는지는 알지 못했다. 한 걸음씩 걸을 때마다 우리는 길을 느낄 수 있었고 마침내 길 저편에 무사히 도착할 수 있었다. 하나님의 도움이 없었다면 결코 우리는 그곳에 도착할 수 없었을 것이다."

루돌프 자이터스 명예박사, 1989~1991 독일 총리실 장관,

2003년 독일 적십자사 총재

희망을 품고 새로운 모험을 시작하다

    동베를린 역사에 오늘 같은 날은 없었다. 올 가을 시위 중 가장 큰 규모인 100만 명에 가까운 사람들이 행진했다. 스테판 하임은 알렉산더 광장 집회에서 이렇게 외쳤다. "이번 일은 마치 수년 동안 영적·정치적·경제적 침체 가운데 그리고 관료주의적 전체주의와 속임수로 인한 수년 동안의 불경기라는 탁한 공기 속에 정체돼 있다가 갑자기 창문을 활짝 열어젖힌 것과 같다."

    배우와 예술가들은 '비폭력'이라고 인쇄된 띠를 두른 채 시위의 스태프로 참가했다. 그들이 보안부대와 안전과 관련해 협력을 맺고 있기 때문인지 제복을 입은 경찰의 모습은 좀처럼 눈에 띄지 않았다. 이번 일이 더욱 놀라운 것은 정부와 에곤 크렌츠가 브란덴부르크 부근에 경찰력 증강과 경계강화를 통해 장벽 문제를 완전히 돌파하려고 애쓰는 가운데 일어났다는 것이다. 이런 경우는 국가 비상사태가 선포될 수도 있었다.

    예전에 당직자들은 동독 전역에서 베를린으로 향하는 대규모 이동을 금지시키라는 지침을 받았다. 베를린의 모든 정부 지도층과 정치 지도자들은 이날 하루 비상근무를 서면서 시민들이 경찰 병력이 통제하지 않는 상태에서 어떻게 동베를린 거리를 활보하는지를 창문에서 지켜보기로 돼 있었다. 귄터 샤보브스키는 정부측의 시위 연사 중 한 명이었는데 그 역시 정보부 부장을 역임했던 마르쿠스 볼프처럼 무자비하게 단상에서 끌려 내려와야 했다. "이미 너무 늦었어. 너무 늦었다고." 그의 귀에 수십만 시민들의 목소리가 들렸다. 작가 크리스토프 하인 같은 침착한 연사들은 이렇게 경고했다. "아직 우리는 완전히 성공한 것이 아닙니다. 어렵고 힘든 상황이 끝난 게 아닙니다. 강제력이 있는 법률적 기초에 기반을 둔 민주주의 사회를 만듭시다."

시민들은 이 특별한 토요일을 단지 최대 규모의 시위를 진행한 것으로 끝내지 않았다. 4만여 명의 시민들이 마그데부르크 돔 광장에서 정치인들과 면담했으며, 1만여 명은 예나에서 자유선거를 위한 시위를 벌였다. 시민들은 이날 동독 전역의 50개 도시에서 동시다발적 시위를 이어갔다. 튀링겐 주 남부의 줄(Suhl)에서만 3만 명이 넘는 시민들이 쓰레기 처리장 설치 반대 집회를 개최했다. 그러나 체코 쪽 국경에 사는 동독 시민들은 다른 방식으로 결집했다. 매 시간마다 300여 명의 사람들이 동독 신분증을 들고 집을 떠나서 걷거나 트라반 자동차와 특별열차를 타고 체코의 개방된 국경을 지나 서독으로 넘어갔다. 이미 4만여 명이 헝가리 국경을 넘었다. 내무부 부장관 디터 분더리히에 따르면 연말까지 동서독 국경에서만 9만 1375개의 여행 허가가 났다. "이 나라를 떠나지 말고 사회주의통일당의 정치적 변혁을 위해 함께 일하자"는 에곤 크렌츠의 호소에 동독인들은 확실한 답변을 한 셈이다.

〉〉 각성
여전히 감사하고 있는가?

"너희가 자기를 위하여 공의를 심고 인애를 거두라 너희 묵은 땅을 기경하라 지금이 곧 여호와를 찾을 때니 마침내 여호와께서 오사 공의를 비처럼 너희에게 내리시리라"(호 10:12)

여로보암 2세(BC 787~747)가 통치하던 시기, 호세아는 북이스라엘 왕조의 마지막 황금기를 살았던 사람이다. 여로보암 왕의 정치적·군사적 성공은 상류층에게 엄청난 부를 선사했다. 하나님께서는 깊게 들여다보신다. 불의를 간과하지 않으신다. 사회적·도덕적 차원의 불의는 문자 그대로 분명 잘못된 것이다.

선지자들은 하나님과 이런 감성을 나누는 사람들이다. 그래서 하나님은 호세아에게 불의를 하나하나 명명해 보라 하신다. "이 땅에는 진실도 없고 인애도 없고 하나님을 아는 지식도 없고 오직 저주와 속임과 살인과 도둑질과 간음뿐이요… 그러므로 이 땅이 슬퍼하며 거기 사는 자와 들짐승과 공중에 나는 새가 다 쇠잔할 것이요 바다의 고기도 없어지리라"(호 4:1~3)

정의로우신 하나님은 한 나라와 사회를 판단하실 때 성공과 실패가 아닌 의로움의 척도를 사용하신다. 하나님은 이것으로 인간의 가장 깊은 욕구를 채우신다. 하나님은 호세아의 입을 통해 다음을 요구하신다. 의를 심고 사랑을 거두라는 것이다. 이것이 바로 한 나라에 하나님의 의를 비처럼 쏟아부어 주시겠다는 하나님의 약속에 대한 믿음과 용기를 주는 말씀이다.

동독에서 우리는 한계와 속박을 경험했다. 허가받은 불의와 지시받은 거짓으로 많이 실망하기도 했다. 먹고 살 정도의 빵은 있었지만 주거 수준은 낮았으며, 트라반 차를 뽑으려면 수년을 기다려야 했고, 바나나는 1년에 한두 번 정도 구경할 수 있었다. 그러나 의를 향한 목마름과 공공생활에 있어서의 정직함, 부정직한 선전과 조작된 선거에 대한 항거는 마침내 평화혁명을 향한 길을 열어젖혔다. 우리들 대부분은 영웅이 아니었다. 우리 안에 새롭게 생긴 용기, 그리고 여전히 소심한 행보를 보며 우리는 놀랐다. 교회에서 시작된 평화기도는 하나님께 상달되었고 세상 끝까지 울려 퍼졌다. 우리는 이를 통해 진실하신 하나님께서 역사 속 가장 잘 조직된 체제를 엄청난 단기간에 어떤 식으로 무너뜨리시는지를 경험하게 되었다.

이 사건이 있은 지도 벌써 25년이 지났다. 우리는 여전히 그분께 감사하고 있는가? 통일 독일에서 의로움은 어떤 모습인가? 빵을 먹고 사는 사람은 누구나 옥수수는 씨앗에서 자라난다는 것을 안다. 감사하는 사람들은 하나님의 비와 태양 아래서만 좋은 열매가 자란다는 것을 결코 잊지 않는다. 주님, 당신의 의로운 비를 우리의 통일된 풍요로운 땅에 부어주소서.

만프레드 케른, 은퇴목사, 전 동독 복음주의연합 사무총장

하나님, 동베를린뿐 아니라 다른 곳에서도 엄청난 규모의 시위가 있었지만 스스로 치안 담당인 것처럼 평화를 유지하는 모습을 보여 준 시위대로 인해 감사를 드립니다. 이런 시위 가운데서도 긍정적인 영을 허락해 주셔서 감사드립니다. 독일의 하나 됨이라는 목표를 가지고 기도와 행동으로 헌신한 분들로 인해 감사를 드립니다.

우리에게 새 희망을 주셔서 불의를 이겨내고 변화하는 세상이 던지는 문제들을 해결하되 전 세계적으로 함께 새로운 해결책을 찾아낼 수 있도록 도와주소서. 이 일에 희망을 지고 가는 이들을 더욱 강건하게 해 주시고, 새로운 일을 시작할 수 있는 용기를 주소서.

장벽 뒤에 계신 하나님

우리의 뇌리 속에 깊이 새겨진 사건들이 있다. 그 사건들은 희망과 믿음을 갖는 일이 얼마나 가치 있는 일인지를 확신시켜 주었다.

우리 가족은 1989년 11월 4일 베를린 중앙에서 열린 엄청난 시위에 참석했었는데 그것도 그 사건 중 하나다. 알렉산더 광장에서는 50여만 명의 물결이 우리 주변을 둘러싸고 있었다. 군대와 경찰들도 줄지어 서 있었다. 그들이 무기를 사용할지 안 할지 아는 사람은 아무도 없었다. 그럼에도 사람들은 침착해 보였다. 우리는 이웃들과 지인들, 그리고 수많은 교인들을 그곳에서 만났다. 어린 소년이 경찰에게 꽃다발을 건넸다. 모든 이들이 꽃을 받는 위험을 감수한 것은 아니다. 긴장되고 무기력했던 경찰들의 얼굴에서 미소가 번지는 것을 보았다. 배우들이 정치인 역할의 연극도 선보였다. 가설무대에서 그들은 시위 바로 전에 겁먹고 있던 늙은 정치인들을 대담하게 조롱했다.

"우리가 바로 그 국민이다"(Wir sind das Volk)라는 구호는 개인적으로 특별한 경험이었다. 에리히 호네커는 "장벽이 앞으로도 100년은 더 건재할 것"이라고 떠벌렸다. 하지만 하나님은 그 날들을 계수하셨다.

동독 내에서 교회 재배치가 이루어진 후 초임 목회지인 우케르매르크 지역 템플린에서 나는 1961년 8월 13일 목사 안수를 받았다. 바로 그날 베를린 장벽이 세워진다는 뉴스를 봤다. 이 때문에 안수식에 참석하는 교회 VIP를 비롯한 게스트들이 불안해했다. 안수 예배 설교는 그저 교회 벽만 공허하게 때릴 뿐이었다. 그러나 오후에 있었던 2부 교회 축하행사에서 반전이 일어났다. 믿음의 노래와 확신의 말씀

285

경찰이 시위대로부터 꽃을 받은 모습

을 통해 모두의 불안감이 사라졌다. 우리는 슬픈 경험 속에서도 믿음으로 사역을 시작했다. 나는 장벽의 붕괴는 장벽이 세워진 그 날에 이미 시작되었다고 확신한다. 이 세계적인 벽 뒤에서도 우리와 항상 함께 계시고 모든 권세를 허락하신 우리 주 예수 그리스도에 대한 신뢰를 가지고 돌파구를 되찾은 것이 이 일을 가능케 했다.

만프레드 케른 은퇴목사, 동독 복음주의연합 사무총장 역임

>> 배경

교회 내 통일 논쟁

헌법 전문은 동서독 통일이 서독을 건국한 이들의 정치 목표라고

선포하고 있다. 2차 세계대전 종전 후 40년이 지난 1985년, 서독 복음주의교회(EKD)와 동독 교회연합은 상호 선언을 통해 통일에 대한 교회의 공식적인 생각을 이렇게 밝히고 있다. "우리는 양 독일의 모든 국민들이 가능하지도 않은 이전 상태로의 회복을 요구해서는 안 된다고 믿는다."

다음번 동독 교회연합 총회에서는 독재를 대표하는 교회 지도자들 앞에서 그들을 반박하는 위험을 감수한 이가 한 명 있었다. 바로 플라우엔 출신 감독 토마스 퀴틀러였다. 그는 우리에게 이전 공동선언에서 독일이 저지른 죄를 생각해보는 것도 성경적이지만, 동시에 앞으로 계속될 우리나라의 미래를 다시 한번 생각해 보는 것 또한 성경적이라고 말했다. 반면 동독 교회연합 지도층은 누구든지 독일에 대해 질문하려는 자는 유럽의 평화를 질문하라고 요구하며 그에게 맞섰다.

1970년 창립된 기독 언론 '이데아 스펙트룸'은 교회 지도자와 인터뷰 할 때마다 지속적으로 통일에 관한 질문을 던졌다. 종종 서독 주교들은 이 질문을 받을 때마다 마치 자신들이 간음을 저질렀는지 여부를 확인받는 것처럼 어이없어했고 과도한 질문으로 여겼다. 사실상 예언이나 마찬가지인 말을 한 유일한 주교가 있었는데 그는 뷔르템베르크의 한스 폰 켈러였다. 그는 장벽 붕괴 1년 반 전 '이데아 스펙트룸'과의 인터뷰에서 우리가 통일을 할 준비가 되었는지에 대한 질문을 받고 이렇게 대답했다. "지금 시기에 고르바초프가 독일 통일 카드를 안 쓸 이유가 없지 않은가?"

평화혁명이 일어나던 해의 상황은 딱 그런 경우다. 1989년 6월 서베를린에서 열린 독일 복음주의교회 콘퍼런스에서 거의 모든 동서독 교회 지도자들은 통일에 대한 일체의 대화에 등을 돌렸다. 한 달 뒤인

1989년 7월, 세계교회협의회(WCC)는 많은 독일 대표단들을 만나 한국의 통일에 대한 논의를 촉구했다(1989년 7월 27일 모스크바에서 발표된 WCC의 한반도 평화와 통일정책 성명을 말한다-역자 주). 그런데 어느 누구도 "우리가 어차피 정치적 이슈를 다뤄야 한다면 바로 이곳에서 통일에 대해 논의하자"고 말하는 사람은 없었다.

수천 명의 동독 시민들이 헝가리를 경유해 서독으로 탈출하던 시절, 동독의 모든 지역은 난리법석이었는데 이때도 복음주의교회 지도자들은 통일에 대해 반대 목소리를 냈다. 동독 복음주의교회연합 의장 대행 만프레드 슈톨페는 당시 통일을 "평화에 대한 위험 요소"라고 묘사했다. 비텐베르크 총회 지도자 프리드리히 쇼를렘머도 두 개의 독일이 존재하는 것이 좋다고 말했다. 베를린 장벽 붕괴 며칠 전, EKD 회장인 위르겐 슈무데는 라디오방송 ARD에서 다룬 '통일의 찬반양론' 프로그램에서 통일에 대한 반대 입장을 취했다. 서독의 루터교 총회에서 그는 동독의 파트너 교회들이 자신들의 상황에 대해 서독 교회가 아무것도 언급하지 말아줄 것을 요청했었다고 말했다. 1989년 10월 초, '이데아 스펙트룸'의 표지제목이 '통일, 그 외에 또 무엇이 있겠는가?'였을 때도 헤센 주 낫소의 교회 지도자는 전화를 걸어 "그건 급진 우파적"이라고 주장했다. 베를린 장벽 붕괴 4일 전인 11월 5일, 바트 크로칭엔 종교회의에 보고된 EKD 중앙위원회의 보고서를 봐도 교회가 그 당시 얼마나 극단적으로 편향돼 있었던가를 잘 알 수 있다. 그 보고서에는 남아프리카공화국 상황에 대해서는 153줄 분량을 할애한 반면 동독에 관해서는 기껏해야 26줄을 할애했다.

'얼마나 오래 이런 입장을 고수했을까?'에 관해서는 1990년 10월 3일 독일 통일의 날에도 있었던 이들의 '당황스러운 종 울리기 논란'을 보면 알 수 있다. 가톨릭교회에서는 이날 종을 얼마나 칠 것인지에 대해 각 교구가 알아서 결정하도록 했다. 반면 EKD는 정치인들이 이렇게 요구하는 것을 교회에 대한 간섭이라며 반대했다. 27명의 복음주의교회연합 지도자들 중 오직 한 명만 민중들의 분위기를 간파하고 있었다. 그는 튀링겐 지역의 베르너 라이히 주교로 당시 동독에서 가장 용기 있는 사람 중 한 사람이었다. 그는 전후 세기와 조국의 분단은 새해 벽두에 매번 울리는 종소리보다 중요하다는 설명과 함께 10월 3일 전날 저녁 교회마다 종을 울려줄 것을 요청했다. 당시 교회 리더십이 풀뿌리 민중들과 얼마나 상상도 못하게 괴리되어 있었는지는 '동독 국민 90%와 서독 국민 87%가 통일을 위한 종을 울리기 원한다'는 설문 결과를 봐도 알 수 있다.

헬무트 마티스, 복음주의 통신사 '이데아' 리더

새 출발을 향한 진통

시민들이 불안해하는 얘기들은 전국의 교회 예배에서뿐만 아니라 사람들이 모여 대화하는 곳이면 어디서나 들려왔다. 사회주의통일당 당원들도 점점 더 노골적으로 자신들의 당을 비판했다. 라이프치히의 문화부 장관 요아힘 호프만은 정부는 의회에 책임이 있는 것이지 정당에 책임을 지는 것은 아니라고 강조했다. 아울러 이것을 제대로 깨닫기 위해서는 현 정부의 모든 각료들과 당 의원들은 사퇴해야 한다고 촉구했다.

동베를린 고백교회에서는 녹색당을 창립하기 위한 주도 그룹이 형성되었다. 사람들은 다음 주에 모여 문서들에 관해 논의할 예정이었다. 창립자들의 지향점은 "우리의 파괴된 환경을 개혁하는 것은 우리 사회의 개혁에도 막대한 역할을 하게 된다"는 것이었다. 그들은 자신들을 유럽 전역의 녹색당 일원으로 생각하고 있었다. 수십 년간 일당 체제 속에 있었기 때문에 민권운동가들은 한 개의 당을 추가하는 것이 아닌 다당제를 요구했던 것이다.

이 같은 변화에 대한 열정적 헌신은 이번 주말 나라를 등지고 떠난 사람들의 모습과는 배치되는 것이었다. 이날 저녁 아홉 번째 특별열차가 750여 명의 동독인들을 태우고 프라하에서 바바리아를 향해 출발했다. 쉬름딩크에 있는 바이에른 국경으로 가는 길목에는 하루 종일 끝도 없는 트라반 행렬이 줄을 이었다. 출입국관리에 따르면 이번 주말에만 1만 3000여 명이 체코를 경유해 서독으로 들어갈 예정이다.

그날 저녁 '시사 카메라'는 시민들이 새로운 여행법을 제안할 수 있다고 보도했다. 어제 에곤 크렌츠와의 만남에서 여행법에 대한 기본적인 사항들은 이미 정해졌다. 모든 시민들은 1년에 30일 동안 서방국가에 여행할 수 있다. 그들은 또 동독 15마르크를 서독 15마르크로 바꿀 수 있는데 이 돈으로는 기차표 사기에도 충분치 않았다. 거기다 정부는 공공질서와 타인의 건강, 도덕, 권리와 자유를 보호하기 위해 여전히 여행허가권을 가지고 있다는 것이었다. 참으로 모호한 구절이었다. 우리가 생각하던 여행의 자유와는 거리가 있어 보였다.

섬김

"예수께서 불러다가 이르시되 이방인의 집권자들이 그들을 임의로 주관하고 그 고관들이 그들에게 권세를 부리는 줄을 너희가 알거니와 너희 중에는 그렇지 않을지니 너희 중에 누구든지 크고자 하는 자는 너희를 섬기는 자가 되고 너희 중에 누구든지 으뜸이 되고자 하는 자는 모든 사람의 종이 되어야 하리라 인자의 온 것은 섬김을 받으려 함이 아니라 도리어 섬기려 하고 자기 목숨을 많은 사람의 대속물로 주려 함이니라"(막 10:42~45)

우리는 권력자들을 알며 그들과 그들의 행위를 판단한다. 하나님은 전능하신 분이다. 그분이 권력을 주시고 우리로 하여금 그분이 하시는 사역에 동참케 하신다. 이 힘은 하나님이 주시고 허락하신 것으로서 어디까지나 우리에게 빌려주신 것이고 동시에 제한적인 것이다. 통치자들은 종종 '하나님의 은혜로'라는 구절을 남용하는데, 이 표현은 권력은 빌려주신 것이라는 의미다.

이 기념비적 해에 우리는 욕망이 경계를 넘어 대체할 수 없이 커졌을 때에 생기는 권력 남용을 특별히 기억하고 조심해야 할 것이다. 권력의 경계는 의존과 책임인데 이 의존은 타인에게 의존함으로써 우리가 균형을 잃게 된다는 뜻이 아니다. 하나님의 은혜에 의한 권력은 하나님께 의존해야 한다는 것이다. 하나님께서는 그의 허락하심에 따라 좌우되는 통치의 힘을 사람들에게 주신다. 하나님의 은혜에 의한 권력은 의존을 의미한다.

다른 하나, 권력의 경계는 독일연방헌법 전문에 나와 있는 책임이다. '하나님과 사람들의 책임에 있어서…' 책임감 있는 사람은 먼저 자기보다 더 높고 힘 있는 자에게 책임이 있다는 것을 잊지 말아야 한다. 그는 자신을 더 높은 권위에 맞추어야 하며 거기엔 기준이 필요하다. 그렇지 않으면 독단적으로 운용하기 때문이다. 책임은 위대함의 대가(代價)이며 위대함은 하나님께서 결정하시는 것이다. 우리가 우리의 경계를 알 때, 하나님에 대한 우리의 책임은 우리를 적당히 작은 자로 만든다.

하나님께서는 우리가 삶을 표준으로 본보기를 주셨다. 통치자로서가 아닌 종으로서 제자들을 대하셨던 예수 그리스도시다. 예수님은 위대함과 발맞추신 것이 아니고 섬김과 발맞추셨다. 예수님은 폭력적으로 강요하거나 밀어붙이지 아니하셨다. 오로지 섬기기 원하셨다.

예수님은 위대함, 권력 그리고 직업에 대한 자신의 관점을 추종자들에게 보여주시면서 이렇게 말씀하신다. "나는 섬김을 받으러 온 것이 아니라 섬기러 왔노라." 그분은 모든 것을 다스리는 권력을 받으셨고 그것을 책임 있게 사용하신다. 종으로서 말이다. 베드로가 강조한

대로(벧전 2:21) 예수님은 우리가 모방해야 할 본보기이시다. 권력과 책임, 그리고 한계의 문제는 종으로 보여주셨던 예수님의 삶, 사랑 그리고 모델에서 답을 찾을 수 있다.

프리드리히 핸슬러, 출판인 겸 정치인들을 위한 조찬기도회 공동 발기인

하나님, 섬김으로 우리나라를 인도하고 반론을 용납하며 어느 면에서도 권력을 남용하지 않는 모든 리더들로 인하여 감사를 드립니다. 그들이 취임선서에서 '하나님의 도움으로'라는 문구를 통해 하나님께 의존하게 하여 주신 것을 감사드립니다. 그리고 사회적 책임이 있는 모든 영역에 도움을 주셔서 감사합니다.

우리의 지도자들이 귀를 열어 하나님의 음성을 듣고 위대한 일을 실천하여 아버지께 영광을 돌리게 하소서. 인종과 상관없이 책임을 지고 있는 모든 사람들을 돕게 하시고, 종의 마음으로 우리 자신의 일에도 책임을 질 수 있도록 도와주소서.

>> 고백
하나님이 주도하신 우연의 일치

1989년 11월 9일 아침은 어느 11월의 아침과 같았다. 어느 누구도 베를린 장벽이 열릴 거라곤 상상도 못했다. 동독을 떠나온 지 1년 반, 이 아침 나는 베를린-프리드리히스트라세 국경의 서독 쪽 출입국관리소 앞에 서 있다. 직원이 당황한 표정으로 내 여권과 컴퓨터 화면을

번갈아 쳐다봤다. 그 사람은 동독 민권운동가들이 비밀경찰 감옥인 호엔셴하우젠에서 곧바로 서쪽으로 강제 추방되었던 1988년 리브크 네트-룩셈부르크 사건을 기억하는 것인지 모르겠다. 어쨌든 그들 중 일부는 동독 여권을 가지고 떠나면서 어느 정도 시간이 흐르면 다시 동독으로 돌아올 수 있다는 약속을 받고 떠났다. 내가 오늘 여기에 있는 것도 그 약속 때문이었다. 하지만 그들은 나를 되받아주려 하지 않았다.

나는 나머지 사람들의 국경 교통 흐름을 방해하지 않은 가운데 복잡한 사건을 풀기 위해 옆방에서 대기하라는 요구를 받았다. 나는 거부했다. 나는 오로지 동베를린으로 가기 원한다는 것을 계속해서 강조했다. 내 뒤에는 수많은 귀환자들이 길게 줄지어 있었다. 그 중 몇 명은 소리를 지르면서 불만을 터뜨렸다. 짜증이 극에 달할 무렵, 나는 뒤를 돌아보면서 간단하게 그들에게 호소했다. 나를 소개한 뒤, "내 서류는 정확한데 이 사람이 나를 동독으로 들어가지 못하게 한다"고 말했다. 그러자 내 뒤에서 "그를 들여보내라!"는 소리가 들렸고, 이어서 같은 소리가 이어졌다. 그러더니 세 번째부터는 모든 사람들이 "그를 들여보내라, 그를 들여보내라"고 소리를 지르는 거였다. 직원은 컴퓨터 키보드를 광적으로 두들겼다. 그리고 마침내 그는 내 여권을 탁 내려놓으며 "그냥 가! 그냥 가!" 하는 거였다.

그날 저녁, 나는 본홈가 쪽의 베를린 장벽이 무너진 것 때문에 신나게 춤을 춘 두 청년들에 관해 들었다. 우리는 곧바로 그쪽으로 운전했다. 2마일도 채 되지 않는 거리였다. 본홈가에 도착했을 때 조금 전까지만 해도 위험했던 장벽을 수많은 사람들이 몸부림치며 넘어가고 있었다! 국경 수비대들은 장벽 앞에 소금기둥처럼 꼼짝없이 서 있었다. 군복 단춧구멍과 어깨 패드에는 꽃이 꽂혀져 있었다. 모든 사람들의 손에는 포도주와 샴페인 그리고 맥주가 들려 있었다. 하지만 마시지는 않았다.

나는 그 중 가장 계급이 높은 장교 앞에 서서 돌같이 굳어진 그의 얼굴을 보고 "느낌이 어떠냐"고 물었다. 물론 나는 답을 듣지 못했다. 그후 나는 수많은 사람들에 떠밀려 다리 위로 가게 되었는데 그 자리에서 나는 영국에서 머물면서 TV를 통해 이 광경을 구경하는 것이 아니라 이 자리에 직접 참여하게 하신 것이 얼마나 큰 하나님의 섭리였는지를 깨닫게 되었다. 내가 살아 있는 한, 이 일로 나는 영원히 감사를 드릴 것이다.

베라 렝스펠트, 1990~2005년 독일 의회 의원

동독의 평화, 환경, 인권 운동

서구 사회에는 알려져 있지 않았지만 1980년 초반 동독에서는 반체제운동이 일어났다. 해를 거듭하면서 이 운동은 더 적극적이고 효율적으로 바뀌어갔다. 이 독립적인 평화와 환경, 인권 운동은 복음주의 교회를 만나 교회 내 공공장소를 사무실로 제공받게 된다. 그곳에서는 비밀경찰들이 사람들을 체포하거나, 회의를 금지하거나, 전시회를 해체할 수 없었다. 그래서 1980년대 말에는 전국적으로 100여 개의 단체에 3000명이 넘는 인권운동가들이 활동하고 있었다.

처음 시작은 동독에 소련제 핵미사일을 배치하고 동독인의 삶을 군대화시키려는 것에 대한 저항에서 비롯됐다. 곧이어 환경단체들이

1988년 도이첸에서 열린 환경 관련 시위

생겨났고 다른 단체들은 처음에는 평화 위기에 대응하는 하위단체들로 시작했다가 서서히 자신들의 분야를 찾아갔다.

가장 유명한 저항신문 중 하나가 '환경신문'이었다. 이 신문에는 동독의 환경오염에 대한 정보가 나와 있었다. 신문은 교회 내에서만 사용한다는 조건으로 합법적인 인쇄가 허락되었다. 그들은 농촌 지역지하수의 질산염 오염이나 곡물의 중금속 문제 등을 다루면서 자신들을 보호하는 방법을 배우게 되었다.

해마다 환경단체 대표단들이 환경 세미나를 열어 만남을 가졌는데그들은 거기서 정보를 나누고 '환경실태를 알리는 걷는 전시회' 같은 공동 캠페인도 기획했다. 가장 유명한 독립 도서관은 베를린 시온교회에있는 '환경도서관'이었다. 이곳에서는 금지된 도서뿐 아니라 베를린에서 발행되는 저항그룹의 모든 신문이나 팸플릿을 읽을 수 있었다.

환경도서관의 유명세는 보안부 입장에서 '눈엣가시'였다. 한 번은 비정규직 직원이 협박을 받아 어느 날 저녁에 불법 인쇄가 이뤄지고 있다는 비밀을 말해야 하는 일이 벌어졌다. 비밀경찰이 교회를 급습했지만 불법 뉴스 매체인 환경신문이 인쇄되고 있는 곳을 찾아내지 못했다. 시온교회는 이 일의 부당함을 알리기 위해 4일 동안 촛불철야농성을 벌였고 이를 서독 매체가 보도했다. 결과적으로 보안부는 체포된 환경운동가를 석방하고 압수한 인쇄물도 돌려줬다.

환경신문은 '국경에서 벌어지는 사건들'을 꼭 다뤄야 했는데 이것은 '이니셔티브 평화와 인권'(IFM)이라는 단체가 제공하는 것이었다. 그것은 '교회 내에서만 사용한다'는 조건으로 인쇄될 수 있었다. 이것이 가능해지면서 동독 내 인권운동에도 새로운 국면이 열렸다.

베라 렝스펠트, 1990~2005년 독일 의회 의원

사회주의로부터의 해방

지속적인 월요시위는 지도층을 불안하게 했다. 70개가 넘는 도시에서 일어나고 있는 이 저항의 물결은 지금까지 있었던 어떤 것보다 거대한 것이었다. 베를린의 엄청난 토요 시위가 처음으로 TV에 보도된 것도 다른 지역 사람들이 불만의 목소리를 더 적극적으로 낼 수 있게 했다. 동독 신문인 'DDR'에 소개된 여행법은 여전히 관료주의라는 장애물을 지니고 있었다.

월요일, 30만 명이 넘는 라이프치히 시위대의 분위기는 특별히 쏟아지는 빗발 속에서 더욱 공격적이었다. 그들은 "우리에겐 법이 필요한 것이 아니다. 장벽을 없애라"고 소리쳤다. 군중들은 어제 베를린에서 귄터 샤보브스키에게 외쳤던 구호 "너무 늦었어! 너무 늦었어!"를 똑같이 외쳤다. 지역위원장인 한스 모드로와 시장인 베르크호퍼는 드레스덴의 10만여 시위대과 함께 걸으면서 공식적으로 그들의 요구 사항 중 일부를 수락했다. 할레에서는 6만여 명의 시민들이 사회주의 통일당 지역 지도자들의 사퇴를 촉구했다.

동독 외환 담당 특별 부대표인 알렉산더 샬크-골로드코프스키는 서독 장관인 루돌프 자이터스 등과 비밀리에 회동했다. 그는 동독 경제 상황에 대해 파산 선고를 제기했어야 했다. 1984년과 1985년 했던 서독의 일회성 신용융자로는 더 이상 충분하지 않았다. 앞으로 2년 동안에만 100억 마르크가 더 필요했다. 이것은 서독 사람들을 깜짝 놀라게 했다. 우정공사 총재도 전화선 연결에만도 앞으로 5년 동안 90억 마르크가 드는 등 극복할 수 없는 지경이라고 고백했다. 이것은 너무나 분명한 실제적인 경제 위기였다.

같은 시각 동베를린 국립오페라하우스에서는 동독 정치 지도자들이 러시아의 10월 혁명 72주년 기념식을 예전 방식으로 기념하고 있었다. 그들은 지금 자기 나라에서 시민들이 10월 혁명을 경험하고 있다는 것을 전혀 이해하지 못하고 있었다. 시민들은 동독의 사회주의 정부를 날려버리려 하고 있었다.

>> 각성

은혜와 책임

"그 종의 주인이 불쌍히 여겨 놓아 보내며 그 빚을 탕감하여 주었더니"(마 18:27)

개방성, 정직, 진실성. 오늘날 모든 사회 계층에서 이런 단어들이 새롭게 조명받고 있다. 사람들은 모든 종류의 속임수에 맞서고 있다. 이것은 좋은 일이다. 그런데 솔직하게 우리 개인들에게 이것을 적용한다면 우리는 이를 분명히 밝힐 만큼 용기가 있을까?

개방성이란 서로 다른 이해관계에서 오는 갈등과 실수 그리고 약점을 그저 받아들인다는 의미를 넘어 상대방의 이익을 먼저 고려하고 새로운 방식과 사고방식에 열린 마음을 가진다는 것을 의미한다. 개방성의 분위기는 신뢰와 새로운 아이디어, 그리고 그 아이디어가 나오게 된 동기, 세상의 모든 좋은 것들의 온상이 우리 안으로 들어오도록 길을 터준다.

그러면 왜 개방성이 지속적인 성공의 전제 조건일까?

첫째, 열린 마음과 열린 귀가 있을 때 큰 문제를 만나도 신속하게 해결책들을 찾을 수 있기 때문이다. 둘째, 오로지 공정한 개방의 토대에서 신뢰의 문화가 싹트기 때문이다. 셋째, 개방성은 피할 수 없기 때문이다. 어느 시점에선가 모든 것은 드러나기 마련이다.

우리 시대에서는 어떤 형태라도 속임수나 가장(假裝), 숨기는 것은 이득이 되지 않는다. 인터넷이나 데이터베이스에 남겨놓은 우리의 흔적은 지워지지 않는다. 박사 논문이나 조작된 이자율, 그리고 밀약은 밖으로 새어 나오게 되어 있다. 이 모든 것에도 불구하고 아직도 우리는 '호네커식 성향'을 주변에서 보고 있다. 나는 그것의 뿌리로 두 가지를 꼽고 싶다.

첫째, 이기주의다. 나 자신의 이익과 지금, 바로 여기 그리고 나에게만 집중하는 것이다. 이는 '남에게 행복을 주는 것보다 우리를 행복하게 하는 것은 없다'는 이타주의적 삶의 즐거움과 극명하게 대조된다.

둘째, 무자비함이다. 성공하기 위해서는 강하고 냉정해야 한다. 수요를 파악하고 규율을 요구하며 숨겨진 발톱을 드러내야 한다. 다른 사람이 실수를 하면 그것을 무자비하게 이용한다. 우리는 심지어 우리 동역자의 실수조차 이용하기 위해 기억한다. 결과는 두려움으로 인한 속임수와 관점의 상실이다.

예수 그리스도는 우리의 삶과 관계, 사업과 정치에 의미를 부여해 주는 복음을 가지고 계신다. 그것이 바로 은혜와 책임이다. 은혜란 누구든지 자기 죄를 하나님께 고백하면 용서를 받는다는 것이다. 속이는 것을 멈추고 실수를 고백하면 그는 하나님과 새롭게 시작할 수 있게 된다. 책임이란 누구든지 축복을 받은 자는 축복의 통로가 되어 다른 사람에게 그 축복을 전해주어야 한다는 의미이다.

마태복음 18장 27절은 우리의 마음 깊은 곳까지 '무자비하게 포기하지 않는 희망과 다른 사람이 꼼수를 부리는 가운데서도 체면을 잃지 않게 도와주는 책임' 두 가지를 생각하게 한다. 그렇게 될 때 우리는 더 공평하고 행복하고 건강해질 것이며 이를 지속할 수 있을 것이다.

다니엘 호스터, 독일은행 매니저

> 하나님, 경제 위기 가운데서도 풍성한 도움을 경험케 하시니 감사드립니다. 어려운 경제 상황 가운데서도 도움을 경험할 수 있는 가능성들을 주셔서 감사합니다. 우리의 실수를 고백하고 회개했을 때 함께 해주신 은혜에 감사드립니다.
>
> 우리 자신의 번영을 위해 다른 사람들을 착취하지 않도록 도와주소서. 우리 일상에서 만나는 갈등 속에서 하나님과 맘몬의 두 주인을 섬기지 않도록 도와주십시오.

>> 고백
경제 상황과 영적 민감함

1989년 11월 6일 월요일, 나는 아내와 함께 켐니츠에서 뷔르츠부르크로 여행을 떠나고 있었다. 정치적인 변혁이 일어나는데 서독으로의 여행이라? 그것은 기적이었다! 우리는 81번째 생신을 맞은 큰 이모 댁 방문을 허락받았다. 동독 정부가 좋지 않은 정치 상황에 숨통을 트게 하려고 여행법을 느슨하게 한 것이다.

1989년 11월 9일 큰이모의 생신날, 우리는 뷔르츠부르크 이모 아파트에서 저녁 뉴스를 보려고 TV 앞에 앉아 있었다. 처음에는 믿을 수가 없었다. 사회주의통일당의 귄터 샤보브스키가 "모든 동독민은 자기 여권을 가지고 서독으로 아무 제한 없이 갈 수 있다"고 설명했다. 그리고 바로 당장 시행된다고도 했다. 이모는 "만세! 너희들이 다시 올 수 있겠구나" 하며 기뻐하셨다. 나는 말도 안 된다고 생각했다. 그런데 이모의 말이 맞았다. 하나님이 더 큰 기적을 행하신 것이다! 물론 이날 일어난 일은 정말 역사적 사건이었다.

1989년 10월 7일, 동독 건립 40주년 기념식 날, 사회주의통일당이 거창한 의식으로 기념식을 진행하고 있을 때 내 고향 그뤼나의 교회 정문에는 '그뤼나 트롬본 성가대 40주년' 포스터가 붙었다. 우리 기념일은 오후에 시작됐는데 내가 사회를 보았고 민요를 부르는 것으로 시작했다. 게스트들이 감사의 손뼉을 치고 있을 때 나는 몇 구절을 우리 정치 상황에 맞게 개사했다. 예를 들면 "이제 크렌츠가 인사말을 할 텐데 오후 내내 따분하겠네. 붉고 푸른 꽃들이여, 이제는 기쁘지가 않겠네" 같은 식이었다.

여기서는 켐니츠처럼 즐길 상황은 아니었다. 룩소르 궁전에서 극장 축제와 오픈 하우스가 열리게 되어 있었다. 비밀경찰은 극장에서 배우들이 결의안을 읽으려고 한다는 것을 알아챘다. 이 때문에 입구에 울타리가 설치돼 입장이 불가능했다. 극장 안에도 비밀경찰과 게스트들이 섞여 앉아 있었다. 그런데 그 혼잡한 방에서 축제가 취소되었다는 발표가 나왔다. 상황은 너무 혼란스러웠는데 소아과 의사인

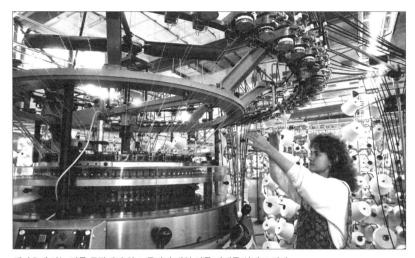
켐니츠에 있는 편물 공장에서 한 노동자가 대형 편물 기계를 살피고 있다

바트쉬 박사가 "우리는 오직 사랑으로 상황을 바꿀 수 있으며 절대 그들 방식의 보복을 해서는 안 됩니다"라고 했다. 정오쯤 침묵시위가 시작됐고 우리는 마을 중심부까지 걸어갔다. 거기서 시위대는 전투단과 경찰에 의해 난폭하게 해산되었다. 체포된 사람도 있었다.

　다음 월요일, 공과대학에 다니는 내 동료가 시위 해산 때 자신이 경험했던 일을 이야기했다. '자유 언론'(Free Press)은 시민들이 갑작스런 도발과 광란의 집회를 열고 공공기물을 파손하고 자동차를 부쉈다고 보도했다. 이 명백한 가짜 뉴스는 당의 지휘 아래 있는 기관에서는 전형적인 일이었다. 경제 실태조차도 터무니없이 좋게 꾸며졌다. 그때는 모든 사람들이 동독이 서독에게 엄청난 빚을 지고 있다는 것을 알고 있었다. 나라의 분위기는 안데르센의 동화 '벌거벗은 임금님'과 같았다. 한 꼬마 아이가 "폐하가 벌거벗었다"고 진실을 말하자 대부분 백성들도 이 사실을 황제에게 말할 용기를 갖게 됐다.

1989년 10월 20일 켐니츠에서 첫 금요 시위가 일어났는데 약 8000명의 시민들이 참석했다. 이후 매주 열린 시위는 금요일에서 월요일로 바뀌었고 시위에 참여한 인원은 8만여 명으로 늘어났다. 1990년 3월 5일까지 매주 월요일이면 수천 명의 시위대가 칼 마르크스 동상 앞에 모였다. 이 시절 구호는 "우리는 더 이상 거짓과 함께 살고 싶지 않다"였다. 많은 이들이 이 구호를 외쳤다.

프릿츠 핼레, 공학박사, 엔지니어 겸 작센 주 의원 역임

〉〉 배경

국가주도경제의 실패

동독인들은 경제를 활성화하고 싶어 했다. 그런데 동독에는 이를 위한 '마샬 플랜'이 없었다. 대신 소련은 자신의 점령지에서 많은 사업체를 제거했는데 이는 포츠담협정에 기반을 둔 것이다. 이로 인한 불이익에도 불구하고 동독은 자유시장 경제에 대항, 국가주도경제의 우월성을 입증하려는 목표에 매진했다.

1957년 발터 울브리히트는 "우리는 추월되지 않고 계속 앞으로 나아갈 것"이라는 표현을 썼다. 동독 경제 실태가 얼마나 어려운지는 1989년까지 잘 지켜진 '영업 비밀'이었다. 정부계획위원회는 정확히 알고 있었지만 말이다. 위원회는 이에 대해 경고했지만 정부 책임자들은 듣지도, 알리지도 않았다. 결과적으로 생산재 악화, 지속적 공급 문제, 비현실적 계획의 문제에 부딪혔다. 이런 이유로 국가주도경제가 서독

의 경제보다 완전히 월등하다는 것을 강조하는 사회주의통일당의 선전은 거의 설득력을 잃고 말았다.

1989년 10월 27일 계획위원회는 '동독 경제 실태 분석과 결론'에서 경제 상황을 다음과 같이 서술했다. 보고서에는 몇몇 경제적 성공 사례가 소개된 후 1970년과 1989년 사이의 불충분한 자본 지출이 생산에 있어서 자본 악화의 심화를 가져왔다는 문제점을 언급했다.

'수출산업에서의 투자 회피는 소비자 중심의 생산과 주택건설 분야의 경기를 가라앉게 만들었다. 그러나 이에 더해 동독이 다른 나라보다 뒤처진 것은 불충분한 기술의 결과였다. 특별히 정치적으로 지원받고 계획된 분야에서는 노동자들의 부족한 노력 투입이 생산의 증가를 방해했다. 또 물품 공급은 제대로 이루어지지 않고 있는데 지출은 늘어났다. 이것으로 중앙계획 시스템이 1980년대 초반에 실패하게 됐다는 것이 증명되었다.'

결과적으로 경제성장이 쇠퇴했을 뿐만 아니라 동독의 수출 산업도 악화되었다. 부족한 수입 문제는 신용 상환과 비사회주의적 경제 분야에 대한 이자로 채웠다. 이로 인해 새로운 신용 창출이 필요했고 결국 파산이 된 것이다.

복음주의교회와 자유교회, 사회복지, 에큐메니컬 세계와 연방정부는 외화송금, 특별 건축 프로그램을 통해 교회와 사회복지 사역이 유지되도록 도왔다. 이렇게 얻은 외화와 동독 기업의 비현금 혜택을 통해 받은 외화로도 부족함을 충당하지는 못했다. 궁극적으로 재소자나 난민 구호금, 이산가족 찾기 등 인도주의적 구호 수익으로도 빚을 다 충당할 수 없었다.

하랄드 브레트슈나이더, 1989년 지역 청년 목사, 하이란트 교회협 명예회원

무기 없이 평화 세우기

압박은 계속 가중되어 갔다. 정당의 정치 관료들은 아침 일찍부터 회의를 시작했다. 자국민들이 동요에 휩쓸릴까봐 두려운 마음에 더 이상 동독의 여행문제에 개입하지 않으려 하는 체코의 경고에 대응하기 시작한 것이다. 그들은 여행법에서 '영구적 탈출'이라는 문구를 없애는 개정안을 내일 열리는 중앙위원회 대회에서 비준을 받아 곧바로 실행에 옮기자고 결정했다. 국가안전부의 게르하르트 나이버 중장이 준비한 서면에는 "모든 지원자들은 지방경찰청에서 곧바로 '영구적 탈출 비자'를 받을 수 있다"고 명시돼 있었다. 상세한 가이드라인과 세부조항은 아직 마련되어 있지 않았다. 뉴포럼은 비판 성명을 냈다. '모든 동독 시민에게 모든 나라와 서독 여행이 가능한 여권과 비자를 주는 여행법이 필요하다'는 것이었다.

그날 당일에만 1만여 명이 체코 국경을 넘었다. 이 사실은 시민들이 새로운 여행법을 전혀 신뢰하고 있지 않음을 단적으로 보여주는 것이었다. 이례적인 상황을 맞은 서독 국경도시들은 더욱 혼돈 속으로 빠져들고 있었다.

구동독의 슈토프 내각은 오전 회의 후 학교 내 무기 관련 지침을 폐지했다. 지금까지는 비록 인체 모형을 사용한 것이기는 했지만 모든 아이들이 강제적으로 무기사용법을 배워야 했다. 그리고 나서 모든 내각이 사직서를 제출했다. 그렇더라도 민중 의회에 의한 새 정부 선거 때까지는 그 직을 유지할 것이다. 이어진 콘퍼런스에서 나라를 떠나려는 사람들은 발길을 옮긴다는 생각에 신중할 것과 그 대신 이 나라의 사회, 경제를 위한 필수적인 기능을 유지하기 위해 모든 에너지를 쏟아부어 줄 것을 요구받았다. 라이프치히에서는 버스와 트램 운전자의 40%가 부족해 병역 의무자들이 버스와 트램 운전자로 복무하기도 했다.

이런 상황에서 교회는 비폭력을 설파하는 것을 사명이라 여겼다. 드레스덴에서는 처음으로 지역 군사령부가 전체 2000여 명의 양심적 병역거부자들이 수감 대신 병원에 배치돼 일하는 '파일럿 프로젝트'를 승인했다. 비밀경찰의 진술에 따르면 이날 40개가 넘는 도시에서 20만여 명이 시위를 벌였다.

〉〉 각성

오직 주의 영으로

"그가 내게 대답하여 이르되 여호와께서 스룹바벨에게 하신 말씀이 이러하니라 만군의 여호와께서 말씀하시되 이는 힘으로 되지 아니하며 능력으로 되지 아니하고 오직 나의 영으로 되느니라"
(슥 4:6)

이것은 하나님께서 스가랴 선지자를 통해 BC 520년 예루살렘의 무너진 성전을 재건하려는 통치자 스룹바벨을 격려하기 위해 주신 말씀이다. 만군의 하나님께서 뒤에서 밀어주신다는 것은 근사한 일이다. 참으로 감동적인 말이다. 그런데 그게 사실일까? 모든 시대의 권력 싸움은 전차와 화살, 군인, 무기, 대포와 미사일, 독가스와 핵폭탄에 의해 결론 나지 않았던가?

하나님의 영은 어디에 계신 것일까? 이 아름다운 약속이 엄연한 현실을 극복할 수 있을까? 우리는 매일매일 군대와 병력에 관한 뉴스를 듣는다. 갈등이 있을 때마다 무기는 항상 존재하며 누군가에 의해 제공된다. 그것은 독일에서도 마찬가지다. 그것도 치명적이고 피를 보게 만드는 무기들이다.

만군의 하나님께서 "힘으로도 되지 아니하고 능력으로도 되지 아니하고 오직 나의 영으로 되느니라"고 말씀하신다. 그런데 진실이라고 하기에는 너무 아름답지 않은가? 평화혁명으로 가는 길목에서 우리는 종종 이것을 경험하지 않았던가? 한두 방울의 물이 모여 개울의 물줄기가 되고 강물을 이루지 않았던가? 하지만, 계속해서 모든 길이 막힐 때 여전히 하나님의 영을 의지하고 확신할 수 있는가?

지난 10년 동안의 평화와 평화 세미나에서 예배와 묵상이 빠졌다면 아무 의미가 없었을 것이다. '무기 없이 평화 세우기'는 1980년대 10년간의 평화 시대 때부터 평화 세미나와 기도회, 교회 상담을 통해 이루고자 한 주제이다. 우리는 비폭력주의자들이었다.

드레스덴 성 십자가교회 옆에는 다음과 같은 문구가 새겨진 기념비가 있다. 그 문구가 영원히 역사 속에 남게 될 것이 기쁘다. "1982년 2월 13일 '칼에서 보습으로' 우리나라를 바꾼 평화의 저항운동에서 촛불을 든 수천 명의 사람들이 '우리에게 평화를 주소서'를 노래했다. 동독의 평화운동은 기독교 신앙과 하나님에 대한 신뢰에 뿌리를 두고 있다."

루돌프 알브레히트, 드레스덴 은퇴 성직자

하나님, 비폭력에 헌신한, 그 때문에 불이익을 기꺼이 감수했던 시민들과 단체, 그리고 메노나이트교회 같은 온전한 교회로 인해 감사를 드립니다. 오늘날 무기를 드는 것을 강요하는 사람이 없음을 감사드리고, 동독이 무기를 통해 결정적 역할을 하지 않게 해주신 것도 감사드립니다.

전쟁이 정치적인 선택이 되지 않게 하시고, 무기 사용을 방지할 수 있도록 도와주소서. 지혜를 주셔서 무기 수출이 제한되고 비무장이 확대될 수 있도록 도와주십시오. 갈등을 해결할 때 비폭력적인 방법을 찾을 수 있도록 우리를 도우소서. 군인들과 경찰들을 보호하시고 무기를 다룰 때도 지켜 주소서.

하나님이 함께하시면…

막사의 철문이 내 뒤에서 "쾅" 하며 닫혔다. 나는 18개월 동안 무기 비소지 군인으로 국가인민군에 복무하게 되었다. 나는 양심적 병역기피자였지만 동독에는 대체복무제도가 없었다. 의미도 없는 일을 끝없이 해야 한다는 생각이 나와 같은 젊은이 300여 명을 우울하게 만들었다.

어린아이를 둔 기혼 남성이었던 우리는 직장에서도 떨어져 나와 마치 감옥에 갇힌 것 같았다. 다른 사람의 처분에 휘둘린다는 느낌과 무기력이 우리를 짓눌렀다. 나는 감정적으로 의기소침해 있었다. 저녁때 씻기 위해 빈 텐트에 들어가 기도하기 시작했다. 하나님께 감사를 드리기가 쉽지 않았다. 그런데 분위기가 갑자기 바뀌었다. 뭔가 가벼워지기 시작했고, 더 희망적이 되었으며, 설명할 수 없는 평안이 나를 붙들었다.

군에 징집되기 전, 나는 하나님께 이 의미 없는 시간을 막아달라고 기도했다. 그랬던 내가 지금은 이렇게 기도하고 있는 것이다. "하나님, 이 자리에 있게 해 주셔서 감사드립니다. 아버지께서는 저의 최고의 상관이십니다. 하나님께서 이 막사에 임재해 주시기를 원합니다. 오늘 이곳에서 아버지께서는 기적의 하나님이십니다. 저에게 새로운 영을 부어 주소서. 아멘." 이날 저녁부터 내 군 생활은 다른 방향으로 인도되었다. 나는 이 길이 쉽지 않을 것이라는 건 알았다. 그러나 하나님은 나와 함께 하셨다.

그 사이 놀랍게도 루겐섬으로 전보 배치를 받았다. 그곳은 친구와 가족으로부터 멀리 떨어진 곳으로 앞으로 3개월 동안 외출도, 휴가도 나갈 수 없었다. 그런데 나는 거기서 3명의 기독교인을 알게 되었다. 어느 날 저녁, 노역 후 지하 석탄고에 살짝 들어갔다. 거기서 우리는 하나님께 찬양과 감사를 드렸다. 갑자기 우리는 이 특별한 장소에서 하나님의 임재하심을 강하게 경험했다. 전지전능하신 하나님에 대한 믿음이 우리를 붙들었다. 군인들과 장교들에 대한 사랑이 샘솟았다. 갑자기 우리는 이전과는 다르게 기도하기 시작했다.

"우리는 예수님께서 정하신 일을 여기서 보게 될 것입니다. 아픈 자는 나을 것이며, 교회가 개척되고, 막사에서는 기독교에 대한 기본 지식을 제공하는 강좌가 열릴 것이며, 사람들이 하나님을 만나며 성령충만하게 될 것입니다. 바로 이 군 막사에서 모든 일이 일어날 것입니다. 예수님이 토론의 주제가 될 것이며, 하나님 나라의 징조가 분명히 나타날 것입니다. 예수 그리스도는 주님이십니다. 아멘!"

이 순간부터 우리는 하나님께서 모든 일을 하실 수 있고, 우리가 하나님과 함께 담을 뛰어넘을 수도 있다(시 18:29)는 것을 백퍼센트 확신하게 되었다. 이 일 후에 소위 '지하교회'가 시작되었다. 거기서는 새롭게 예수님과 관계를 맺은 사람들이 모였는데 60명이 넘었다. 어떤 사람들은 교회 사역에 부르심을 받았다. 아픈 자들은 저절로 나았으며, 많은 사람들이 성령충만을 받았고, 자신들의 방에서 기도하고 성경을 읽었다. 군인들은 침대 옆에 무릎을 꿇고 죄를 고백했다. 장교들의 급습이나 비밀경찰의 첩자들도 우리들의 이 교제를 파괴하거나 하나님의 역사하심을 막지 못했다. 예수님이 우리의 방과 장교들 모임 그리고 전 부대의 토론 주제였다.

새롭게 전개된 이 사건들은 군 간부들에게 알려졌고 일부는 다른 곳으로 전보 배치를 받았다. 그런데 한 개였던 지하교회가 네 개가 되었다. 그뿐만이 아니었다. 휴가 나갔던 군인들을 통해 그 가족과 친구들이 예수님을 알게 되었고, 성경공부가 시작되고 사람들이 세례를 받았다.

1988년, 제대했을 때 우리는 그 기간이 놀라운 시간이었음을 돌아보게 되었다. 처음에 우리가 의미 없다고 본 몇 달이 우리 인생에 중요한 시간이 되었던 것이다. 1989년 11월 9일 장벽이 무너지고 1990년 통일되기 이전부터 우리는 주님이 역사하고 계심을 경험했다. 이 얼마나 엄청난 특권인가!

빈프리드 루돌프, 목회자, 베를린 '크리스천 미션워크' 매니저

양심적 병역 거부자들

1966년부터 1967년까지 나는 무기 비소지 군인이었다. 나는 그 기간 동안 군복무제도와 양심적 병역거부에 대한 전반적인 진전을 경험했지만 고통도 겪었다. 1962년에 징집이 제도화되었다. 하지만 1945년 이후 평화수호자로 자부해온 1500여 명의 청년들이 무기 소지를 거부했다. 그래서 바르샤바조약기구 가입 국가 중 유일하게 동독은 1964년 법으로 대체복무를 허용했다. 하지만 제도는 형편없었다. 정말로 엉망이었다. 무기 없이 복무하는 일은 들판에서 공항 건물을 짓거나 다른 군대 내 오락·편의시설 건축에 참여하는 일이었다. 이마저도 거부하면 18개월에서 24개월간 수감 생활을 해야 했다.

복음주의 교회는 처음부터 양심적 병역 거부자를 돕기 위한 캠페인을 벌였다. 1965년 군인 상담 책자에는 '양심적 병역 기피자와 대체복무자는 우리 주님의 평화법을 지키는 분명한 증인들'이라고 나와 있다. 1989년 4월, 모든 교회가 인정한 에큐메니컬 총회의 문서에는 '누구든지 죽음을 무릅쓰고 폭력을 거부하는 사람은 우리 안에 이미 존재하는 하나님의 평화를 증언하는 사람이다'라고 기록돼 있다. 대체복무에 대한 교회의 뜻을 이보다 더 잘 보여주는 것은 없었다.

고도로 무장된 군대에서 대체복무자는 소수였지만 점차 증가됐다. 처음엔 매해 250여 명이었다가 1989년에는 1만 5000여 명이 되었다. 그들은 항상 국가보안부의 감찰을 받았다. 대체복무요원의 수많은 청원과 교회 리더들의 요구로 표현된 대체복무자들의 희망사항은 완전히 무시되고 짓눌렸다. 1980년대에는 군 복무를 대신해 18~24개

드레스덴의 프리르리히슈타트 병원에서 대체복무병들이 파일럿 프로젝트에 대한 설명을 듣고 있다

월 동안 양로원에서 봉사하는 대체평화봉사가 대체복무의 한 유형이
되었다. 반응은 싸늘했다. "동독의 모든 일이 대체평화봉사로 충당되
겠네"라는 비아냥거림이 넘쳤다.

마침내 1989년 11월, '드레스덴 병원의 지역 봉사활동'이라는 대
체복무 파일럿 프로젝트가 브레트슈나이더에 의해 시작되었다.
1990년 통과된 대체복무법은 전 세계에서 가장 탁월한 것이었다. 하
지만 1990년 3월, 동독이 서독에 합병되면서 이는 다시 무효가 되고
말았다.

루돌프 알브레히트, 드레스덴 은퇴 성직자

313

조국에 남아주십시오

당 중앙위원회 10차 회의가 지도자 전원의 사직 후 시작되었다. 하지만 에곤 크렌츠가 갑자기 중앙위원회 새 서기장으로 선출되었다. 그는 취임사에서 자신이 멘토인 호네커로부터 공식적으로 벗어났음을 선포했다. "우리는 생명력을 잃었다." 그는 스스로를 책망하는 것보다는 기존 당 지도부의 오만함을 비판하며 적절하게 슬픔을 표했다. 귄터 샤보브스키는 정부의 미디어 담당 부서의 책임을 맡게 되었고, 드레스덴 사회주의통일당 소속인 한스 모드로는 새 총리로 임명되었다. 건물 앞에는 1만 5000여 명의 평당원들이 8명의 당 지도부 재선출에 항의하고 있었다. 이들은 '새로운 리더가 아닌 새로운 마음을'이라고 쓰인 포스터를 들고 있었다. 당으로서는 이미 10만 명이 넘는 당원들이 사임한 것도 상당한 고민거리였다.

이날 아침 서독의 국가 상황에 관한 의회 토론에서 헬무트 콜 총리는 동독의 새로운 정당들과 새로운 선거제도를 받아들이면서 '지금까지와 전혀 다른 새로운 차원의 경제적 지원'을 펼칠 것을 선언했다.

그날 저녁 '시사 카메라' 프로그램에서는 소설가인 크리스타 볼프가 저항운동가들과 예술가 동료들을 대표해 시민들에게 다음과 같이 열정적으로 호소했다.

"우리 모두는 깊은 시름에 잠겼습니다. 수많은 사람들이 나라를 떠나고 있습니다. 오늘까지도 높아가는 탈출을 막지 못하는 정책이 정당 개혁에 대한 사람들의 불신을 더 깊게 하고 있습니다. 떠남을 선택하는 사람들로 인해 우리의 희망도 작아지고 있습니다. 그래서 요청합니다. 조국에 남아 주십시오. 부디 우리와 함께 남아 주십시오! 수십 년 묵은 딱딱한 껍질이 최근 수 주 동안 완전히 벗겨진 것은 분명합니다. 우리는 지금 조국의 근본적 변화의 길목에 서 있습니다. 진정한 민주적 사회를 만들 수 있도록 우리를 도와주십시오. 우리 모두 힘을 합쳐 이전의 숨 막히는 상황이 재발하는 것을 막을 수 있다면 이것은 결코 꿈으로 끝나지 않을 것입니다. 우리는 당신이 필요합니다. 이곳에 남아 있기를 원하는 여러분 자신과 우리를 믿어주십시오."

〉〉 각성
하나님 방식의 리더십 교체

"모세가 여호수아를 불러 온 이스라엘의 목전에서 그에게 이르되 너는 강하고 담대하라 너는 이 백성을 거느리고 여호와께서 그들의 조상에게 주리라고 맹세하신 땅에 들어가서 그들에게 그 땅을 차지하게 하라"(신 31:7)

모세는 하나님의 뜻에 따라 이스라엘 백성들을 약속의 땅으로 인도할 여호수아에게 자신의 권위를 양도한다. 모세는 이집트 종살이에서 극적으로 탈출한 뒤 광야를 거쳐 길고 험난한 길을 통과하면서 그 오랜 세월 동안 부침을 거듭하던 하나님께서 주신 리더의 자리를 포기한 것이다. 그것은 자발적인 배턴 터치가 아니었다. 모세가 죄를 지은 후 하나님께서 리더십 교체를 요구하신 것이다. 모세는 순종했고 이를 질서 있게 수행했다. 하나님께서는 권력과 리더십까지도 친히 지도하셨다. 이것이 성경 이야기다.

모든 인류 역사에서 리더십 교체는 항상 특별한 과정이었고 종종 예기치 못한 결과를 초래하는 오랜 권력 싸움의 근원이었다. 권력승계가 잘 통제되었을 때에도 종종 그랬다. 그럴 때면 사람들이 많은 피를 흘리곤 했다.

1989년 가을, 많은 사람들이 가능할 것이라고 생각지도 못한 평화로운 정권 교체가 일어났다. 점진적인 권력 교체와 함께 에곤 크렌츠는 먼저 정권의 최고 자리에 있던 에리히 호네커를 제거했다. 호네커의 퇴진은 자발적인 사임이 아니었다. 그것은 계획한 대로 일반적인 방식으로 진행되었다. 크렌츠와 그의 협력자들은 호네커가 대중의 비폭력 시위에 유능하게 대처할 것이라고 생각하지 않았다. 그들은 권력의 자리에 남아 있고 싶어 했다. 권력에 꼭 붙어 있어야 한다는 것은 슈토프 정부 사퇴 이후 당의 목표이기도 했다. 하지만 알다시피 그들은 성공하지 못했다. 동독뿐만 아니라 유럽 전체의 공산주의 체제가 휘청거렸고 붕괴됐다. 결국 소비에트연방은 허물어지고 말았다.

이 모든 것이 폭력과 피 흘림 없이 일어났다는 것은 모든 사람들에게 잊지 못할 경험이었다. 누구나 비폭력을 시도할 수 있지만 그 누구도 비폭력 운동을 통제할 수는 없다. 이것이 성공했다는 것은 위로부터 받은 엄청난 선물이었다!

민주주의 체제가 공고화된 오늘날에도 리더십과 고위층의 권력 교체는 결코 쉽지 않다. 그러나 우리 문화에는 '권력은 영원할 수 없다'는 공공 의식이 엄연히 존재한다. 권력을 가진 모든 사람들이 '권력은 위임받은 것이며 하나님과 사람 앞에 책임을 요구한다'는 사실을 알기 원한다. 책임 있게 권력을 감당할 수 없는 위험한 상황에서 권력

자가 사람들의 예상보다 일찍 그 자리를 포기할 수 있는 마음을 갖게
되기를 하나님께 간구한다.

마르쿠스 메켈, 목사, 동독 사민당(SPD) 공동 창당자

권력은 하늘로부터 부여받는 것이기에 경우에 따라 박탈될 수
있는 것임을 확실히 알게 하신 하나님께 감사드립니다. 술책을
쓰지 않고 신뢰 가운데 후임자를 지원할 수 있는 사람들을 허락
해 주서서 감사합니다. 주께서 창조하신 것들을 우리에게 맡겨
주시니 감사합니다.

다음 세대가 부여된 책임을 감당케 위해 용기 있게 진력하게 하
시고, 나라와 사업, 기관의 유익을 위해 권력 교체가 창조적으로
이뤄질 수 있도록 허락해 주십시오. 모든 권위자들이 권력을 나
누는 방법을 알게 하시고 권력 남용 방지를 위해 자신을 드리게
도와주소서.

>> 고백
믿음의 사람은 언제나 자유하다

이날까지 내가 개인적 지론과 기독민주당의 정책적 기본 원리를
정치적으로 반영하도록 제대로 노력하고 있는지에 대해 계속해서 스
스로 질문하는 것은 중요한 일이다. 나의 정치 활동의 중심 지침은 기
독교인의 자유에 대한 마르틴 루터의 다음과 같은 글이다. 물론 그것

은 지금도 마찬가지다.

"기독교인은 자유인이며 믿음 안에서 어느 누구에게도 종속되지 않는다. 그러나 동시에 기독교인은 사랑 안에서 서로에게 복종하는 종이며 서로에게 종속된다."

자유가 부재하고 철조망과 장벽이 둘러친 사회주의통일당의 독재 시대에 기독교인의 자유에 대한 통찰은 나를 내적 자유 속에 살아갈 수 있게 했다. 이 통찰은 1989~1990년의 구체제 붕괴에 참여하도록 내게 힘과 용기를 주었다.

1989년 9월, 교회협의회 회원인 고트프리드 뮐러 박사는 자신과 두 동료들 이름으로 동독 기민당(CDU) 개혁에 관한 편지를 바이마르 말로 써 줄 것을 내게 요청했다. 나는 우리의 요구를 대표자의 입장에 서 쓸 수 있다는 전제하에서라면 쓰겠다고 했다. 만약 그렇게 된다면 나는 그 결과로 비밀경찰에 끌려가게 될 것이라고까지는 생각지 않았 지만 양보와 타협이 없는 우리의 요구안을 전달하는 것은 아주 중요 한 문제였다. 믿음으로 우리는 생각을 자유롭게 말할 수 있는 힘을 얻 었다.

1989년, 헤센에 있는 기민당의 친구들 모임에서 하나님에 대한 믿 음이 나에게 얼마나 중요한지 깨달았다. 나는 당시 총리였던 발터 발 만을 대표단과 함께 만나는 큰 기쁨을 누렸다.

예나에서 바이마르까지 가면서 나는 당시 헤센 기민당(CDU) 사 무총장 프란츠 요세프 융을 내 쥐색 트라반으로 모시는 특권을 얻었 다. 위엄 있을 정도로 키가 컸던 내 헤센 승객은 동독의 제1호 국내산 차를 타고 귀를 무릎까지 굽히는 수고를 감내해야만 했다. 트라반 운 전 여행이 서독 기준에서도 외관상 이국적이고 이례적인 여행이었다 는 것은 둘째 치고 나를 가장 감동시킨 것은 바이마르 정부 청사에서

1989년에 발행된 슈피겔지 표지들. '민중 없는 통치자'(왼쪽), '두려움 없는 민중'(오른쪽)이 란 제목이 쓰여 있다

의 경험이었다.

그 당시 발만 총리는 토론에서 다음과 같이 속마음을 고백했다. "최근 베를린 장벽이 무너질 때도 유혈 사태가 없었습니다. 우리 모두 가 함께 엄청난 사명을 짊어지게 되는 이런 때를 경험하게 하시는 하 나님께 감사드리고 있습니다." 책임 있는 정치인의 입에서 나온 하나 님에 대한 의식적인 언급은 지난 세월 동안 무신론적 선전에 익숙했 던 나에게 커다란 감동으로 다가왔다. 정치인의 하나님에 대한 언급 은 동독인인 나에겐 놀라우면서도 엄청난 기쁨이었다. 이것은 불과 몇 달 전까지만 해도 결코 상상도 못 했던 완전히 새로운 경험이었다.

이 새로운 경험은 기독교인인 내게 1990년대 중반 어떤 기자가 던 졌던 질문을 떠올리게 했다. 그는 평화혁명의 결과 기독교인인 내게 어떤 변화가 생겼는지 물었다. 나는 솔직하게 말했다. 기독교적인 측 면에서는 변한 게 없다고 말이다. 하나님에 대한 믿음을 지닌 기독교인으로서 나는 안에서나 밖에서나 자유하다. 상황이 어쨌든 나는 여전히 기독교인으로 남아 있다. 1989년에는 상황이 급변했다. 그럼에도 기독교인으로 남을 수 있게 지켜주신 것을 감사드린다. 우리에게 내적·외적 자유를 주신 하나님께 감사하지 않을 수 없다. 우리 기독인들은 교회라는 상대적으로 온실 같은 곳에서 걸어 나와야 한다. 우리는 지금 세상에서도 자유하다.

크리스틴 리베르크네트, 1989년 바이마르 지역교회 목사

〉〉 배경
바이마르에서 온 편지의 영향

바이마르에서 온 편지는 평화혁명이 이뤄지던 몇 주 혹은 며칠 동안 구색정당이 거치게 된 과도기와 그 변화 과정의 본보기가 되었다. 1989년 9월, 동독은 정치적으로나 경제적으로나 도덕적으로 끝난 것처럼 보였지만 사회주의통일당은 권력을 포기하려 하지 않았다. 그 편지는 동독 기민당(CDU) 리더십에 대한 비판뿐만 아니라 언론 자유나 여행 자유의 부재, 선거 조작 등 현 정당 독재가 비판받고 있는 핵심을 제대로 짚었다. 라이프치히 변호사 마르티나 훈, 튀링겐의 고등종교회의 회원인 마르틴 키르흐너, 예나 교회협 회원인 고트프리드 뮐러 박사와 내가 쓴 편지는 모두 기민당의 개혁을 요구하는 것이었다.

편지에서 공격하고 있는 핵심은 수십 년 동안 동독 기민당 의장이

었던 게랄드 괴팅을 향한 것이었는데, 그는 당의 선전 내용을 주장했고 소위 말하는 '민주집중제'를 묵인했다. 이것은 기독교정당의 의무인 '보충성의 원칙'(기초단체 도시를 중심으로 모자라는 부분은 좀 더 큰 정부가 보충해 주는 것-역자 주)에 어긋난 것이었다. 민주적 사회주의에 대한 비판은 또한 사회주의 사회 전체의 핵심을 겨냥한 것이다.

바이마르에서 온 편지는 확실히 빗나가지 않았다. 1989년 11월 2일, 1966년 이래 의장이었던 게랄드 괴팅이 사임했고 바로 다음 날 기민당 일부에서 국회 소집을 요구했다. 거기서 정부에 대한 신임투표와 새로운 선거법 개정, 1989년 봄 재선거를 다뤘었다. 기민당은 당의 족쇄로부터 자유로워졌다.

바이마르에서 온 편지의 영향이 1989년 9월에는 거의 나타나지 않았다. 그럼에도 이 편지가 '뿌리로 돌아가자'는 모토를 표방한 동독 기민당의 재구성에 기여했다는 사실이 더욱 기쁘다.

크리스틴 리베르크네트, 1989년 바이마르 지역교회 목사

기적을 경험하다

이날 베를린의 소피엔교회에서는 1938년 11월 9일의 '포그롬 밤'('Pogrom'은 특정 민족에 대한 학살과 약탈을 수반하는 폭동을 뜻한다-역자 주) 기념식이 있었다. 동독에선 소수의 사람만이 유대인들에 가했던 수치스러운 끔찍한 만행을 기억하고 있었다. 그것은 바로 인류 최악의 범죄인 홀로코스트다.

'포그롬 밤' 기념식이 열린 1989년 11월 9일 오후 3시, 중앙위원회에서 누군가가 장관 회의에서 나온 '영구적인 이민'을 위한 법안을 제의했다. 그 초안은 아직 문서화되지 않았고, 그 법안의 파멸적인 힘을 누구도 파악하지 못하고 있었다. 오후 6시, 미디어 부문 새 장관인 귄터 샤보브스키가 기자회견에서 입을 열었다.

동독 텔레비전 방송에서 기자들은 처음으로 개인적인 질문을 할 수 있도록 허락받았다. 기자회견 말미에 이탈리아 기자 한 명이 '영구적인 이민' 법안 초안에 대해 묻자 샤보브스키는 심혈을 기울여 소개했다. "모든 동독인이 국경을 넘을 수 있게 되었습니다. 개인적인 해외여행 시에는 서류를 구비하지 않아도 됩니다. 신속하게 허가를 받을 수 있습니다." 그러자 다른 질문이 이어졌다. "언제부터 효력이 발생합니까?" 샤보브스키는 자신의 서류를 살펴보더니 주저하며 답변했다. "제가 알기로는 지금 바로 효력이 발생합니다."

기자회견이 끝난 직후, 샤보브스키는 'RIAS TV' 기자에게 말했다. "나는 그 규칙이 전체 상황을 달래는 데 도움이 되길 바랍니다." 이러

1989년 11월 9일, 본홀머 거리에 몰려든 인파들

한 언급은 사실 그의 완전한 판단 착오에서 비롯된 것이었다. 그의 언급은 삽시간에 동독 전역으로 퍼져나갔다.

'ARD'의 '데일리 쇼' 프로그램의 해설자는 그 사건을 다음과 같이 요약해주었다. "그래서 장벽이 밤사이에 통과할 수 있는 문으로 바뀐 것이군요." 이제는 물꼬가 트인 것이다. 밤 9시 20분, 본홀머 거리를 달린 결과 첫 번째 문이 열리게 되었다. 오후 10시 30분, 본홀머 거리에서는 탈출자의 물결을 받아들이라는 압력이 거세게 분출됐다. 결국 그 벽은 '활짝 열린 자유의 문'이 되고 말았다.

사람들은 자신들에게 인사하며 기쁘게 맞아주는 서베를린을 향해 물밀 듯이 몰려갔다. 다른 사람들도 계속해서 벽을 넘었다. 자정 즈음, 인발리덴 거리에서 국경을 지키던 지휘관은 마지막 사람이 국경을 넘을 때까지 서쪽 국경을 열어 놓는 데 자신의 재량권을 다 발휘했다.

자정 몇 분 전, 브란덴부르크 문 근처의 베를린 장벽 꼭대기엔 서쪽에서부터 사람들이 기어오르고 있었다. 잠시 후 먼저 300여 명의 동독인들이 린덴 거리 아래쪽 문으로 뛰어올라 제재도 받지 않은 채 브란덴부르크 문 앞 경찰의 저지선을 통과해 쇄도하고 있었다. 수십 년만에 처음으로 만난 동독과 서독의 이방인들은 서로 얼싸안은 채 기뻐 어쩔 줄 몰라 했다.

서독인들과 서베를린의 정치인들은 너무나 놀라워했다. 약속된 여행법이 12월에 발효된 후에야 여행자들의 이동이 있을 것으로 예측했기 때문이다. 역사적인 기자회견 이후 동독의 허가 절차를 기대하고 있었고, 첫 손님들이 서베를린으로 여행하는 것은 오는 주말까지는 허용되지 않을 것이라고 생각한 것이다. 동베를린 경찰국과 국경 이민국조차 정부의 개입 없는 언론 보도에 대해 너무나 충격을 받았다.

이날 밤, 국경수비대원들은 아무도 무기를 사용하지 않았다. 단 한 명의 시민도 폭력적인 행동으로 그들을 자극하지 않았다. 세상에서 가장 보안이 튼튼한 국경에서는 기적과 같은 일이었다. 최악의 수치스러운 날에 주신 은혜의 선물인 것이다.

주의 영이 계신 곳에는 자유가 있다

"그들은 믿음으로 나라들을 이기기도 하며 의를 행하기도 하며 약
속을 받기도 하며 사자들의 입을 막기도 하며 불의 세력을 멸하
기도 하며 칼날을 피하기도 하며 연약한 가운데서 강하게 되기
도 하며 전쟁에 용감하게 되어 이방 사람들의 진을 물리치기도 하
며"(히브리서 11: 33~34)
"주는 영이시니 주의 영이 계신 곳에는 자유가 있느니라"
(고후 3:17)

'평화혁명'이라고도 불리는 1989년 세계사의 변화는 오늘날 서구
전통에서 보면 혁명으로 여겨진다. 혁명이라고 하면 무엇보다 1789년
의 프랑스 혁명과 그 혁명이 표방한 '자유, 평등, 박애'의 슬로건이 떠
오른다. 그러나 프랑스 혁명에는 가장 특이한 징계 수단인 단두대가
등장한다. 이는 하나님과 원수가 되는 결과를 불러왔다. 동시에 이 혁
명은 '전제적인 민주주의'의 탄생으로 귀결되었다. 과연 이 프랑스 혁
명은 사람들이 교회에서 손에 촛불을 들고 시작함으로써 동독 공산당
의 전체주의를 정복한 독일 평화혁명의 역사적 뿌리가 될 수 있는가?

서독의 사회학자이자 철학자인 위르겐 하버마스는 비기독교적인
관점에서 이 문제를 논박했다. 그 결과 1989년의 혁명은 서구 세계의
진보를 가져오지 못한 뭔가 부족한 혁명으로 평가절하되어 버렸다.

다행히도 그가 옳았다. 왜냐하면 1989년 혁명은 크리스천들이 중심
이 되어 일으킨 것이었기 때문이다. 폴란드 출신의 교황 요한 바오로 2

세에 따르면 성령은 서구의 '죽음의 문화', 즉 프랑스 혁명과 비슷한 반기독교적인 운동으로 만들어진 문화에 맞서기 시작했다. 1989년의 혁명과 같은 크리스천 혁명은 성령이 부어주신 것이다. 자유는 오직 성령의 바람이 부는 곳에서만 맛볼 수 있다는 진리를 우리는 경험했다.

이런 점에서 기독교적 영감을 받은 1989년의 혁명은 인류의 야만적인 역사에서 발생한 정치적 전복 사건일 뿐 아니라 크리스천들에게는 '구원의 섭리' 가운데 하나님이 직접 개입하신 영적인 사건이다. 유럽의 교회들은 이것을 언급하는 것 자체를 별로 좋아하지 않는다. 그 이유는 교황 베네딕토 16세가 말한 바와 같이 그들 중 대부분이 서부 유럽의 전체주의 문화와 상대주의적 독재에 굴복했기 때문이다. 그러나 분명 하나님은 1789년의 반기독교적인 혁명이 발생한 200년 후에 서독과 동독 양측의 전체주의 사회들에게 평화혁명을 통해 진정한 자유를 선물해주셨다. 이것이야말로 하나님의 구원 섭리가 아닐 수 없다. 그럼으로 단언컨대 독일의 통일은 하나님이 부어주신 선물이다. 진정한 자유를 가져다준 선물 말이다. 주의 영이 계신 곳에는 자유가 있다!

울리히 샤흐트, 저술가, 저널리스트

하나님, 예상치 못한 방법으로 장벽을 열어주신 것을 감사드립니다. 이제는 그 벽을 다시 닫을 사람이 절대 없음으로 인해 감사드립니다. 우리에게 냉정한 마음과 폭력을 자제하는 마음을 주신 하나님을 찬양합니다. 선물처럼 통일을 주심을 진심으로 감사드립니다. 통일 후에 우리가 이웃 나라 및 구 지배 세력들과도 축복 속에 화합하며 살아가게 된 것도 전적으로 주님의 은혜입니다.

하나님, 어렵게 얻은 자유를 지킬 힘을 우리에게 주십시오. 모든 이들과 함께 성장할 수 있게 상상력과 능력을 주시기 바랍니다. 오래된 상처와 함께 앞으로 경험할 새로운 상처를 치유해 주시기 바랍니다. 각 세대와 문화, 세계관의 차이를 통해 새로운 장벽을 쌓는 악한 사람들로부터 우리를 지켜주십시오. 우리들이 자유와 연합이라는 위대한 선물을 유럽을 비롯한 타지역 사람들과 영원히 공유하도록 도와주십시오.

>> 고백

독일 통일, 하나님의 위대한 선물

"지금 나는 사냥꾼의 올무에 사로잡혔지만, 다시 자유의 몸이 되는 날이 도래할 것이다."

나는 시편에 있는 구절을 이렇게 번역했다. 명백한 변화가 1989년 11월 9일 아침에 일어났다. 그것은 기존 정치 논리와는 상관이 없었다. 헌신, 교회 예배, 평화를 위한 기도모임 등에서 사람들은 '주님께 시선을 둠으로써' 스스로 감동을 받고 확신을 얻었다. 집약된 고요함과 교회 안의 자유로운 연설은 동독의 거리와 도시의 평화롭고도 강력한 운동으로 바뀌었다. 그것은 결국 11월 9일 밤의 장벽 해체와 국경 개방으로 이어졌다.

1989년 11월 9일, 첫 라디오 방송 보도를 접하자마자 나는 친구 한 명을 태우고 본홀름 거리로 운전해 갔다. 저녁 기자회견에서 귄터 샤보브스키의 얘기를 들은 뒤 지금까지는 상상도 못 했던 테스트를 위해 사람들이 급격히 국경으로 몰려들었다. 어떤 테스트인가? 그것은 국경을 지키고 있던 잔인한 정권으로부터 미련 없이 떠나는 테스트였다. 국경에 도달하자 그곳을 봉쇄하려는 움직임이 고조돼 갔다. 우리는 긴장된 분위기 속에 국경 수비대원들을 주시했다. 그들의 의도를 확인하며 향후 취할 행동에 대처해야 했기 때문이다.

국경 수비대의 장교들은 심한 불안에 빠졌다. 나 역시도 불안감에 휩싸였다. 이 모든 상황이 과연 어떻게 전개될 것인가? 갑자기 소련의 전차들을 보고 공포에 떨었던 1953년 6월 17일의 어린 시절이 떠올랐다. 1968년 '프라하의 봄'을 막았던 탱크들의 잔상도 기억 속에 겹쳐졌다.

이 팽팽한 긴장감 속에서 나는 한 광경을 목격하게 되었다. 군중들이 군대를 향해 물밀듯 밀려드는 데도 군인 중 어느 누구도 손에 무기를 들지 않았다! 나중에 들은 이야기지만 심지어 한 장교는 무기의 안전장치를 아예 잠가버렸다는 것이다. 그 장교가 감당했던 위험은 바로 '자유를 위한 위험'이었다. 일단 장벽이 열리자 어느 누구도 군중들을 막을 수 없었다.

내가 현장에서 경험한 이 사건은 평생 결코 잊을 수 없을 것이다. 그날, 사람들은 거꾸로 가던 모든 것들이 이제는 옳은 방향으로 제 자리를 잡아갈 것이라는 것을 깨달았다. 모두들 너무나 기뻐했다. 팽팽한 긴장은 환희의 기쁨으로 전환되었다.

오래된 시편 말씀은 그날의 기억을 더욱 빛나게 한다. "내 눈이 항상 여호와를 바라봄은 내 발을 그물에서 벗어나게 하실 것임이로다"(시 25:15) 자유는 진정 하나님의 위대한 선물이다.

볼프람 휠세만, 1989년 동베를린 젊은이 담당 목사, 은퇴 감리사

너희가 회개하고 기도하면
내가 그 땅을 고치리라

　나는 앞에 기술된 내용을 다음 10개로 정리하고 오늘에 적용할 것이다.

1. 평화혁명은 하늘로부터 떨어진 것이 아니다. 그것은 오래전부터 준비된 것이다. 그것은 말씀의 결과이자 실현이다. 이 말씀의 선포는 묶여 있던 우리의 신앙을 일깨워 주었다. 나아가 도덕적으로뿐만 아니라 개인적이고 민족적인 결과 그리고 용기를 주었다. 예언적인 말씀들은 상황을 직시하게 했고 이는 결국 학교의 학생들과 거리의 시민들로 하여금 그것을 행동으로 말하게 했다. "칼을 쳐서 보습으로"(미 4:3)라는 성경 구절이 독재의 기운을 제압한 것이다.

2. 평화혁명은 교회 지도자나 정치 지도자들의 주도로 이뤄진 영광스러운 책략이 아니었다. 병들고 폐쇄된 동독의 사회에 비춰 볼 때, 이것은 분명 성경의 진리로부터 동기부여를 받아 촉발된 것이다. 그 귀결은 윤리적, 정치적인 운동이었다. 시민들의 용기는 노예 상태, 온정주의, 변덕과 거짓에 대해 반대할 만큼 자라갔다. 폭력 없이 대격변이 일어나게 하신 하나님께 감사드린다.

3. 역사적인 사건을 놀랍게 경험하면서 변화의 기회도 주어졌다.

329

다음 경우들이 그러한 예들이다. 고르바초프의 혁신 운동인 글라스노스트와 페레스트로이카, 폴란드에서의 발전, 유럽안보협력기구(CSCE), 동독 경제의 붕괴, 민권운동의 주도자들과 그 영향을 받은 모든 시민들의 용기, 이민으로 인한 새로운 소망의 영향, 헝가리와 체코슬로바키아의 국경 개방, 거기다 한스 디트리히 겐셔와 헬무트 콜이 함께했던 당시 연방정부의 열정적인 정치 기술 등이다. 또한 일부 책임 있는 공산주의자들이 사회 갈등에 대한 해결책으로 폭력을 행사하는 것을 반대한 것도 영향을 끼쳤다. 이 중 어느 것도 계획되거나 조직될 수 없었다. 그것은 온전히 선물이자 하나님의 선하심의 표현이었다.

4. 많은 사람들이 이전 역사를 기록했다. 젊은이와 노인, 기독교인과 비기독교인, 용감하게 저항한 사람과 순응한 사람, 죄수와 자유인들이 바로 그들이다. 그것은 말과 행동, 기도와 용기 있는 행동, 저항과 굴복, 교회의 성명서 및 용감한 시민들의 시위였다. 물론 그 결과로 감옥에 갇혀야 했지만 말이다.

5. 용감한 그리스도인들뿐만 아니라 이 주제에 대해서 관심이 있거나 의미를 찾는 비기독교인들 역시 교회에서 그리고 교회의 피난처에서 집단적으로 모였다. 우리에게 자유를 주는 성서적 진리는 모든 종류의 가부장주의에 대항하도록 했다. 정부 당국은 이 대화에 참여할 능력도, 의지도 없었기에 저항세력은 급속도로 발전해 갔다. 이것은 궁극적으로는 동독에서 의도적이지 않았던 촛불과 기도 혁명을 불러왔다.

6. 교회는 정부의 권력구조에 속하지 않는 유일한 합법 단체였다. 교회야말로 하나님의 질문을 살아 있게 했고, 사람들의 삶에 관한 질문에 의견을 주고 도움이 필요하거나 장애가 있는 사람들의 도움이 되어 주었다. 교회 내 청년부와 위원회 그리고 총회를 담당할 책임 있는 리더들을 뽑는 선거가 치러질 때면 교회는 그 안에 복음과 함께 민주적인 구조가 건재함을 보여주었다. 오랜 세월에 걸쳐 교회는 혁명 이후 민주적인 공동체 건설을 연습할 수 있는 기회를 제공했던 것이다.

7. 동화(同化)나 저항, 협동이나 대립 같은 것은 교회를 특징짓는 단어들이 아니다. 전체적으로 볼 때 교회는 '원격 조정'이 가능한 부패한 기관이 아니다. 교회는 제대로 지지를 받지 못하는 상황 속에서도 올바른 자리를 지키기 위해 분투했다. 이 분투는 겨울잠에서 깨어나 변화된 사회를 소망하기에까지 이르렀고, 나아가 이데올로기로 경직된 사회에 대한 실망으로 이어졌다. 또한 이것은 '도시의 평화'와 '신뢰의 위험'을 무릅쓴 용기에서 시작해 폐쇄된 사회에 대한 실망에까지 이르렀다. 1989년, 불안정한 정부로 인해 야기된 잔혹한 폭력에 대한 두려움과 관심은 저항을 촉발했다.

8. 평화혁명의 기억은 감사와 비판에 대한 목록을 동시에 요구한다. 유명인들의 참여와 용기, 방송에 나오는 민권 운동 주창자들도 모두 존경을 받아 마땅하지만 민주주의와 신앙에 이끌려 평화혁명에 기여한 무명 시민들도 기억되어야 한다.

9. 평화혁명에 대한 기억은 신앙의 기본으로서의 회개, 성찰 그리고 회심의 의미에 대한 기억과 동시에 역사적인 사건과 함께 하시는 하나님의 선하심을 잊지 말 것을 요구한다. 이것들은 위기 속에서 신앙과 용기 있는 참여를 가져왔다. 이런 연유로 교회는 공개적인 회의의 장소가 되었고, 교회 일꾼들은 이런 회의에서 중재자가 될 수 있었던 것이다.

10. 평화혁명과 독일 통일에 대한 감사의 기쁨이 넘칠 때조차도 우리는 현재성과 깨어 있는 마음이 필요하다는 것을 잊지 말아야 한다. 하나님의 말씀은 우리로 하여금 어려운 현재 상황에서 일정한 거리를 두고 새로운 시각을 갖도록 해준다. 십계명과 산상수훈은 바로 모든 유럽국가 법률의 토대이며, 마음에 품을 도덕적·윤리적인 지침을 제시한다. 그것은 우리 삶과 경제 모두가 회복되도록 도우며 사회와 세계의 평화를 위한 중요한 합의를 이룰 수 있도록 우리를 자극한다. 예수님의 산상수훈뿐만 아니라 십계명의 예언적인 말씀은 우리 스스로에게 자기 우상화에 대한 질문을 던지도록 한다. 또한 모든 탐욕과 불의, 파괴적인 잠재력을 포기하고 모든 무기 수출과 군대의 파병에 대해서 비판적인 도전정신을 갖도록 해준다.

"내 이름으로 일컫는 내 백성이 그들의 악한 길에서 떠나 스스로 낮추고 기도하여 내 얼굴을 찾으면 내가 하늘에서 듣고 그들의 죄를 사하고 그들의 땅을 고칠지라"(대하 7:14)

하랄드 브레트슈나이더, 1989년 지역 청년 목사, 하이란트 교회협 명예회원

그럼에도 불구하고
동서독 통일로부터 배울 점

몇 년 전 잡지에 글을 기고하기 위해 동독에서 결성되었던 '노이에스 포럼'(뉴포럼) 자료를 찾다가 깜짝 놀란 적이 있었다. 동독의 교회들이 살아 있었고, 그 교회를 기반으로 무수한 시민운동들이 활동했기 때문이다. 동독이 아닌 서독의 상황을 묘사하고 있는 게 아닌가 하는 착각이 들 정도였다.

하지만 놀람은 이내 실망으로 바뀌고 말았다. 흔히 동서독 통일을 남북통일의 롤 모델로 생각하는데 서독이 한국이라면 동독은 북한이어야 하는데 동독은 북한과 달라도 너무 달랐기 때문이다. 물론 서독교회가 동독 교회와의 교류의 끈을 놓치지 않았고, 서독 방송은 동독에 특파원을 보냈고, 서독 정치는 정권이 바뀌어도 동독을 향한 정책을 이어갔던 점 등을 보면 서독도 한국과 다른 점이 많다. 이 때문에 많은 전문가들은 동서독 통일은 남북통일의 모델이 될 수 없다고 말한다. 고개가 끄덕여질 수밖에 없는 대목이다. 실제 동서독 통일을 그대로 남북한에 적용하려면 걸리는 부분이 한둘이 아니다.

예를 들어 우리에게 익숙한 라이프치히 성 니콜라이교회는 1982년 월요기도회를 시작한 곳이다. 여기서 시작된 월요기도회는 7년 후 '월요시위'가 되어 동독 전체를 평화혁명의 물결로 뒤덮는 계기를 마련해 주었다. 국내에서 벌이고 있는 월요평화기도회, 목요통일기도회 등도 아마 의도했든 아니든 성 니콜라이 교회의 월요기도회를 따라 하고 있는 셈이다.

그런데 그 성 니콜라이 교회가 서독이 아닌 동독에 있었다는 것을 알고 나면 혼란스러워진다. 우리는 그 기도모임에서 "북한에도 복음이 살아 역사하게 하소서" "복음으로 남북이 평화통일 되게 하소서"라고 기도하지만 애초에 그 기도는 남한이 아닌 북한의 교회에서 나와야 하는 것이다. 뭐가 잘못된 것일까?

나의 결론이자 소망은 이것이다. 우선, 북한에도 교회가 더 많아지고 시민사회가 살아 움직이길 바란다. 앞으로 그렇게 될 것이다. 현실은 요원하지만 그 방향으로 갈 수밖에 없을 것이다. 이를 위해 남한 교회는 북한 교회를 한 형제로 인식하고 도와야 한다. 북한 교회를 교회가 아니거나 형제로 인식하지 않는다면 동독식의 평화혁명도 일어나지 않는다는 걸 명심해야 한다.

또 하나 있다. '서독=남한, 동독=북한'이라는 등식은 무시하는 것이다. 남한도 동독 교회나 시민운동에게서 배울 점이 있다. '동독은 사회주의 국가였는데 그 교회에서 뭘 배울 수 있을까?'라고 생각한다면 큰 착각이다. 동독의 교회는 정권의 선전과 압박에도 불구하고 교회로서 살아 있었다. 그것이 무수한 시민단체의 활동을 보장했고, 시민들로 하여금 자유와 민주의식이 살아 있도록 했다.

이 책은 서독보다는 동독의 상황을 자세히 소개하고 있다. 서독 얘기는 왠지 익숙한 것 같고, 동서독 통일 얘기는 무수히 많이 들어서 잘 알 것 같은데, 동독에 대해서는 대체로 잘 모른다. 실제 이 책은 베를린 장벽이 무너지기까지 한 달여 동안 동독에서 무슨 일이 있었는지를 기록하고 있다.

한 문장 한 문장 우리말로 옮기면서 부럽기도 하고 부끄럽기도 했다. 소수가 시작한 '40년이면 충분하다'는 구호는 사람들을 일으켜 행동하게 했고, '칼을 쳐서 보습으로'라는 성경 미가서의 말씀은 엄청난 빈도와 규모의 시위 속에서도 사람들을 비폭력으로 일관되게 했다. 동서독 통일을 '평화혁명'이라고 부르는 이유가 바로 여기에 있다.

동독의 교회는 이 평화혁명의 진원지였다. 시민들 사이의 다양한 의견과 주장들이 논의되고 확산되도록 마당이 되어주었고, 수많은 시민단체, 각종 언론의 인큐베이터가 되어 주었다. 동독에서 봇물처럼 터져 나온 자유, 평화, 민주의 목소리는 교회가 든든한 뒷배가 되어 주었기에 가능했다.

이 책의 저자인 80여 명은 분단된 동서독이 화해하고 하나된 것은 하나님의 선물이었다고 고백한다. 그렇지만 그냥 주어진 선물은 아니었다. 감옥살이 같은 억압이 싫어 조국을 등지고 떠나거나 떠나야 했던 무수한 동독인들, 자유와 민주를 바라는 시위와 기도의 목소리를 외면한 그래서 독일 통일은 꿈에도 생각지 못하고 오히려 반대했던 정치·교계 지도자들도 있었다. 어떻게 보면 그들이 주류였다.

그럼에도 동독인들은 기도를 시작했고, 용기 있는 행동에 나섰고, 독재정권과의 민주적이고 평화적인 토론과 참여를 이끌어 냈다. 결국, 마침내 28년간 동서독을 갈라놨던 장벽을 허물어뜨렸다. 책에는 내가 가보지 못한 독일의 수많은 이름의 도시, 내가 듣지 못한 수많은 이름의 사람들이 등장하지만 그 무수한 곳에서 무수한 사람들이 목소리를 외치고 행동할 때 베를린 장벽은 기적처럼 무너졌던 것이다. 여기에다가 세계적인 냉전의 해체와 소련의 개혁·개방 정책 같은 외부 환경의 변화도 이런 움직임을 견인했던 것이다.

'남북의 평화와 통일도 가능하겠구나', '나도 뭔가 움직여야겠구나'라는 소망과 용기를 줄 수 있다면 이 책의 한국어판이 제 역할을 다하는 것이라 생각한다.

김성원_통일운동가·유코리아뉴스 편집장

독일 통일, 자유와 화합의 기적

초판 1쇄   2019년 10월 30일

지 은 이 _ 베른트 외팅하우스 등
옮 긴 이 _ 김성원
펴 낸 이 _ 이태형
펴 낸 곳 _ 국민북스
편   집 _ 김태현
디 자 인 _ 서재형

등록번호 _ 제406-2015-000064호
등록일자 _ 2015년 4월 30일

주   소 _ 경기도 파주시 와석순환로 307, 1106-601 우편번호 10892
전   화 _ 031-943-0701
팩   스 _ 031-942-0701
이 메 일 _ kirok21@naver.com
ISBN 979-11-88125-22-7 03340